Bote Mikkers
Das Pendel-Arbeitsbuch

BOTE MIKKERS

DAS PENDEL-ARBEITSBUCH

Entscheidungen in Partnerschaft, Beruf und Gesundheit auspendeln

Aus dem Englischen von Diane von Weltzien

GOLDMANN VERLAG

Die Originalausgabe erschien 1990 unter dem Titel »Pendelwerkboek«
bei Uitgeverij Ankh-Hermes bv, Deventer.

Der Übersetzung liegt die englische Ausgabe »The Pendulum Workbook«,
erschienen bei Ashgrove Press, Bath, zugrunde.

Deutsche Erstausgabe

Der Goldmann Verlag
ist ein Unternehmen der Verlagsgruppe Bertelsmann

Deutsche Erstausgabe Februar 1996
© 1996 der deutschsprachigen Ausgabe Wilhelm Goldmann Verlag, München
© 1990 der Originalausgabe Uitgeverij Ankh-Hermes bv, Deventer
Umschlaggestaltung: Design Team München
Umschlagfoto: Guido Pretzl, München
Druck: Graphischer Großbetrieb Pößneck
Verlagsnummer: 12264
Lektorat: Olivia Baerend
Redaktion: Ingrid Holzhausen
kf · DTP-Satz und Herstellung: Barbara Rabus
Made in Germany
ISBN 3-442-12264-3

1 3 5 7 9 10 8 6 4 2

Inhalt

Einführung

Ebenso wie die Arbeit mit der Wünschelrute ist auch die Handhabung des Pendels ein uralter Brauch. Im Laufe der Zeit sind zahlreiche Bücher zu diesem Thema veröffentlicht worden. Manche von ihnen sind ausgezeichnet, andere minderer Qualität. Es dürfte für jemanden, der sich ernsthaft mit dem Phänomen beschäftigen will, also einigermaßen schwierig sein, an die richtigen Informationen heranzukommen. Die folgenden Fragen könnten sich stellen:

– Kann jeder ein Pendel benutzen?
– Kann man die Anwendung des Pendels erlernen?
– Wie findet man heraus, ob man sensitiv ist oder nicht?
– In welchen Zusammenhängen ist das Pendel einsetzbar?
– Gibt es irgendwelche Risiken? Wenn ja, welche sind es?

In dieser Einführung werde ich erklären, wie man das Pendel anwendet und wie es funktioniert. Außerdem gehe ich ausführlich auf die oben angesprochenen Fragen ein. Wenn man das Pendel einsetzt, ist es wie beim Wünschelrutengehen von äußerster Wichtigkeit, zuvor ganz klar zu bestimmen, wie »ja« oder »nein« angezeigt werden, was positiv und was negativ ist. Dies legen Sie selbst fest. Zum Beispiel könnten Sie eine schwingende Bewegung, welche dem verneinenden Kopfschütteln ähnelt, als negativ und die entgegengesetzte Bewegung wie ein Nicken als positiv werten. Es ist auch möglich, eine kreisende Bewegung nach links als »nein« (negativ) und eine kreisende Bewegung nach rechts als »ja« (positiv) zu interpretieren.

Hängt das Pendel still, ohne sich zu bewegen, so könnte dies bedeuten, daß die Frage nicht richtig gestellt wurde. In diesem Fall ist die Antwort weder »ja« noch »nein«, weder positiv noch negativ. Wenn Sie eine Frage stellen, sollten Sie die Antwort auf diese Frage noch nicht kennen, und sie sollte von Bedeutung für Sie sein. Bitte stellen Sie keine unnötigen Fragen. Das Pendel muß von einem ethischen Standpunkt aus verantwortlich benutzt werden. Das bedeutet, daß man es nicht zum Einsatz bringen darf, um Informationen zu erhalten, die mißbraucht werden könnten. Ich persönlich benutze das Pendel niemals, um Wissen über Menschen zu erlangen, die mir hierzu die Erlaubnis nicht gegeben hätten. Ich würde mich beispielsweise weigern, das Pendel zu gebrauchen, um für mißtrauische Eheleute in Erfahrung zu bringen, ob ihr Partner oder ihre Partnerin eine außereheliche Beziehung hat. Ebensowenig sinnvoll sind Fragen wie: Wie sieht mein zukünftiger Partner oder meine zukünftige Partnerin aus? Wo und wann werde ich ihm oder ihr begegnen? Auf der anderen Seite nehme ich Fragen von besorgten Eltern zu ihrem kranken oder vermißten Kind sehr ernst. Benutzen Sie das Pendel nur, um sich selbst und anderen wirklich zu helfen und ohne dem Menschen zu schaden, über den Sie etwas wissen wollen. Wie bereits erwähnt, darf das Pendel nur angewendet werden, um Fragen zu einer existierenden Situation zu stellen, deren Antworten noch nicht bekannt sind. Eine solche Frage, die wir in unserem bewußten Verstand formulieren, gelangt durch das Unterbewußte in das Unbewußte.

Die unmittelbare Wahrnehmung der Umgebung wird im Bewußtsein registriert. Von dieser Domäne direkten Wissens aus sinkt sie in das Unterbewußte, von wo man sie als Erinnerung abrufen kann. Informationen aus dem Unterbewußten gelangen auch in das Unbewußte. Auch hier ist Wissen vorhanden, nur sind wir uns dessen nicht bewußt. Es ist möglich, sich dieses Wissens durch Hellsehen, Hellhören, Vorausahnen, Intuition und Riechen bewußt zu machen. Wir alle haben Zugang zu einer unbewußten Wissensquelle, die man das »Kollektive Unbewußte« nennt. Das Unbewußte sammelt Eindrücke von allen möglichen Orten und auf vielerlei Art, sogar ohne daß sie zuvor in unser Bewußtsein gelangen. Die Erfahrungen vieler Jahrhunderte und vieler Leben werden hier aufgezeichnet. Indem man das Pendel benutzt, stellt man also Fragen, die auf der Basis des direkt zugänglichen Bewußtseins nicht beantwortet werden können. Doch die Frage kann mit Hilfe der im Unbewußten gespeicherten Informationen geklärt werden.

Ernsthaftigkeit und Vorurteilslosigkeit vorausgesetzt, ist es möglich, Antworten aus unserem Unbewußten zu erhalten, die durch Muskelreflexe über das autonome Nervensystem weitergegeben werden. Daher ist die Antwort auf die Frage, ob jeder das kann, einfach: Die Zahl derer, die lernen können, das Pendel zu benutzen, ist genauso groß wie die Zahl jener, die Klavier spielen lernen können. Manche sind begabt und haben einen leichten Zugang zum Unbewußten, andere haben nicht soviel Glück. Ob die Informationen zuverlässig und wertvoll sind, hängt weitestgehend von der Begabung der Person ab. Ein weiterer wichtiger Faktor ist die Einstellung. Ich möchte die Pendelarbeit mit dem Spielen eines Musikinstruments vergleichen. Ein großes Talent kann ohne Übung verkümmern, während vielleicht eine weniger begabte Person durch konzentriertes Studium und durch Selbstkontrolle erfolgreich ist. Ein Begabter kann ohne Zweifel noch mehr erreichen, indem er sich der Sache annimmt. Manche Menschen sind gute Musiker, werden aber niemals Konzertpianisten sein. Ebenso kann sich nicht jeder im Wünschelrutengehen, in der Pendelarbeit oder in der Hellsichtigkeit auszeichnen.

Dieses Arbeitsbuch will die Leser ermutigen, ein möglicherweise vorhandenes Talent für die Pendelarbeit weiterzuentwickeln. Ein begabter Pendelanwender, Hellsichtiger oder Übersinnlicher kann feststellen, ob und bis zu welchem Ausmaß Sie »sensitiv« sind. Sie können dies auch selbst herausfinden, indem Sie Blindversuche mit einer Wünschelrute oder mit einem Pendel machen. Solche Tests sollten von einer anderen Person vorbereitet werden. Der folgende Versuch könnte als Beispiel dienen. Nehmen Sie zehn ähnliche Schachteln und bitten Sie einen Außenstehenden, Gegenstände in zwei oder drei von ihnen zu legen. Es ist dann Ihre Aufgabe, mit Hilfe des Pendels oder der Wünschelrute zu bestimmen, in welcher Schachtel einer der Gegenstände verborgen ist.

Solche Tests sind nach Bedarf erweiterbar und auf unterschiedliche Bereiche anwendbar. Beispielsweise können Sie, wenn jemand eine bestimmte Beeinträchtigung oder Krankheit hat, damit feststellen, was nicht in Ordnung ist, und zugleich überprüfen, ob Ihre Diagnose richtig war.

Wann sollten Sie das Pendel benutzen?

Grundsätzlich können Sie das Pendel für jeden Zweck einsetzen. Aber es ist nicht zu empfehlen, es für egoistische oder materialistische Ziele zu gebrauchen. Das wird nicht funktionieren und ist Energieverschwendung. Wenn Ihre Einstellung falsch ist, erhalten Sie auch eine falsche Antwort. Sollten Sie das Pendel also benutzen wollen, um im Lotto zu gewinnen, so würden Sie mit diesem

Versuch Ihre Zeit vollkommen verschwenden. Die unterschiedlichen Möglichkeiten des Pendelgebrauchs werden weiter unten beschrieben.

Kann das Pendel unter allen Umständen benutzt werden?

Auf gar keinen Fall. Es hat nur dann Sinn, das Pendel zu benutzen, wenn Sie mit sich und der Welt in vollkommener Harmonie sind. Beispielsweise würde es unmittelbar nachdem Sie sich mit jemandem gestritten haben nicht funktionieren. Wenn Sie eine Gabe wie die Pendelarbeit weise einsetzen wollen, sollten Sie sich dabei an die folgenden Regeln halten:

- Sie sollten keine negativen Gefühle wie Haß, Eifersucht oder Argwohn hegen.
- Sie sollten das Pendel nicht gebrauchen, wenn Sie für seine Antworten nicht offen sind.
- Sie müssen an Körper und Geist gesund sein.
- Sie dürfen das Pendel nicht wegen Angelegenheiten einsetzen, die Sie nichts angehen.
- Sie sollten das Pendel nicht für sich und andere nutzen, wenn die erhaltenen Informationen negativ eingesetzt oder anderen schaden werden.
- Sie dürfen keine durch das Pendel empfangenen Informationen an Dritte weitergeben, wenn Sie die Betroffenen nicht zuvor dazu befragt haben.
- Sie sollten das Pendel nicht in einer Umgebung zum Einsatz bringen, in der die Harmonie zum Beispiel durch zu laute Musik oder Streitereien im Hintergrund gestört ist.

- Sie dürfen das Pendel nicht benutzen, um Ihre Begabung unter Beweis zu stellen oder die Neugier eines Dritten zu befriedigen oder seine Sensationslust zu stillen.
- Sie sollten das Pendel nicht beiläufig gebrauchen. Nehmen Sie sich Zeit, und machen Sie es richtig.

Sind mit der Pendelarbeit Risiken verbunden?

Jede Handlung birgt Risiken, und die Pendelarbeit ist keine Ausnahme. Niemand ist ohne Fehler. Der vollkommene Pendelanwender existiert nicht. Wenn Sie die Antworten, die Sie erhalten, ohne sie zu hinterfragen, akzeptieren und entsprechend handeln, müssen Sie vielleicht die Konsequenzen ertragen. Antworten aus dem Unbewußten, die Sie durch Hellsehen, Hellhören, Vorausahnen, Intuition und Pendelarbeit erhalten, sollten mit dem bewußten Bereich des Wissens in Harmonie gebracht und zu einer Einheit verschmolzen werden. Erst dann sind diese Antworten von Nutzen. Regelmäßig trifft man auf Menschen, die behaupten, das Pendel zu gebrauchen, um Antworten von ihren spirituellen Führern zu erhalten. Wieder andere bekommen Botschaften von den Toten, von Geistern oder Wesenheiten aus anderen Welten oder Sphären. Ich möchte an dieser Stelle betonen, daß meiner Meinung nach all die Antworten, die diese Leute erhalten, aus ihrem eigenen Unbewußten stammen. In welchem Ausmaß das Unbewußte auf geistige Wesenheiten eingestimmt ist, hängt weitgehend von der dazugehörigen spirituellen und geistigen Ebene ab. Erhalten Sie mit Hilfe des Pendels Antworten aus Ihrem Unbewußten, die durch bestimmte Wesenheiten beeinflußt sind, dann ist die Verläßlichkeit der Information proportional zu Ihrer inneren Motivation. Das Risiko, welches mit der Pendelarbeit verbunden ist, liegt darin, daß falsche Motive auch zu unzuverlässigen Antworten führen. In einem solchen Fall betrügen Sie sich selbst und andere und verschlimmern die Situation damit nur.

Welches Pendel sollten Sie benutzen?

Das Pendel ist ein Objekt aus Metall, Holz, Glas, Diamant oder aus jedem beliebigen anderen Material, welches an einem Band oder einer dünnen Kette befestigt ist (siehe Abbildung 1). Wenn Sie exakt arbeiten möchten, ist eine runde, nach unten spitz zulaufen-

Abb. 1: Unterschiedliche Arten von Pendeln

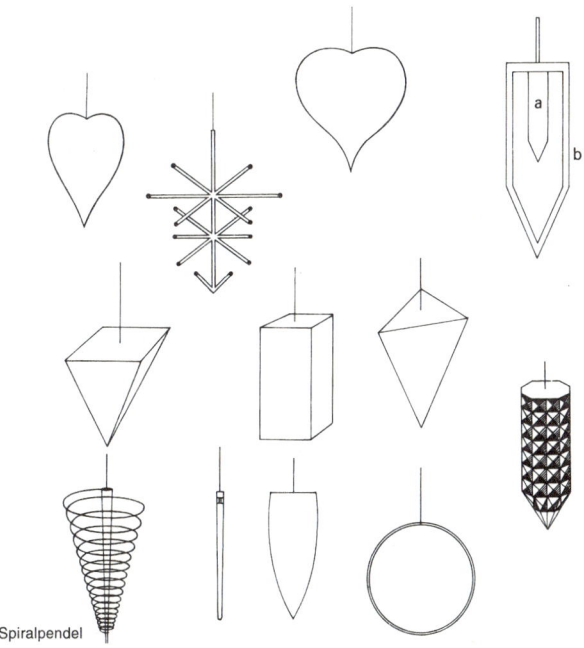

Spiralpendel

13

de Form empfehlenswert. Es spielt keine Rolle, aus welchem Material das Pendel besteht oder ob es an einer Schnur oder an einer Kette hängt. Wie bereits erwähnt, ist die unbewußte Muskelreaktion, welche die Hand durch das automatische Nervensystem ausführt, am wichtigsten.

Die Länge des Fadens können Sie selbst bestimmen. Im allgemeinen liegt sie irgendwo zwischen 10 und 20 Zentimetern. Es empfiehlt sich, am Ende der Schnur einen Knoten zu machen, damit sie nicht so leicht zwischen den Fingern durchrutscht. Es gibt in Material und Form viele unterschiedliche Pendel. Wählen Sie Material und Form nach Ihren eigenen Vorstellungen. Sämtliche Schreibgeräte befähigen Sie zum Schreiben, aber dennoch können Sie zwischen Kugelschreiber, Filzstiften und Füllern unterschiedlicher Farben, Größen und Formen wählen. Normalerweise würden Sie auch hier die Farbe und das Modell wählen, welches Ihnen am besten gefällt, dasjenige, mit dem Sie am liebsten arbeiten. Dies gibt Ihnen einen zusätzlichen Anstoß, was sehr wichtig ist. Abbildung 1 zeigt unterschiedliche Arten von Pendeln.

Beispiel

Mit Hilfe von Abbildung 2 können Sie Informationen über Windrichtungen, Gradeinteilungen, Blutdruck und den Intelligenzquotienten erhalten. Beispielsweise wollen Sie vielleicht die zu erwartende Windrichtung in Erfahrung bringen, bevor Sie sich auf einen Segeltörn oder auf eine Fahrradtour begeben.

Halten Sie das Pendel über den Mittelpunkt des Diagramms und fragen Sie: Aus welcher Richtung wird der Wind kommen? Als Antwort schwingt das Pendel in einem Winkel von 45 Grad von oben rechts nach unten links. Nun müssen Sie noch herausfinden,

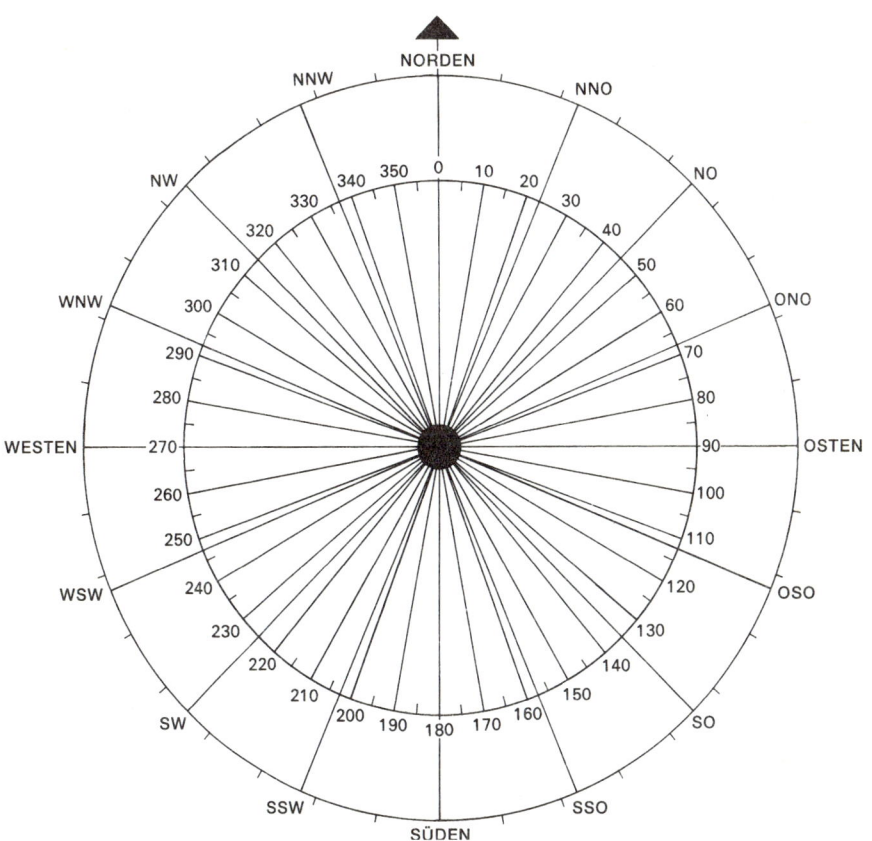

Abb. 2: Windrichtungen, Gradeinteilungen,
Blutdruck, Intelligenzquotient

ob die Antwort »oben rechts« oder »unten links« ist. Halten Sie
also das Pendel über die Markierung für Nordosten und fragen Sie:
Ist dies die richtige Windrichtung? Wenn das Pendel »ja« anzeigt,
indem es im Uhrzeigersinn kreist, wissen Sie, daß der Wind aus
nordöstlicher Richtung kommen wird.

Auf die gleiche Weise können Sie auch etwas über Ihren Blutdruck erfahren. Beispielsweise fragen Sie erst: Wie hoch ist mein systolischer Druck? Nehmen wir an, daß das Pendel wieder vom Zentrum des Diagramms nach unten links und oben rechts über den Ziffern 140 und 320 hin- und herschwingt. Halten Sie nun das Pendel über die Markierung für 320 und fragen Sie: Ist dies der Wert für meinen systolischen Blutdruck? Wenn das Pendel gegen den Uhrzeigersinn schwingt und damit »nein« anzeigt, wissen Sie, daß 140 der erfragte Wert ist. Um den diastolischen Blutdruck herauszufinden, wenden Sie das gleiche Verfahren an.

Durch ebendiese Vorgehensweise erhalten Sie auch Antwort auf die Frage nach Ihrem Intelligenzquotienten.

Bei einem Kreisdiagramm besteht Ihre Frage immer aus zwei Teilen, da immer zwei Antworten möglich sind.

1.
Astrologie

Nehmen wir einmal an, daß Sie für jemanden ein Horoskop erstellen sollen und daher Datum und Uhrzeit seiner Geburt in Erfahrung bringen müssen. Um diese Angaben herauszufinden, können Sie sich des Diagramms 3.1 bedienen.

Die folgende Herangehensweise ist sinnvoll. Halten Sie das Pendel etwa 5 bis 10 Millimeter über den schwarzen Halbkreis in Diagramm 3.1. Dann fragen Sie, in welchem Monat die Person geboren wurde. Angenommen, das Pendel beginnt entlang der mit »September« bezeichneten Linie zu schwingen, dann wissen Sie, daß es sich bei dem Geburtsmonat um den September handelte.

Als nächstes wollen Sie den Tag des Monats in Erfahrung bringen. Halten Sie das Pendel über den schwarzen Halbkreis in Diagramm 3.2, und bitten Sie das Pendel, das genaue Datum anzuzeigen. Es könnte über dem mit »siehe oben« bezeichneten Bereich zu schwingen beginnen, was bedeutet, daß Sie den Vorgang noch einmal bei Diagramm 3.1 wiederholen müssen. Hierbei setzt sich das Pendel vielleicht fast horizontal über dem mit »23« markierten Bereich in Bewegung. Folglich wurde die betreffende Person am 23. September geboren.

Um herauszufinden, um welchen Wochentag es sich handelte, halten Sie das Pendel über Diagramm 3.3 und stellen Ihre Frage. In unserem Beispiel schwingt sich das Pendel über dem Wochentag »Freitag« ein.

Danach möchten Sie die Uhrzeit der Geburt in Erfahrung bringen. Halten Sie das Pendel über Diagramm 3.2 wieder direkt über den schwarzen Halbkreis und fragen: Zu welcher Stunde wurde die Person geboren? Das Pendel könnte jetzt zum Beispiel vertikal von schräg links oben nach schräg rechts unten ausschlagen. Die angezeigte Uhrzeit wäre dann 11.00 Uhr.

Halten Sie das Pendel nun über Diagramm 3.4 und fragen, ob es sich um genau 11.00 Uhr handelt oder einige Minuten davor oder danach. Das Pendel schwingt nach rechts oben, und Sie wissen daher, daß die Geburt einige Minuten vor 11.00 Uhr lag. Um herauszufinden, wie viele Minuten vor 11.00 Uhr die Geburt stattfand, halten Sie das Pendel wieder über Diagramm 3.2 und stellen die entsprechende Frage. Angenommen, das Pendel zeigt wieder»siehe oben«, an, dann müssen Sie die Frage über Diagramm 3.1 wiederholen. Diesmal schlägt es über 25 Minuten an.

Sie haben bisher herausgefunden, daß die betreffende Person am 23. September um 10.35 Uhr geboren wurde, 25 Minuten vor 11 Uhr. Wenn Sie sich auch für das Jahr interessieren, fahren Sie mit den Diagrammen auf den nächsten Seiten fort (4.1–4.8).

Wir bedienen uns wieder des obigen Beispiels. Sie wissen, daß die Person an einem Freitag am 23. September geboren wurde, aber nicht in welchem Jahr. Halten Sie nun das Pendel über das mit dem Wort»Orientierung« bezeichnete Diagramm direkt über den Halbkreis, in dem alle Linien zusammenlaufen, und fragen: In welchem Diagramm finde ich das richtige Jahr? Das Pendel schlägt über 4.2 aus. Fahren Sie mit Diagramm 4.2 fort und fragen: In welchem Jahr wurde die Person geboren? Das Pendel zeigt das Jahr 1938 an.

Sie wissen nun, daß die Person an einem Freitag am 23. September 1938 um 10.35 Uhr geboren wurde.

Wenn Sie sich auch für den Ort der Geburt interessieren, sollten

Sie sich den Abbildungen in Kapitel 16, »Urlaub«, zuwenden. Mit
Hilfe des Diagramms »Deutsche Bundesländer und Städte« (Abbildung 84 auf Seite 186) können Sie die genauere Lage innerhalb
Deutschlands herausfinden. Für den tatsächlichen Geburtsort benötigen Sie eine gute Straßenkarte dieses Gebiets. Mit dieser Karte verfahren Sie wie folgt. Halten Sie das Pendel in die Mitte über
den unteren Rand der Karte und fragen: Wo wurde diese Person
geboren? Das Pendel wird in einer geraden Linie ausschlagen.
Dann drehen Sie die Karte um 90 Grad und halten das Pendel über
die Mitte des linken oder rechten Kartenrands. Wiederholen Sie
die Frage. Das Pendel wird sich wieder auf einer geraden Linie in
Bewegung setzen und die erste Linie kreuzen. Am Schnittpunkt
der beiden Linien wurde die betreffende Person geboren.

Am Ende dieses Kapitels finden Sie noch weitere Diagramme,
mit deren Hilfe Sie Sternzeichen und die Position der Planeten in
Erfahrung bringen können.

Abb. 3: Datum und Uhrzeit der Geburt

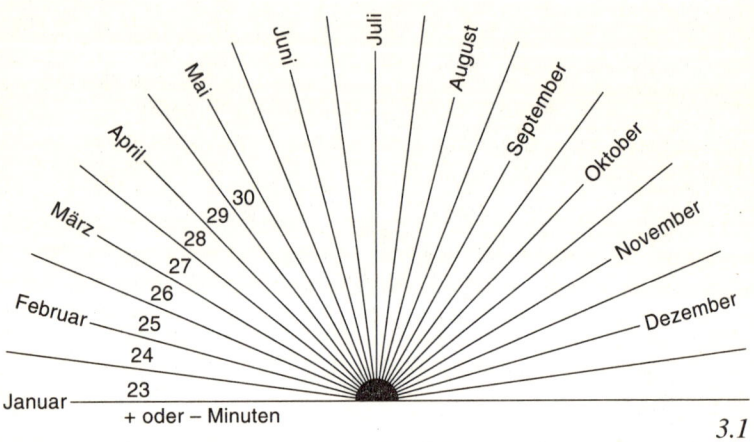

3.1

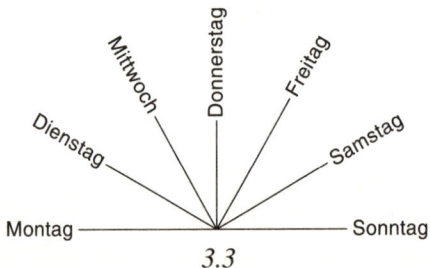

3.3

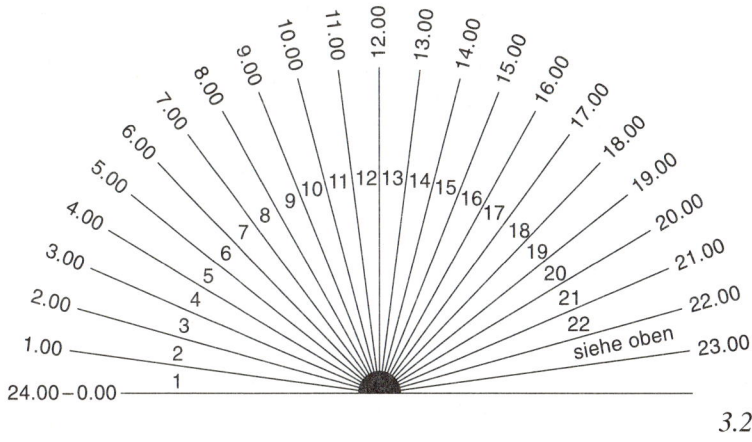

3.2

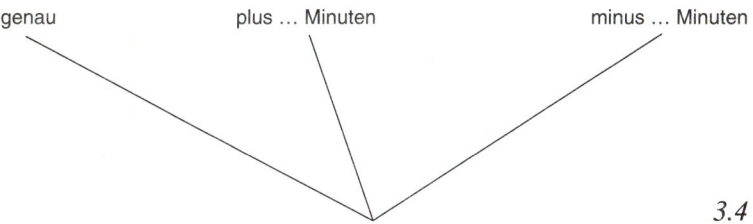

genau   plus … Minuten   minus … Minuten

3.4

Abb. 4: Jahre (1900–2080)

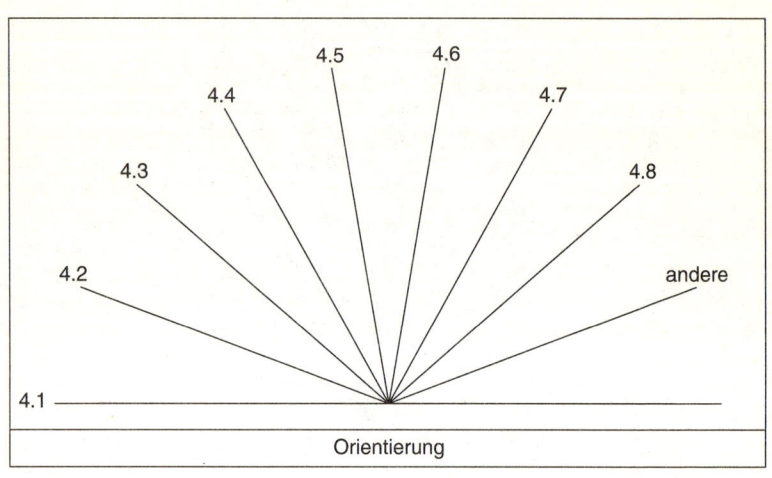

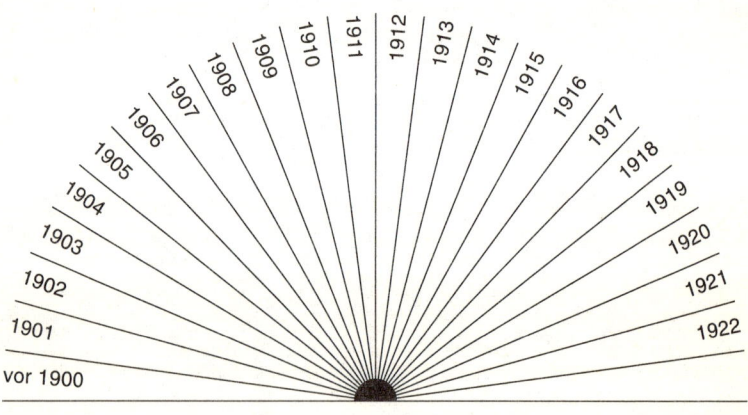

4.1

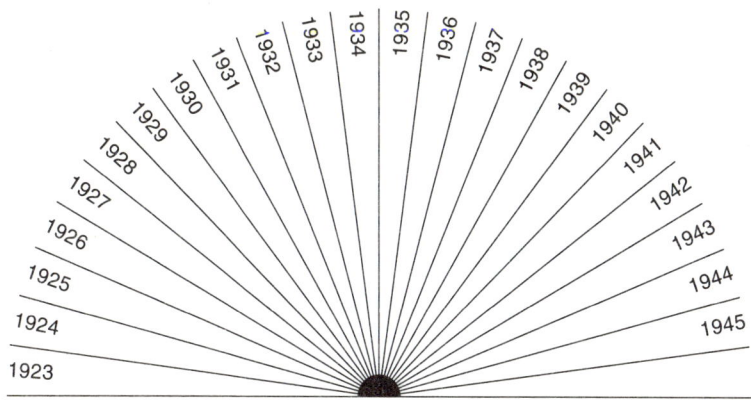

4.2

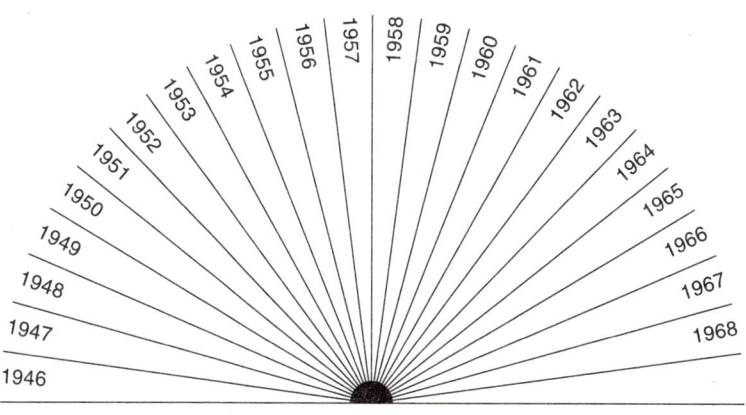

4.3

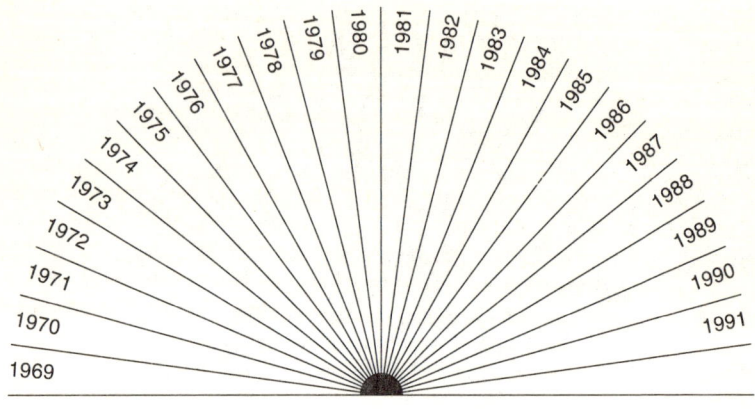

4.4

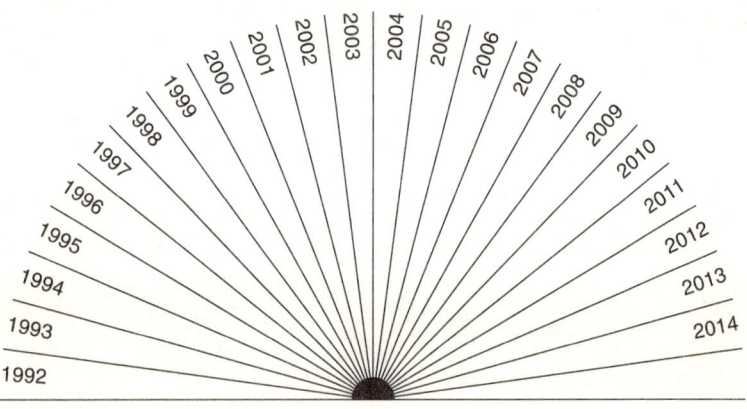

4.5

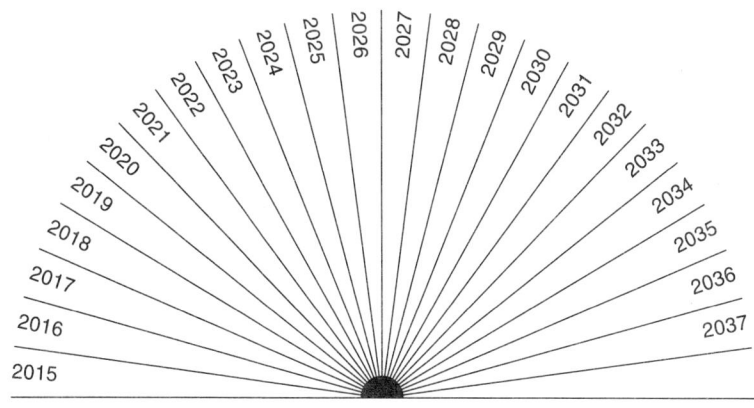

4.6

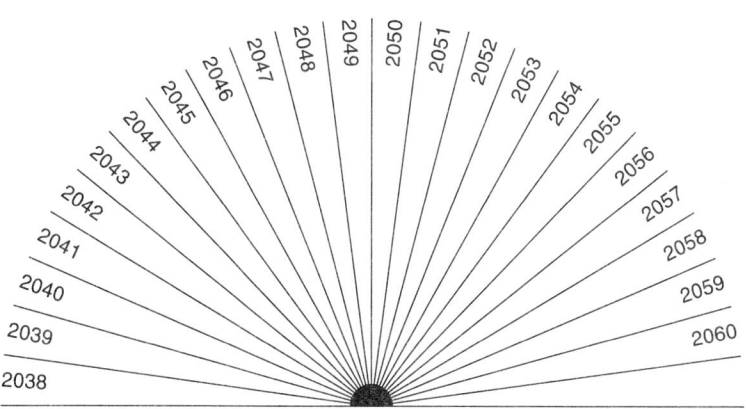

4.7

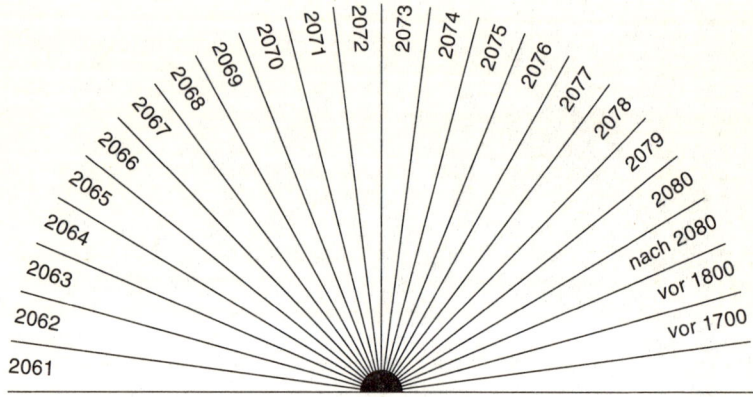

2061 2062 2063 2064 2065 2066 2067 2068 2069 2070 2071 2072 2073 2074 2075 2076 2077 2078 2079 2080 nach 2080 vor 1800 vor 1700

4.8

Abb. 5: Planeten

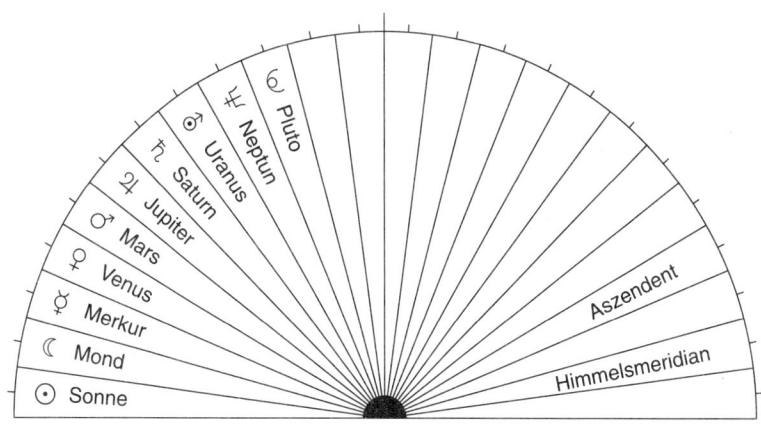

Abb. 6: Aspekte

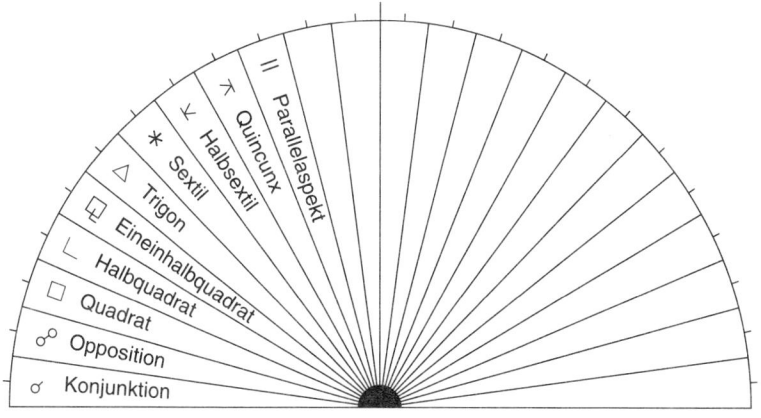

Abb. 7: Tierkreis

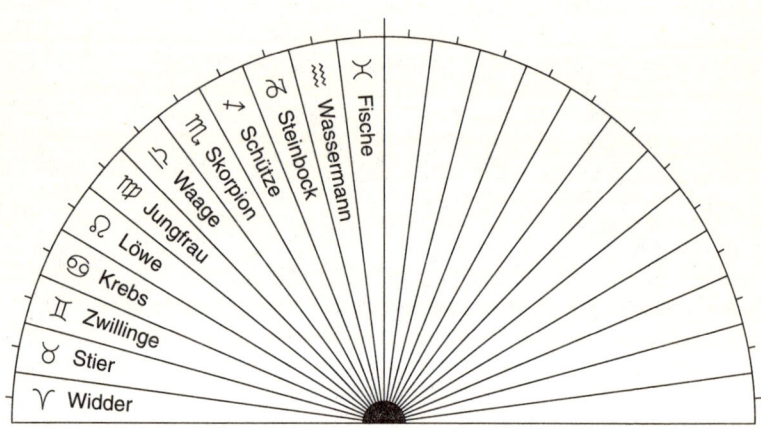

Abb. 8: Häuser

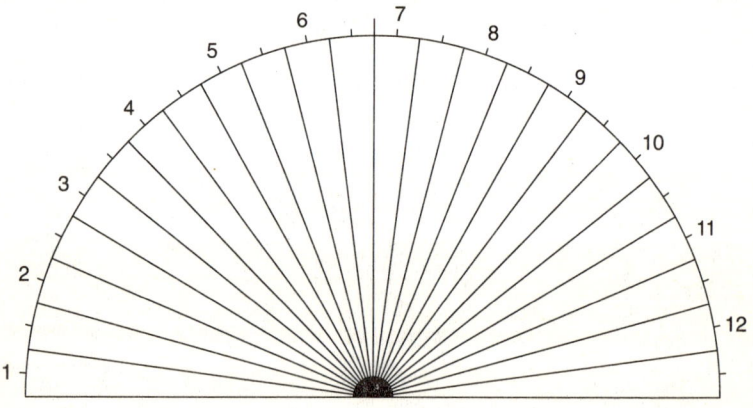

2.
Zahlen, Berechnungen und Buchstaben

Zahlen sind ein alltägliches Merkmal unseres Lebens. Mit Hilfe der Diagramme dieses Kapitels ist es möglich, mit dem Pendel Hausnummern, die Seite eines Buches, die einen gesuchten Abschnitt enthält, vergessene Zahlenkombinationen, bestimmte Berechnungsergebnisse, Autonummern, Postleitzahlen und viele andere Dinge herauszufinden.

Es ist wichtig, daß Sie mit dem mit »Orientierung« bezeichneten Diagramm beginnen. Hier fragen Sie, in welchem der folgenden Diagramme Sie auf Ihre Antwort stoßen werden.

Auf den folgenden Seiten werden Sie auch Diagramme mit sehr hohen Zahlen vorfinden. Sie können in vielerlei Hinsicht dienen, nicht nur als Jahreszahlen. Sie alle sind Vielfache von 100. Wenn Sie sicher sein wollen, ob Sie die exakt richtige Zahl erhalten haben, nutzen Sie das Diagramm mit den Rubriken »höher« und »niedriger« (Diagramm 9.8). Danach kehren Sie eventuell wieder zu den Diagrammen mit den niedrigeren Zahlen zurück.

Für die Jahre nach 1900 und für genaue Datumsangaben (Tag, Woche, Monat) sollten Sie zu den entsprechenden Diagrammen in Kapitel 1, »Astrologie«, zurückblättern.

Abb. 9: Zahlen und Berechnungen

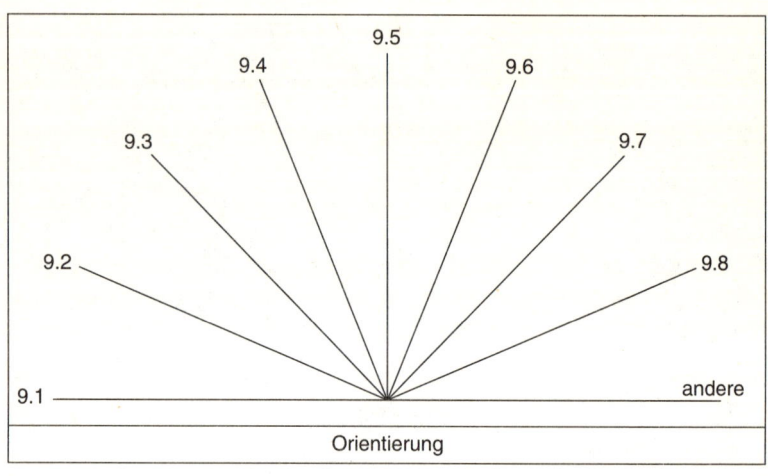

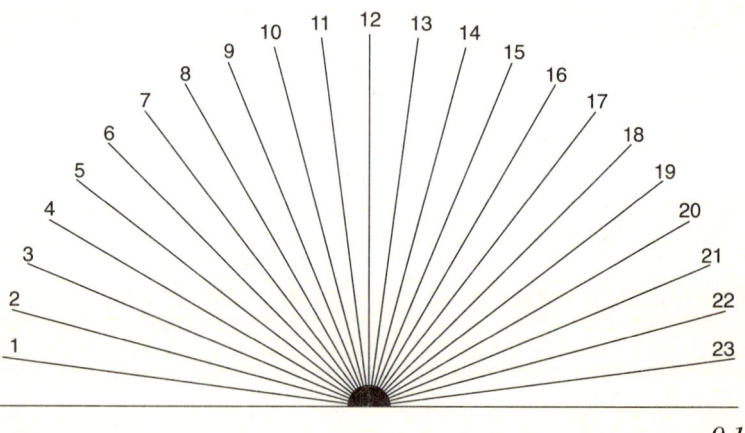

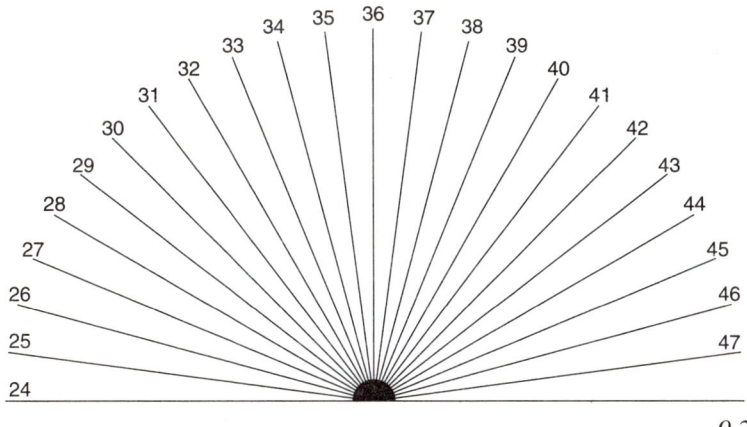

9.2

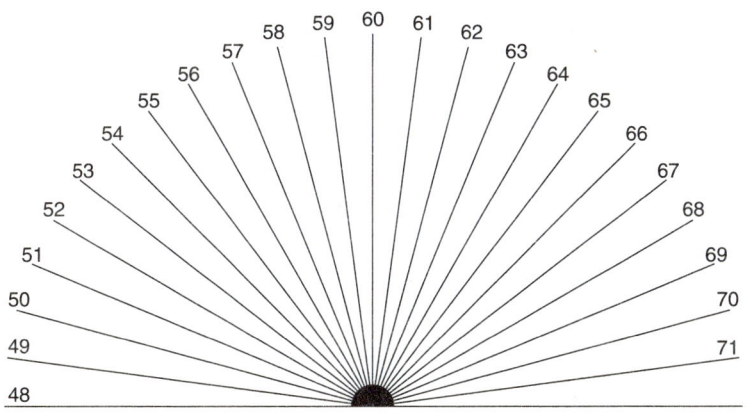

9.3

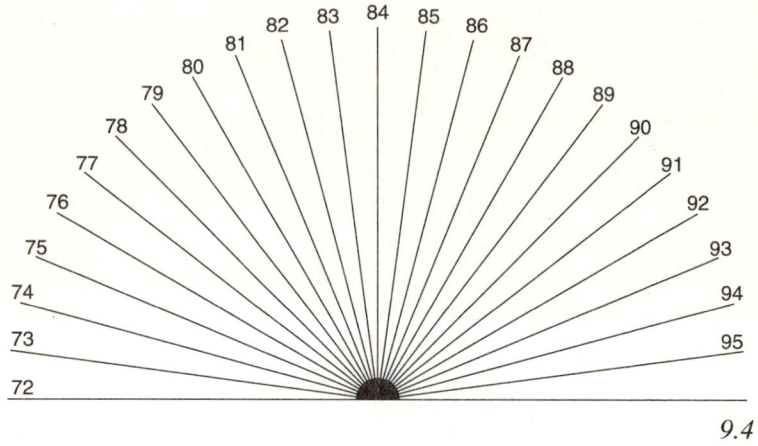

9.4

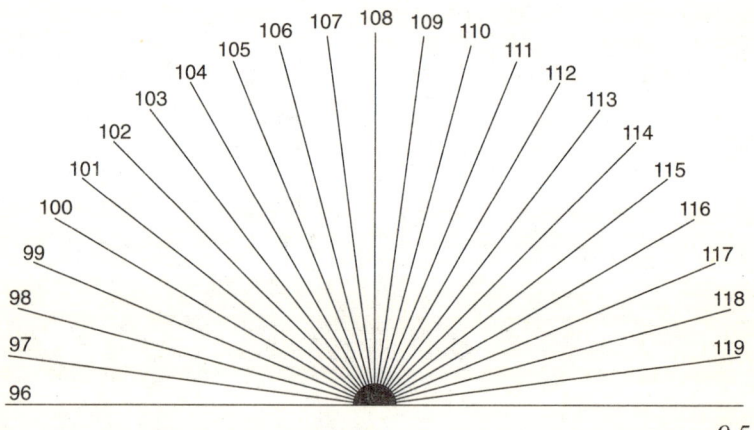

9.5

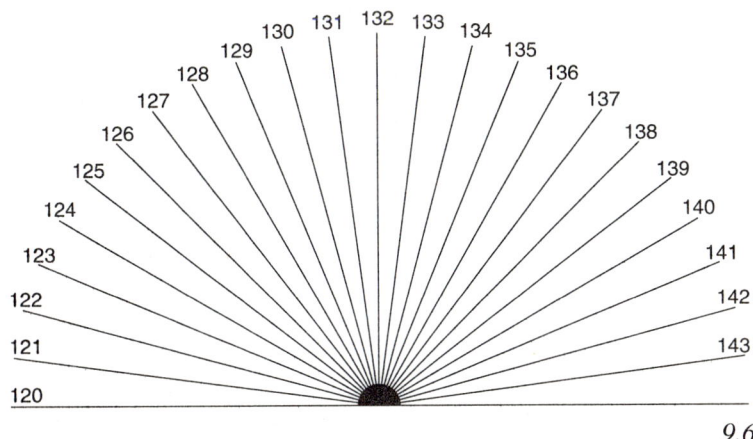

9.6

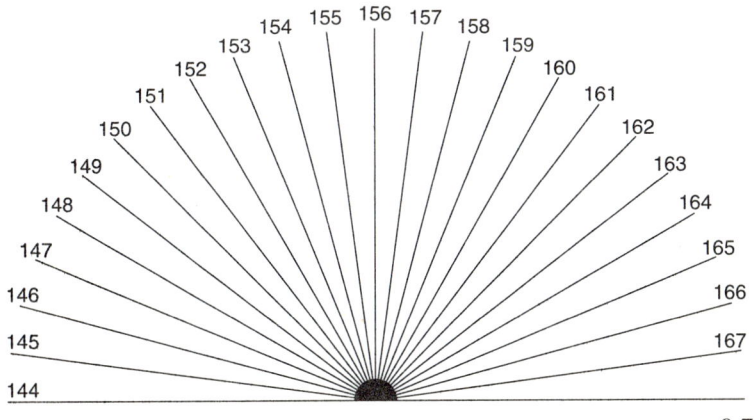

9.7

33

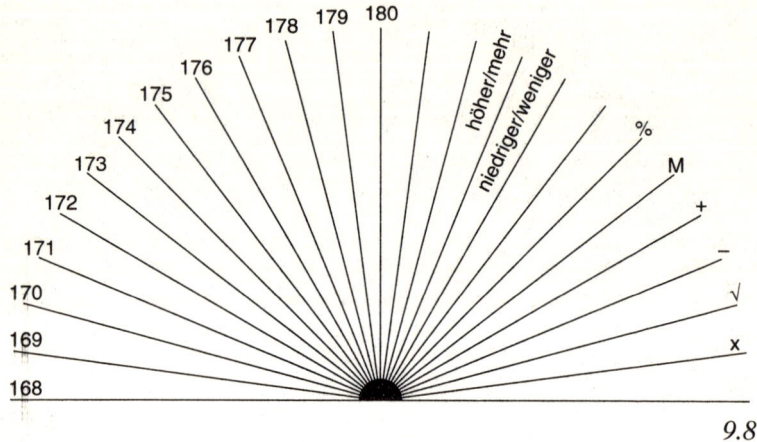

9.8

Abb. 10: Jahre

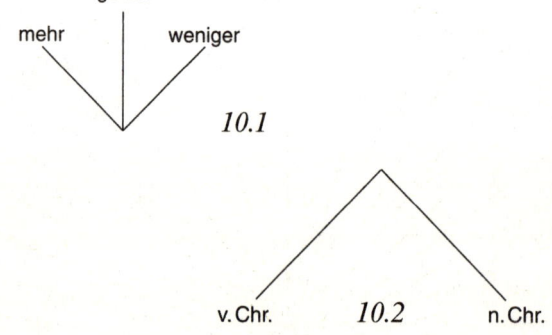

10.1

10.2

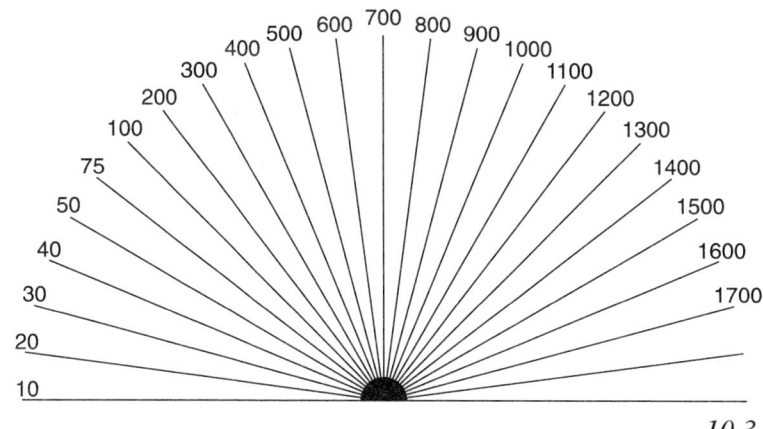

10.3

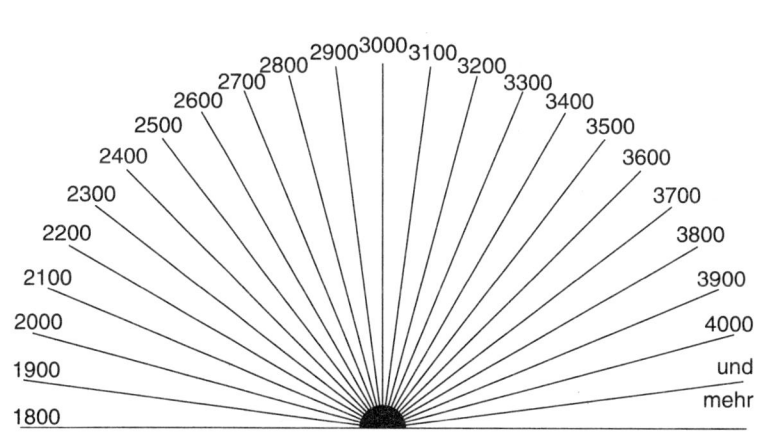

10.4

Abb. 11: Buchstaben und römische Ziffern

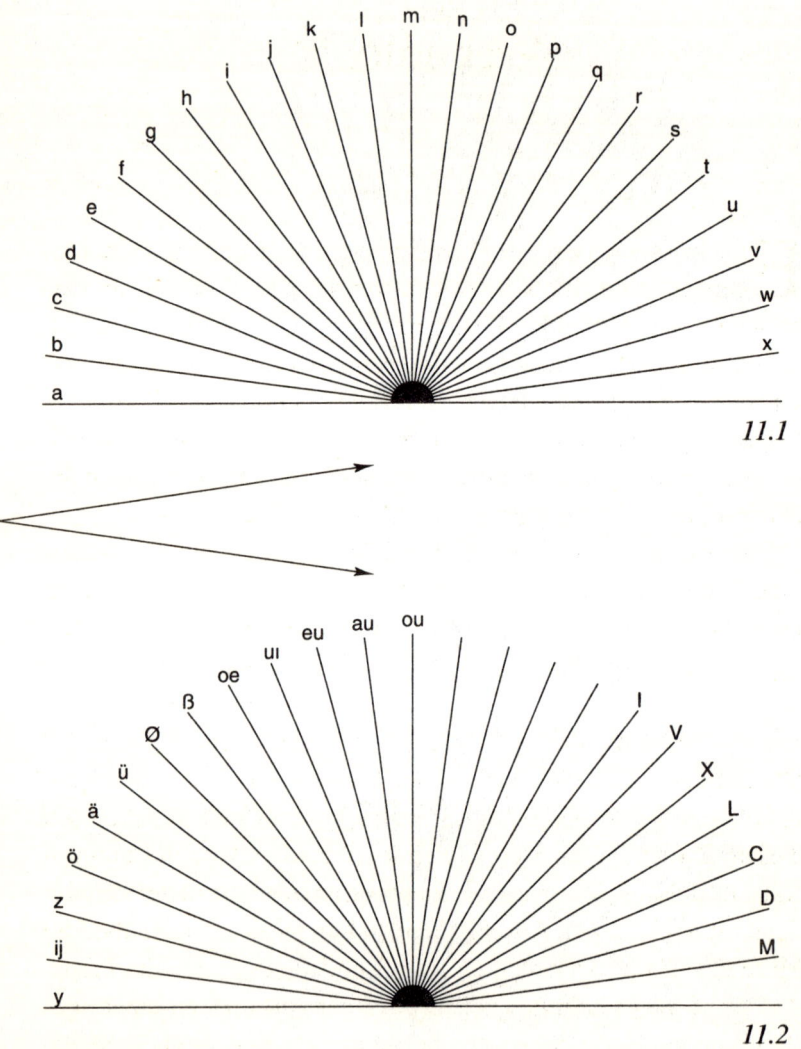

11.1

11.2

3.
Archäologie

Ein Großteil unserer weiter zurückliegenden und näheren Vergangenheit liegt noch immer unter der Erdoberfläche im verborgenen. Die folgenden Diagramme sind für Personen gedacht, die gerne mehr über das Leben unserer Vorfahren und darüber, was sie zurückgelassen haben, erfahren würden.

Um Gegenstände zu datieren, blättern Sie bitte zum Kapitel 2, »Zahlen, Berechnungen und Buchstaben«, zurück. Dort finden Sie Diagramme, die Jahreszahlen enthalten.

Eine genaue Landkarte ist ebenfalls sehr nützlich, um archäologisch interessante Plätze ausfindig zu machen. Ist die Karte zu groß, dann ist es ratsam, sie in vier oder mehr Teilflächen aufzuteilen. Indem Sie das Pendel über jede Teilfläche halten, fragen Sie: Befindet sich in dieser Teilfläche irgendein archäologisch interessanter Gegenstand (oder der Gegenstand, nach dem Sie suchen)? Das Pendel wird kreisend »ja« oder »nein« anzeigen. Nachdem Sie die richtige Teilfläche gefunden haben, können Sie fortfahren. Zu diesem Zweck halten Sie das Pendel über die Mitte des unteren Kartenrands und bitten es, die Richtung anzugeben, in der sich der Gegenstand befindet. Anschließend halten Sie das Pendel über die Mitte des linken oder rechten Rands und wiederholen die Frage. Auf diese Weise erhalten Sie zwei Linien, die sich an einem bestimmten Punkt auf der Karte überschneiden. Dort liegt die Stelle, wo Sie zu graben beginnen müssen.

Abb. 12:
Archäologische
Gebäudeüberreste

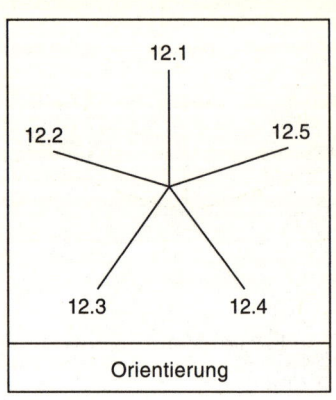

Orientierung

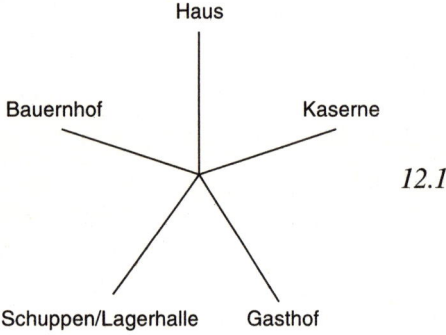

12.1

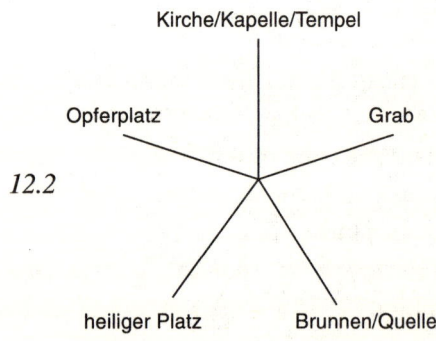

12.2

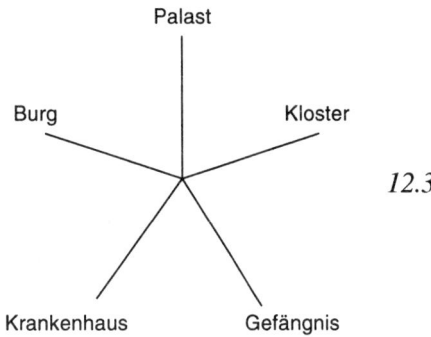

Palast

Burg   Kloster

                                    12.3

Krankenhaus   Gefängnis

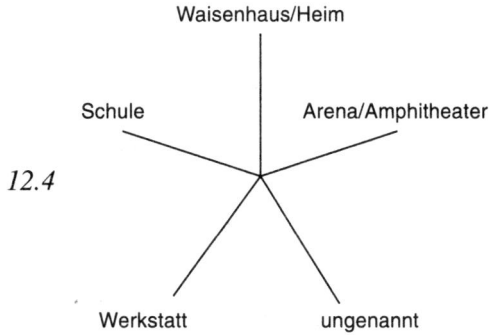

                              Waisenhaus/Heim

                    Schule   Arena/Amphitheater

12.4

                    Werkstatt   ungenannt

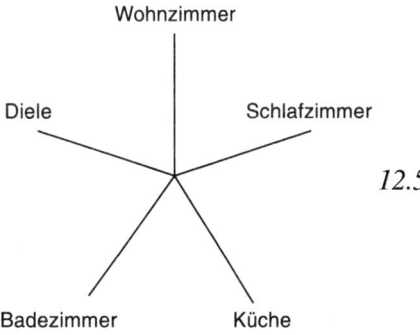

        Wohnzimmer

Diele   Schlafzimmer

                                    12.5

Badezimmer   Küche

Abb. 13:
Form der
Gegenstände

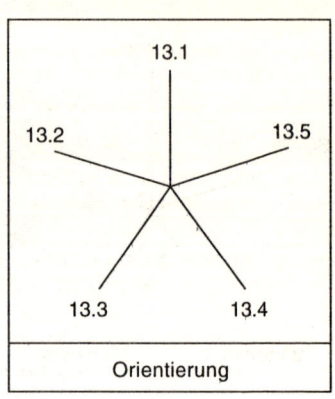
Orientierung

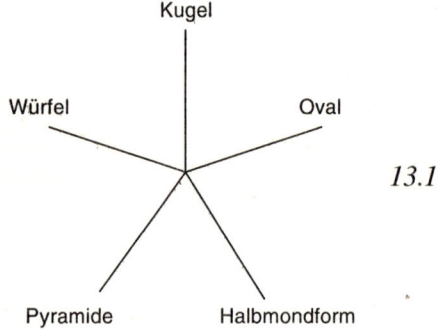

Kugel

Würfel   Oval

13.1

Pyramide   Halbmondform

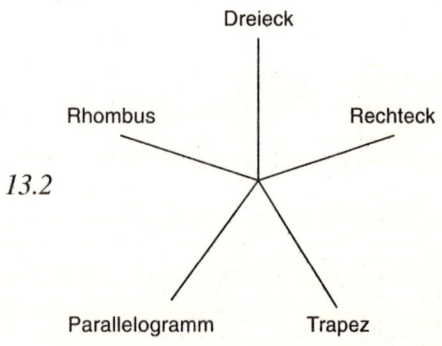

Dreieck

Rhombus   Rechteck

13.2

Parallelogramm   Trapez

Zylinder

Spirale

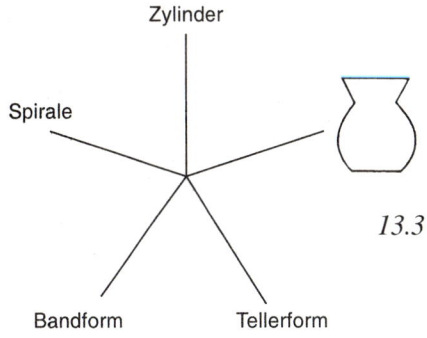

13.3

Bandform   Tellerform

winkelig

unregelmäßige Form   strahlenförmig

13.4

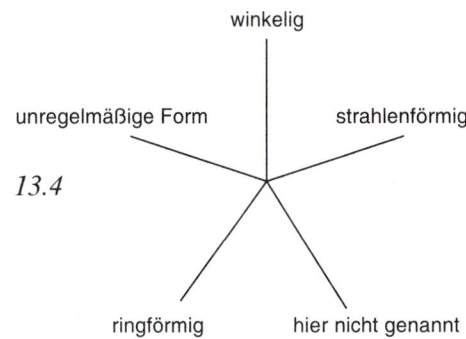

ringförmig   hier nicht genannt

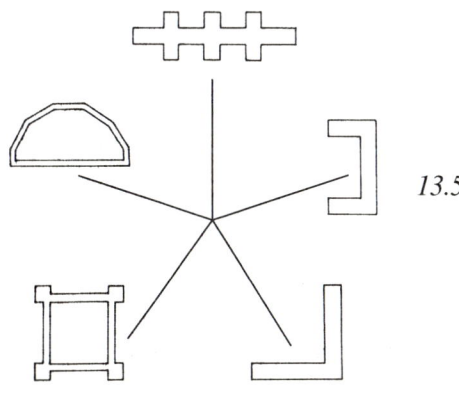

13.5

Abb. 14:
Materialien

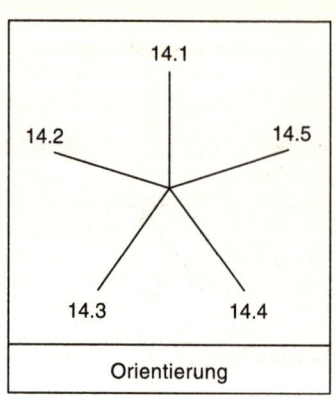

14.1
14.2
14.5
14.3
14.4

Orientierung

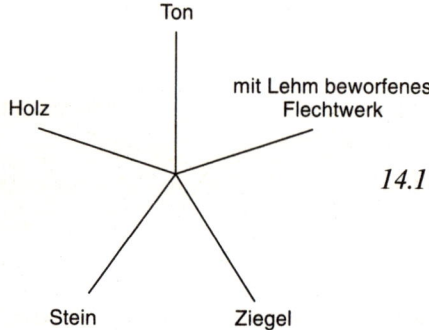

Ton

Holz

mit Lehm beworfenes
Flechtwerk

14.1

Stein

Ziegel

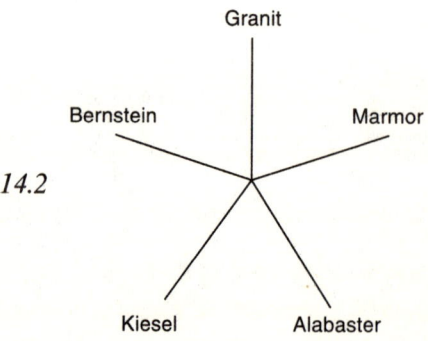

Granit

Bernstein

Marmor

14.2

Kiesel

Alabaster

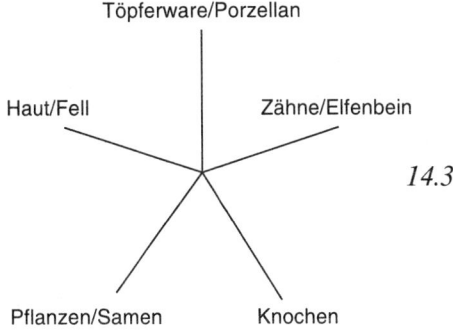

Töpferware/Porzellan

Haut/Fell   Zähne/Elfenbein

14.3

Pflanzen/Samen   Knochen

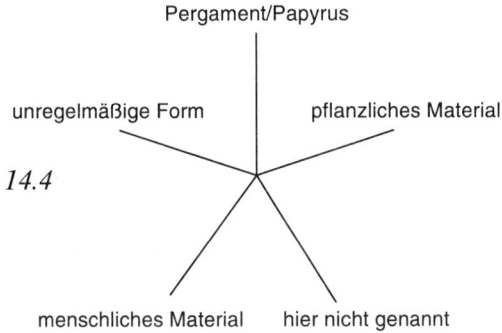

Pergament/Papyrus

unregelmäßige Form   pflanzliches Material

14.4

menschliches Material   hier nicht genannt

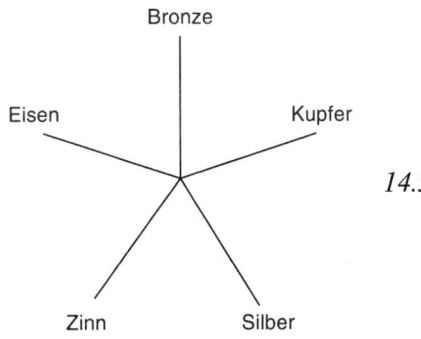

Bronze

Eisen   Kupfer

14.5

Zinn   Silber

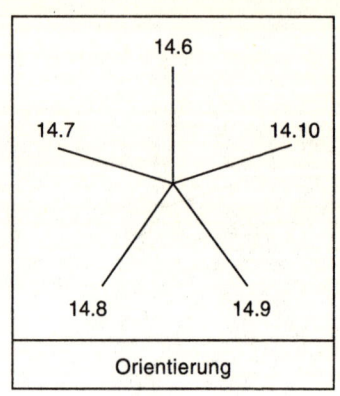

Orientierung

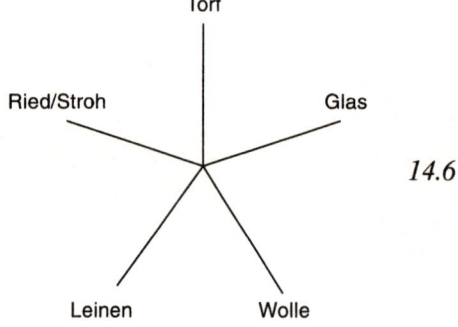

14.6

Torf
Ried/Stroh
Glas
Leinen
Wolle

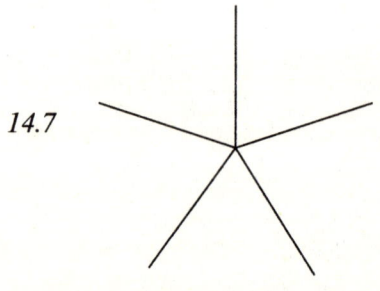

14.7

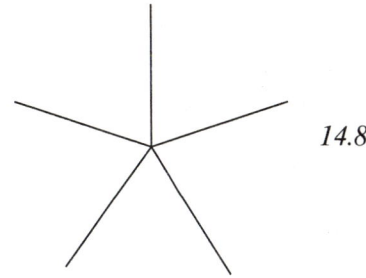

14.8

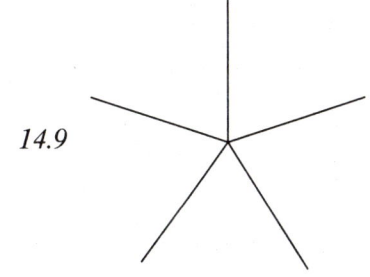

14.9

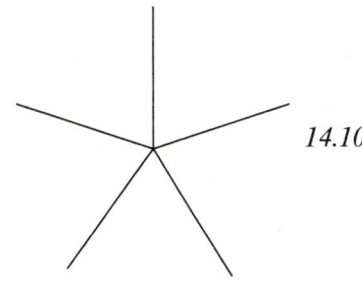

14.10

Abb. 15:
Plätze

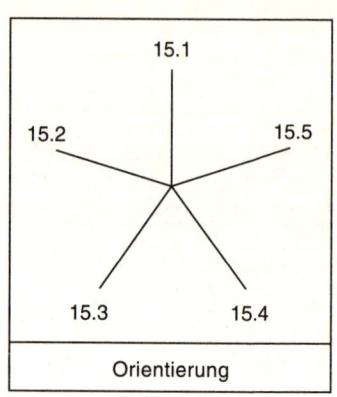

Orientierung

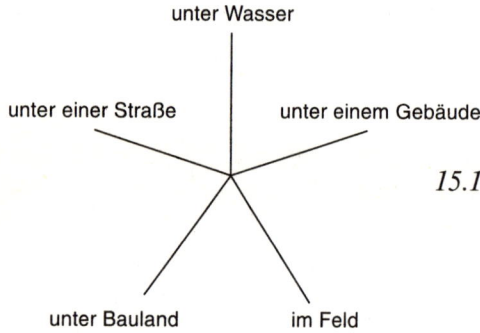

15.1

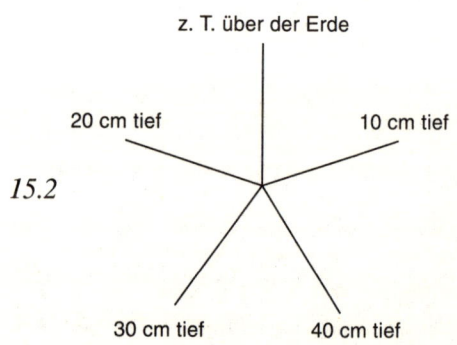

15.2

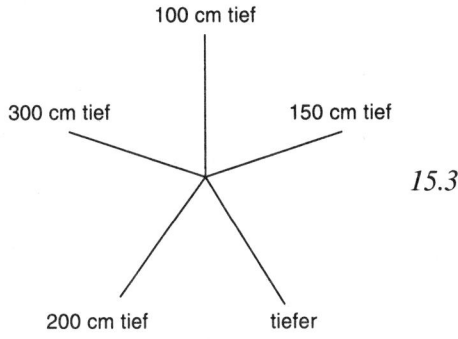

100 cm tief

300 cm tief   150 cm tief

15.3

200 cm tief   tiefer

15.4

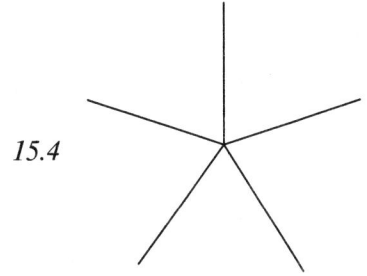

90 cm tief

50 cm tief   60 cm tief

15.5

70 cm tief   80 cm tief

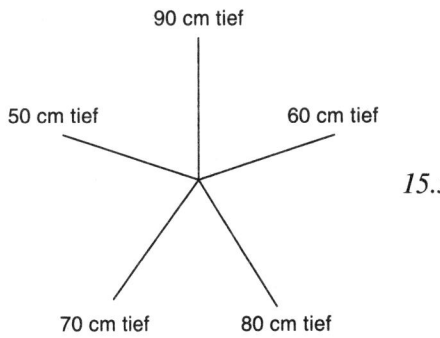

4.
Krankheitsursachen

Gesundheit ist der Zustand, in dem sich Körper, Seele und Geist im Gleichgewicht befinden. Der Körper wird immer versuchen, diesen Zustand aufrechtzuerhalten. Eine ernsthafte Störung oder Streß vermögen diese Harmonie jedoch zu beeinträchtigen und können die Ursache von Krankheiten sein. Zahlreiche Beschwerden resultieren möglicherweise daraus. Ist die Störung jedoch erst einmal lokalisiert, wird auch die Behandlung effektiver.

Die folgenden Diagramme geben Ihnen die Gelegenheit, mit dem Pendel die Ursache einer Krankheit herauszufinden. Beginnen Sie jedesmal, indem Sie das Pendel über das Orientierungsdiagramm in der Mitte der Seite halten und fragen: Welches Diagramm enthält die Ursache für die Krankheit, unter der die Person leidet? Nennen Sie dabei, wenn möglich, ihren Namen, und stimmen Sie sich auf die Person ein, indem Sie ein Photo oder einen persönlichen Gegenstand dieses Menschen zu Hilfe nehmen. Bei manchen Diagrammen finden sich keine Begriffe, damit Sie selbst die Ihren einsetzen können.

Abb. 16:
Krankheitsursachen

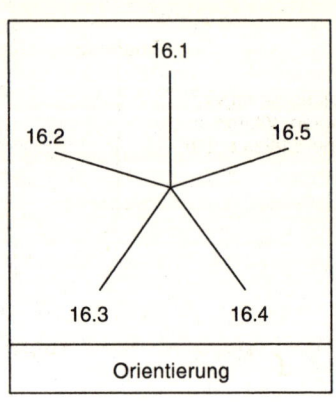

16.1
16.2   16.5
16.3   16.4

Orientierung

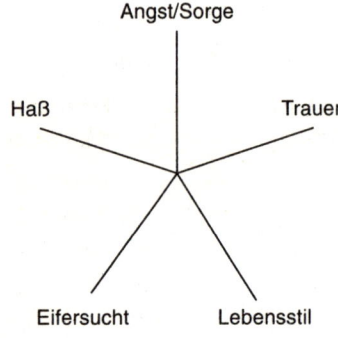

Angst/Sorge

Haß   Trauer

16.1

Eifersucht   Lebensstil

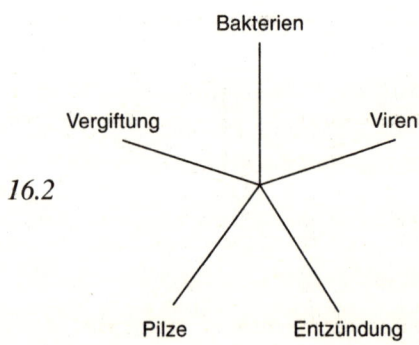

Bakterien

Vergiftung   Viren

16.2

Pilze   Entzündung

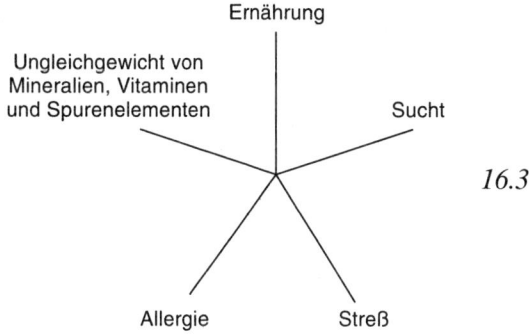

Ernährung

Ungleichgewicht von
Mineralien, Vitaminen
und Spurenelementen   Sucht

16.3

Allergie   Streß

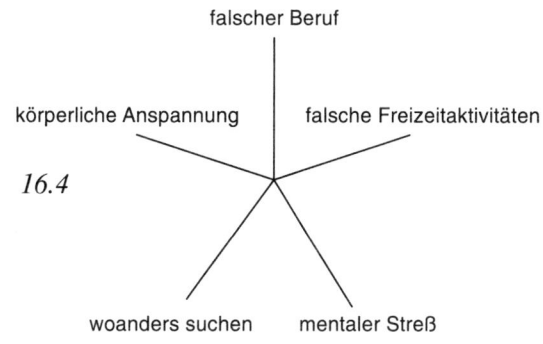

falscher Beruf

körperliche Anspannung   falsche Freizeitaktivitäten

16.4

woanders suchen   mentaler Streß

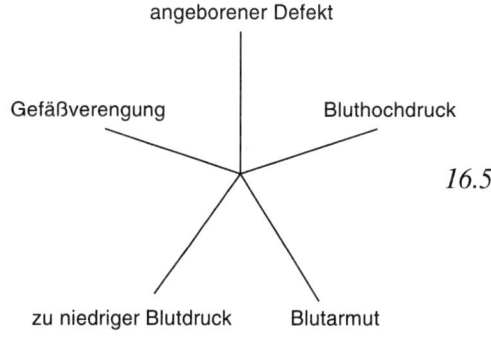

angeborener Defekt

Gefäßverengung   Bluthochdruck

16.5

zu niedriger Blutdruck   Blutarmut

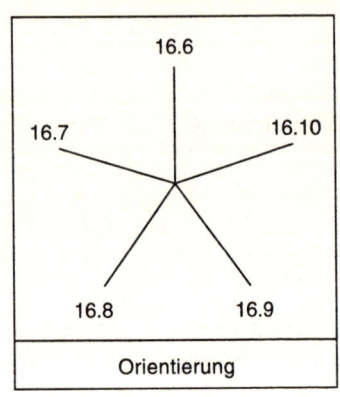

Orientierung

behinderter oder blockierter Blutfluß

Knochenbruch   Tumor

16.6

überanstrengter   eingeklemmter
Muskel   Nerv

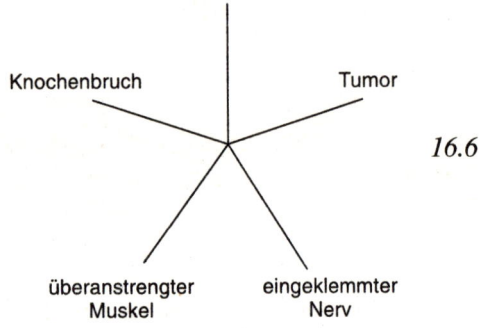

Muskelriß

Überanstrengung   niedriger pH-Wert

16.7

falsche Atemtechnik   hoher pH-Wert

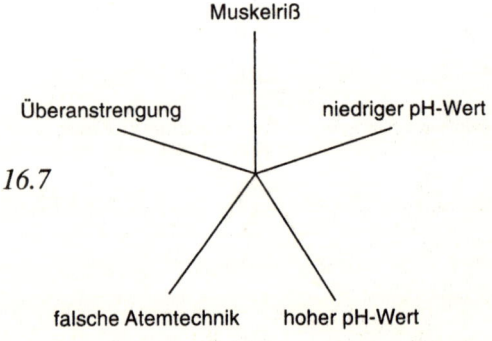

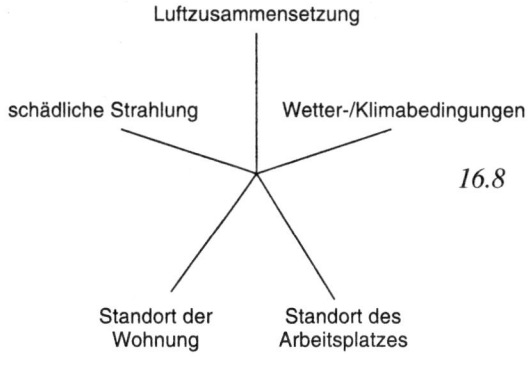

Luftzusammensetzung

schädliche Strahlung   Wetter-/Klimabedingungen

16.8

Standort der   Standort des
Wohnung   Arbeitsplatzes

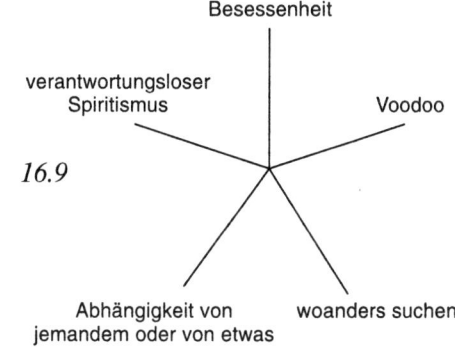

Besessenheit

verantwortungsloser
Spiritismus   Voodoo

16.9

Abhängigkeit von   woanders suchen
jemandem oder von etwas

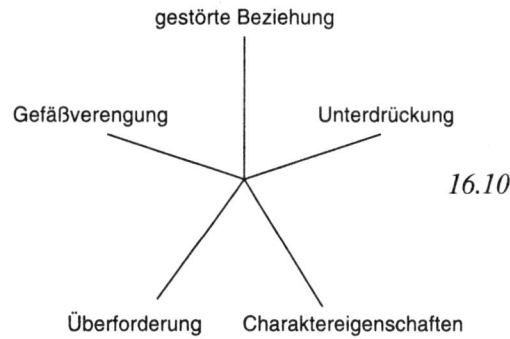

gestörte Beziehung

Gefäßverengung   Unterdrückung

16.10

Überforderung   Charaktereigenschaften

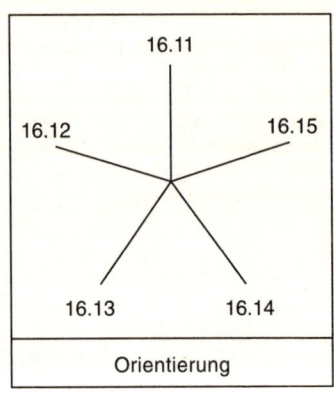

Orientierung

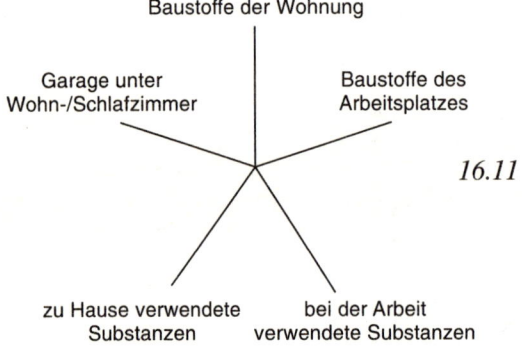

Baustoffe der Wohnung

Garage unter
Wohn-/Schlafzimmer

Baustoffe des
Arbeitsplatzes

16.11

zu Hause verwendete
Substanzen

bei der Arbeit
verwendete Substanzen

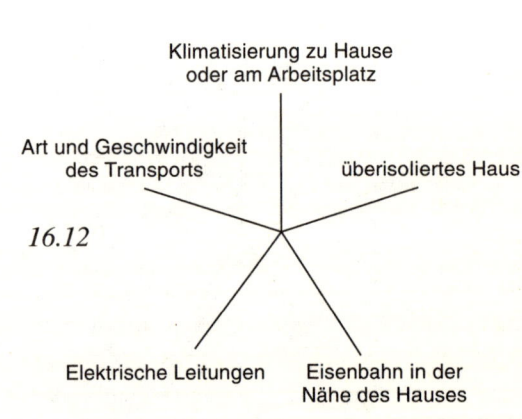

Klimatisierung zu Hause
oder am Arbeitsplatz

Art und Geschwindigkeit
des Transports

überisoliertes Haus

16.12

Elektrische Leitungen

Eisenbahn in der
Nähe des Hauses

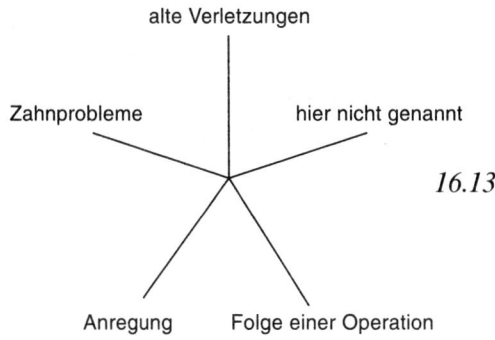

alte Verletzungen

Zahnprobleme   hier nicht genannt

16.13

Anregung   Folge einer Operation

16.14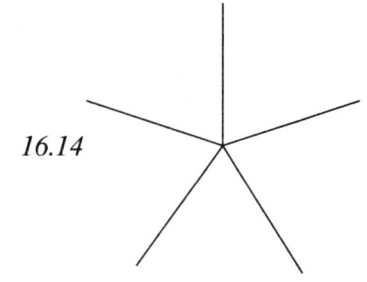

16.15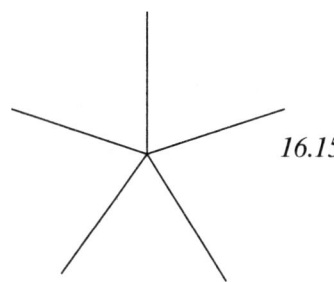

5.
Lokalisierung von Krankheiten

Auf den folgenden Seiten finden Sie Diagramme, die Ihnen dabei helfen herauszufinden, unter welcher Krankheit eine Person leidet oder welche Organe beziehungsweise Körperteile betroffen sind.

Zur Orientierung werden zunächst Gruppen von Krankheiten angezeigt. Bitte verfahren Sie wie folgt: Halten Sie das Pendel über das Orientierungsdiagramm (Abb. 19) und fragen Sie: In welcher Abteilung finde ich die Gruppe von Krankheiten, unter der die Person leidet? Nennen Sie den Namen der Person und vielleicht zusätzlich Geburtstag und Geburtsort; ein Photo oder ein persönlicher Gegenstand, wie zum Beispiel ein Schmuckstück, kann unterstützend wirken. Das Pendel wird dann die zutreffende Gruppe von Krankheiten anzeigen. Als nächstes halten Sie das Pendel über die betreffende Abteilung und fragen: Unter welcher Art von Krankheit oder Beeinträchtigung leidet die Person? Das Pendel wird nun genauer angeben, um welche Art von Krankheit es sich handelt. Mit den anschließenden Diagrammen (S. 62–81) können Sie dann weiter nachforschen.

Abbildung 17 zeigt den menschlichen Körper. Mit Hilfe dieser Abbildung können Sie die betroffenen Organe oder Körperteile finden. Beginnen Sie am Orientierungspunkt unterhalb der Zeichnung und bitten Sie das Pendel, den Bereich anzuzeigen, der Probleme bereitet. Das Pendel wird sich über einem der vier Diagrammteile einschwingen. Halten Sie das Pendel dann direkt über den schwarzen Punkt in dem angezeigten Diagrammteil, und stellen Sie Ihre Frage. Das Pendel wird das spezifische Organ oder kranke Körperteil anzeigen. Auf den beiden folgenden Seiten finden Sie die beiden Diagramme, die zu Abbildung 18 gehören. Hierbei handelt es sich um vereinfachte Irisdiagnose-Diagramme, in denen ebenfalls alle Organe vorhanden sind. Beginnen Sie, indem Sie fragen, ob sich das betroffene Organ auf der linken oder rechten Buchseite befindet. Halten Sie das Pendel dann über den schwarzen Mittelpunkt der angegebenen Seite und bitten Sie das Pendel, das beeinträchtigte Organ der betroffenen Person anzuzeigen. Das Pendel wird über dem Mittelpunkt hin- und herschwingen; es ist daher wichtig zu fragen, welche Seite die richtige ist.

Abb. 17: Der menschliche Körper

1. Großhirn, Nervenzentrum
2. Großhirnrinde
3. Augen
4. Ohren
5. Nasenbein
6. Kiefer
7. Mandeln
8. Kehlkopf
9. Schilddrüse
10. Luftröhre
11. Schultergelenk
12. Bronchien
13. rechter Lungenflügel
14. Leber, vorne rechts
15. Gallenblase, dahinter
16. Bauchspeicheldrüse, hinter dem Magen
17. Dickdarm, Colon transversum
18. Bauchaorta
19. untere Hohlvene
20. Dickdarm, Colon ascendens
21. Dickdarm, Colon descendens
22. Dünndarm, Krummdarm
23. Zäkum
24. Blinddarm
25. Drüsen
26. Fingernägel
27. Blutkreislauf, Arterien, Venen
28. Venen
29. Zehennägel
30. Haare
31. Zirbeldrüse
32. Kleinhirn
33. Rückenmark
34. Hauptschlagader
35. Lungenspitze
36. Thymusdrüse
37. linker Lungenflügel
38. Speiseröhre
39. Herz, zwischen den Lungenflügeln
40. Magen, hinter der Leber
41. Ellbogen
42. Milz
43. Nieren
44. Becken
45. Harnröhre
46. Hüftgelenk
47. Blase
48. Handgelenk
49. Sexualorgane
50. Kniegelenk
51. Knöchel

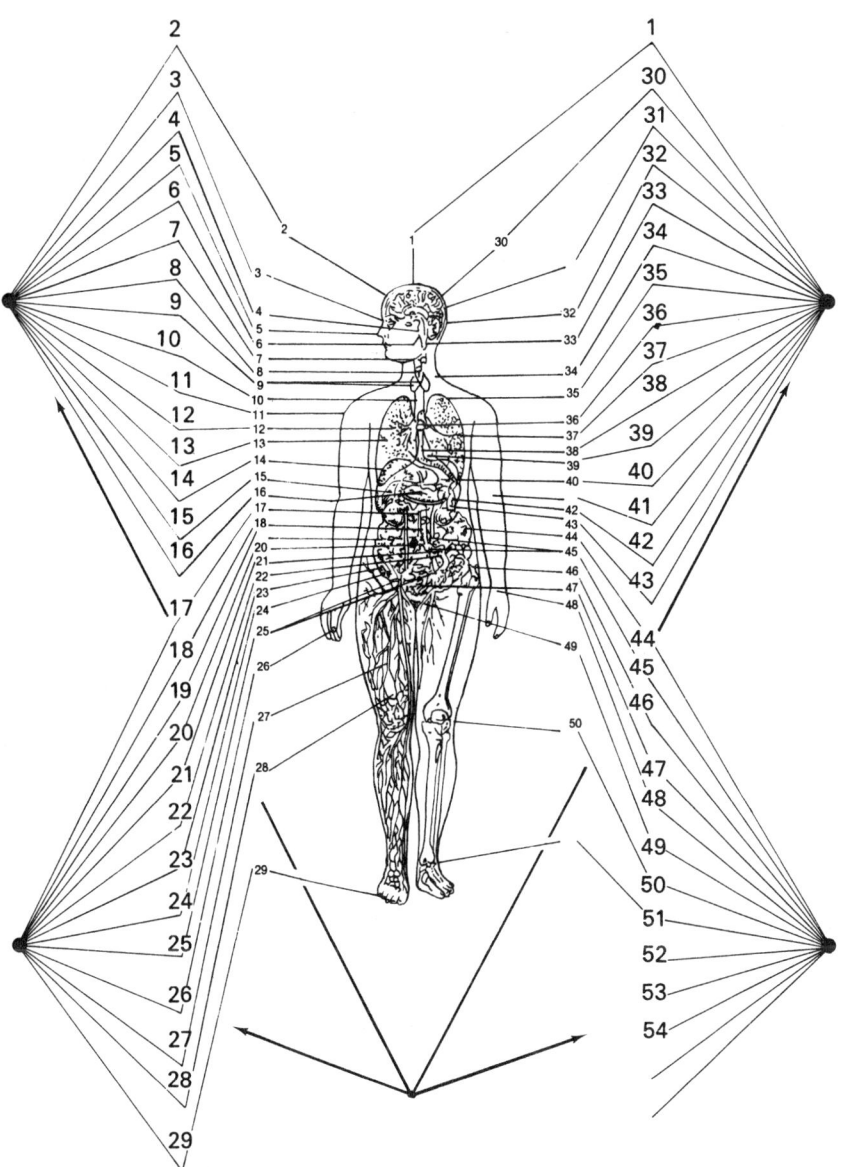

Abb. 18: Vereinfachtes Irisdiagnose-Diagramm

RECHTS

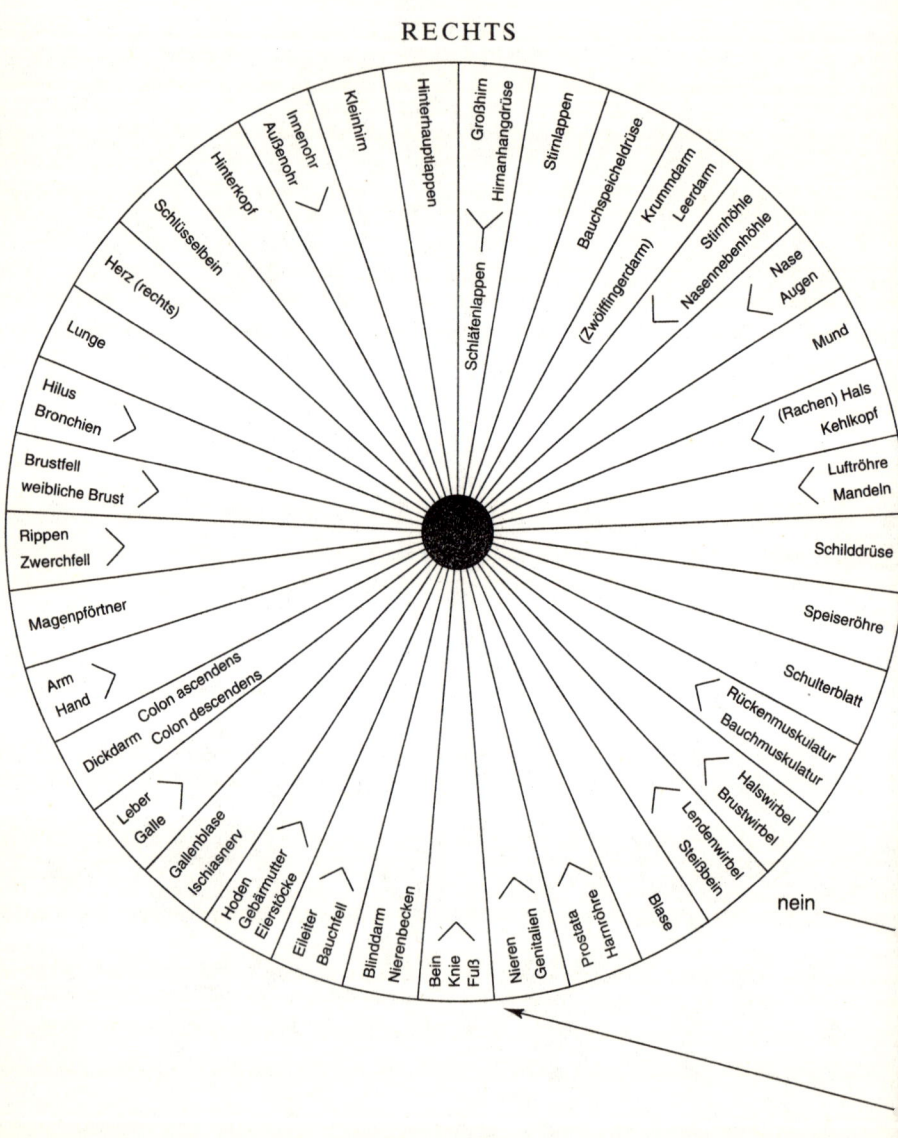

60

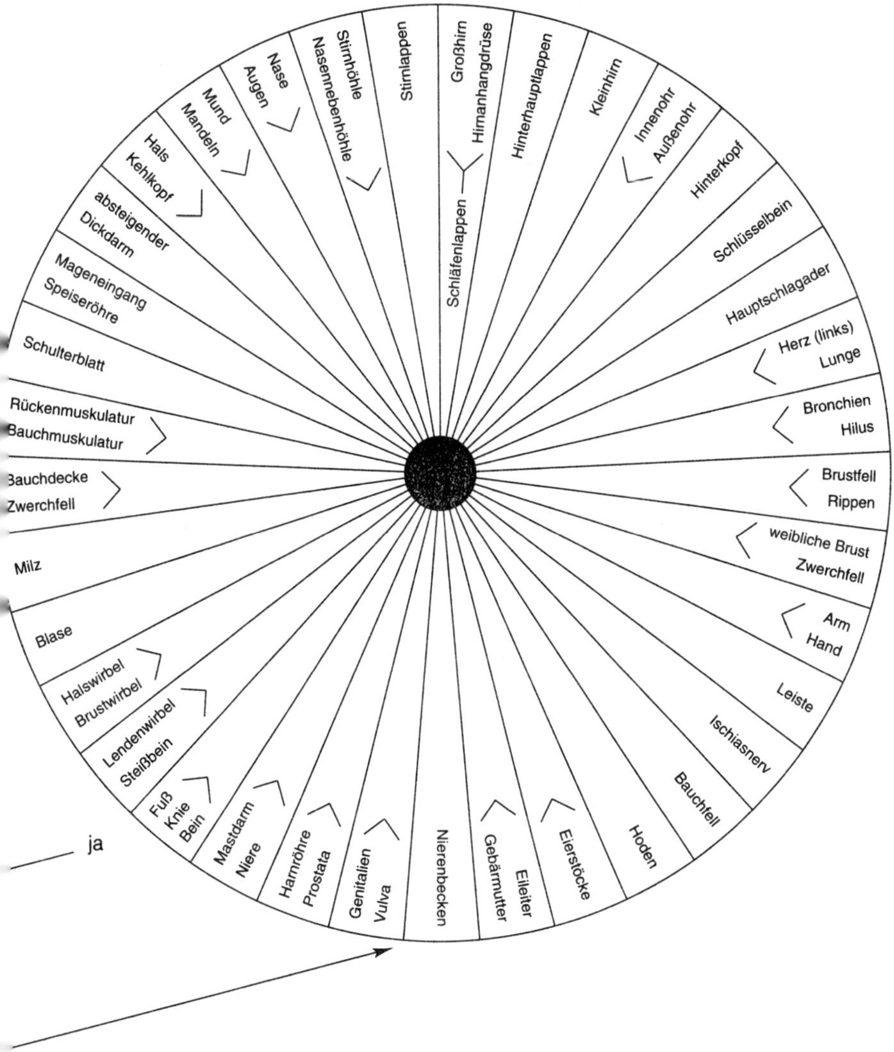

Großhirn
Hirnanhangdrüse
Stirnhöhle
Nasennebenhöhle
Stirnlappen
Hinterhauptlappen
Kleinhirn
Innenohr
Außenohr
Hinterkopf
Nase
Augen
Mund
Mandeln
Hals
Kehlkopf
absteigender Dickdarm
Mageneingang
Speiseröhre
Schulterblatt
Rückenmuskulatur
Bauchmuskulatur
Bauchdecke
Zwerchfell
Milz
Blase
Halswirbel
Brustwirbel
Lendenwirbel
Steißbein
Fuß
Knie
Bein
Mastdarm
Niere
Harnröhre
Prostata
Genitalien
Vulva
Schläfenlappen
Schlüsselbein
Hauptschlagader
Herz (links)
Lunge
Bronchien
Hilus
Brustfell
Rippen
weibliche Brust
Zwerchfell
Arm
Hand
Leiste
Ischiasnerv
Bauchfell
Hoden
Eierstöcke
Eileiter
Gebärmutter
Nierenbecken

ja

61

Abb. 19:
Störungen und
Mangelerscheinungen

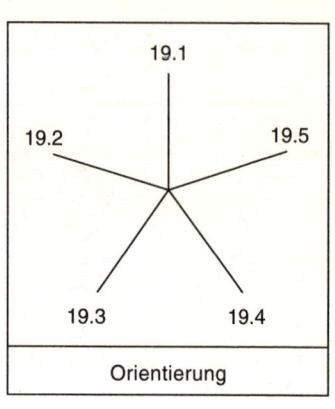

19.1

19.2   19.5

19.3   19.4

Orientierung

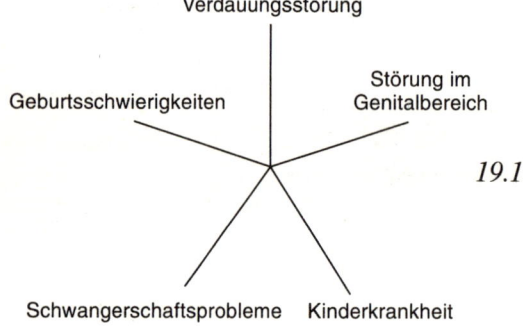

Verdauungsstörung

Geburtsschwierigkeiten   Störung im
                                Genitalbereich

                                        19.1

Schwangerschaftsprobleme   Kinderkrankheit

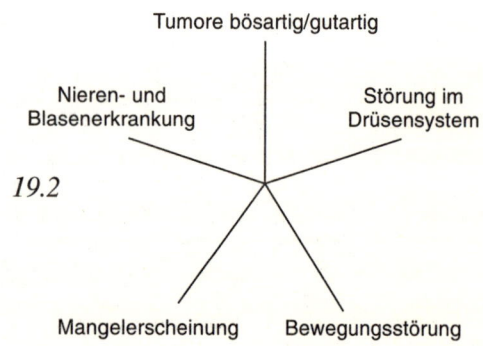

                    Tumore bösartig/gutartig

        Nieren- und   Störung im
        Blasenerkrankung   Drüsensystem

19.2

        Mangelerscheinung   Bewegungsstörung

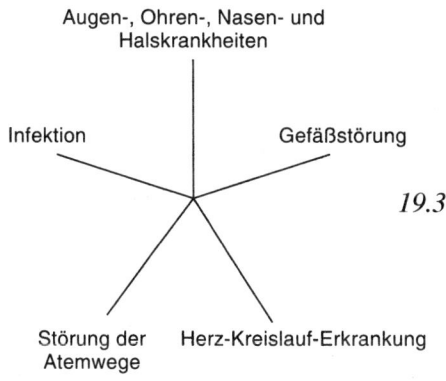

Augen-, Ohren-, Nasen- und Halskrankheiten

Infektion   Gefäßstörung

19.3

Störung der Atemwege   Herz-Kreislauf-Erkrankung

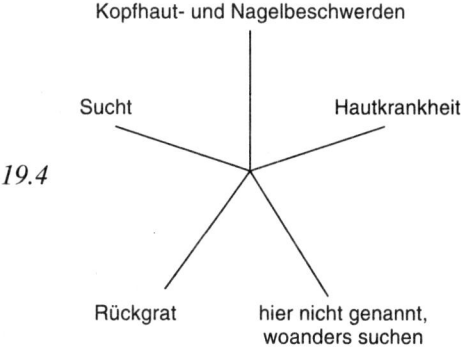

Kopfhaut- und Nagelbeschwerden

Sucht   Hautkrankheit

19.4

Rückgrat   hier nicht genannt, woanders suchen

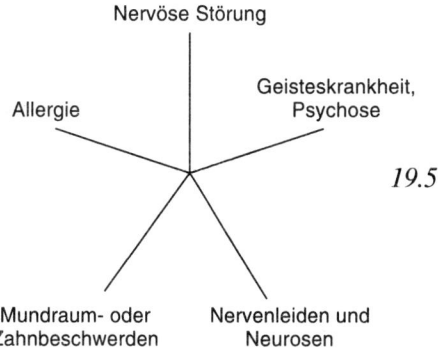

Nervöse Störung

Allergie   Geisteskrankheit, Psychose

19.5

Mundraum- oder Zahnbeschwerden   Nervenleiden und Neurosen

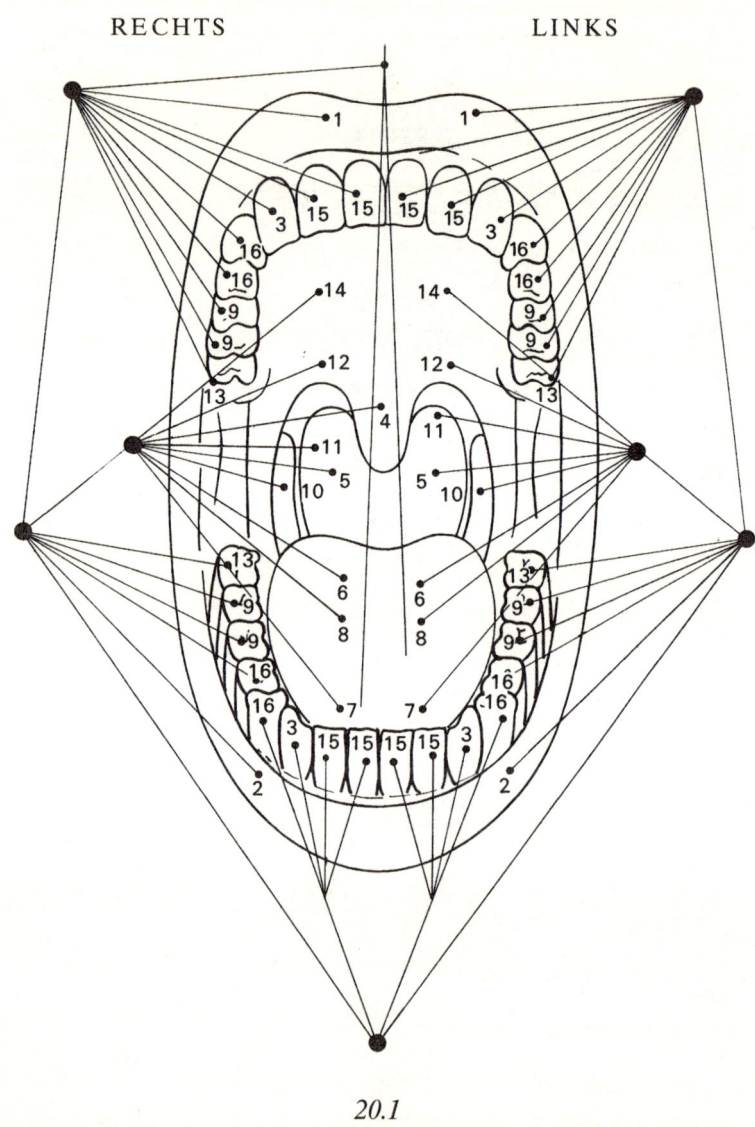

20.1

Abb. 20: Teile des Mundes

1. Oberlippe	9. Molaren
2. Unterlippe	10. Gaumenmandeln
3. Eckzähne	11. Gaumenbögen
4. Gaumenzäpfchen	12. rückwärtiger Gaumen
5. Rachen	13. Weisheitszähne
6. Wallpapillen	14. Oberkiefer
7. Fadenpapillen	15. Schneidezähne
8. Pilzpapillen	16. Prämolaren

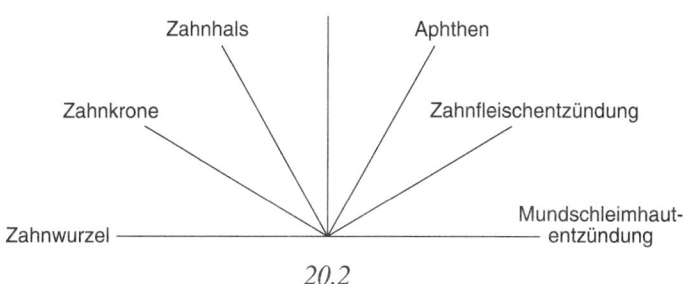

20.2

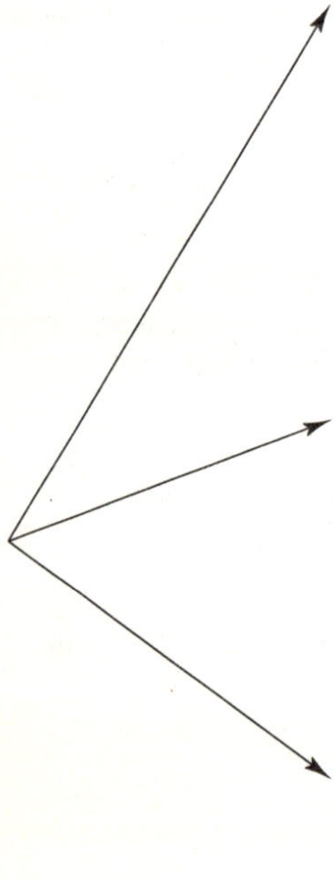

Abb. 21.1: Halswirbel

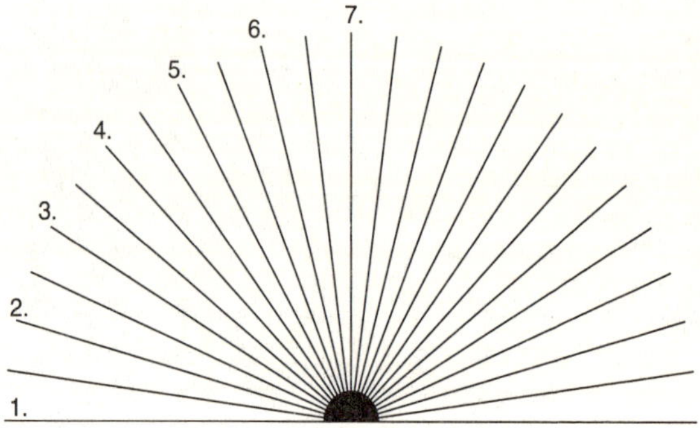

Abb. 21.2: Brustwirbel

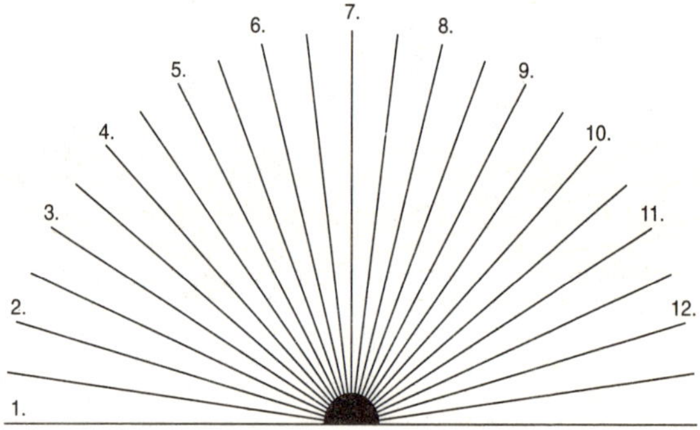

Abb. 21.3: Lendenwirbel und Steißbein

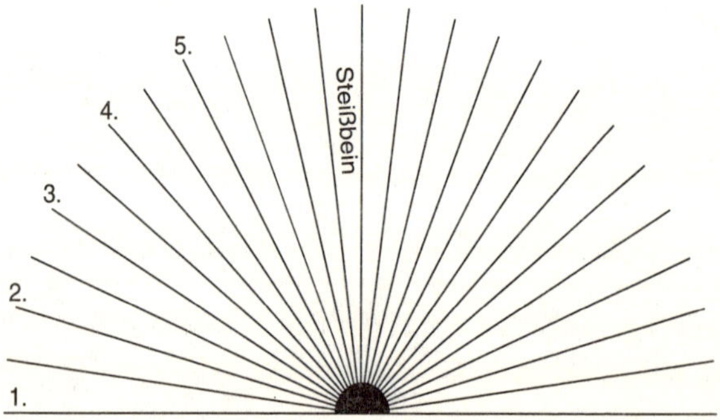

Abb. 21.4: Arten der Störungen

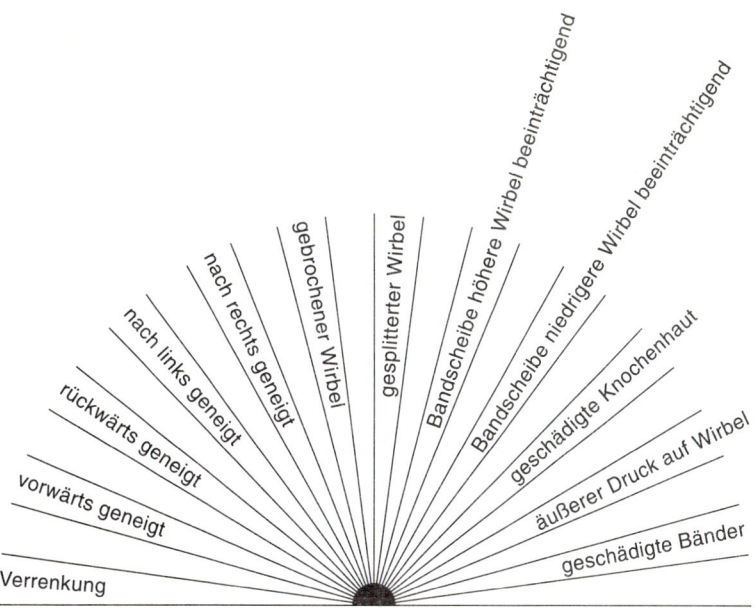

Abb. 22: Störungen des Nervensystems

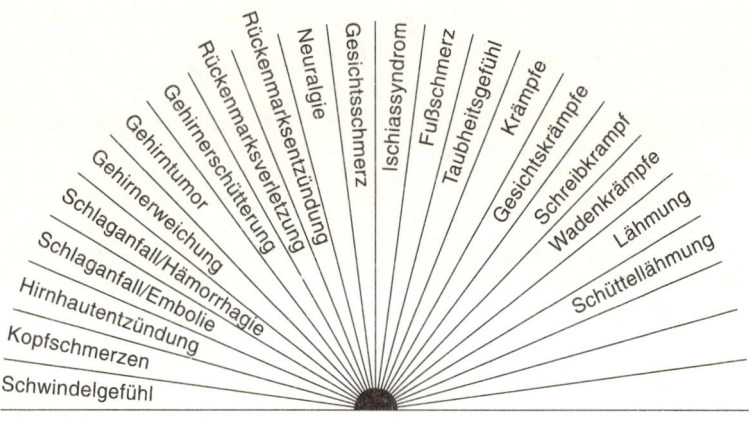

Abb. 23: Geisteskrankheiten und Psychosen

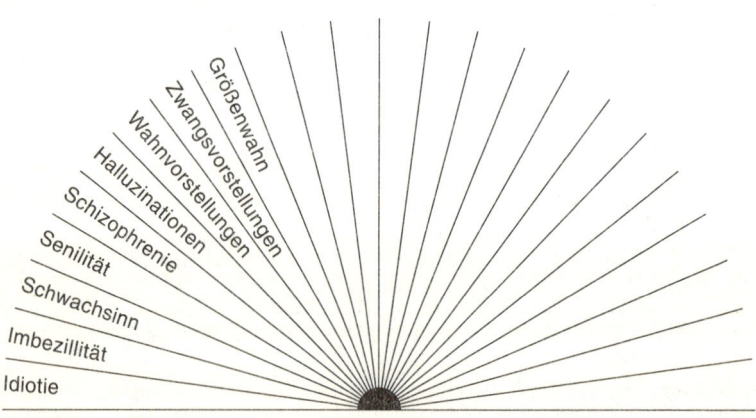

Abb. 24: Nervöse Beschwerden und Neurosen

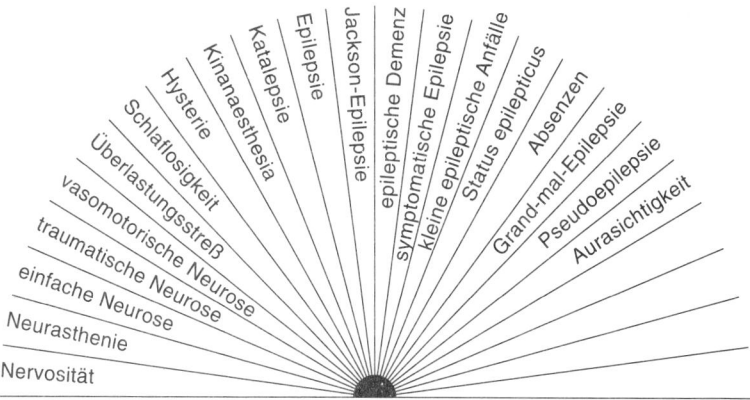

Abb. 25: Geschlechtskrankheiten

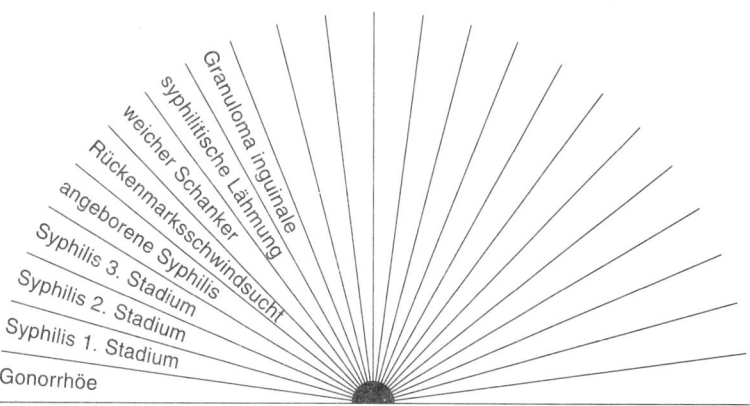

Abb. 26: Augenerkrankungen

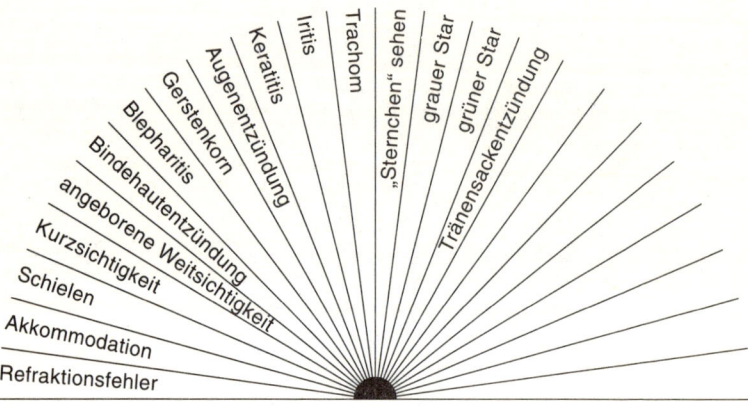

Abb. 27: Rachen- und Nasenerkrankungen

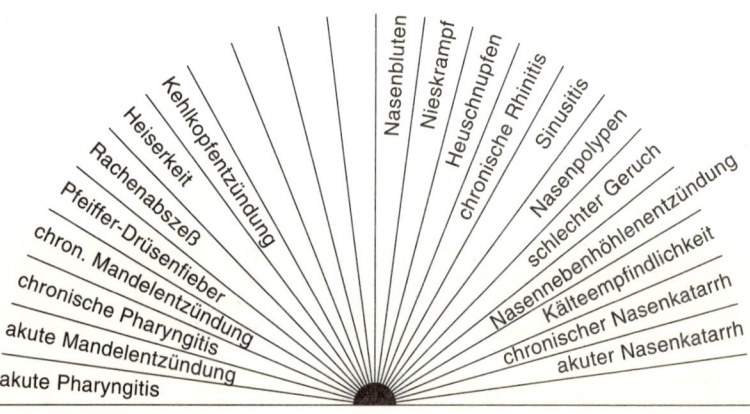

Abb. 28: Ohrenerkrankungen

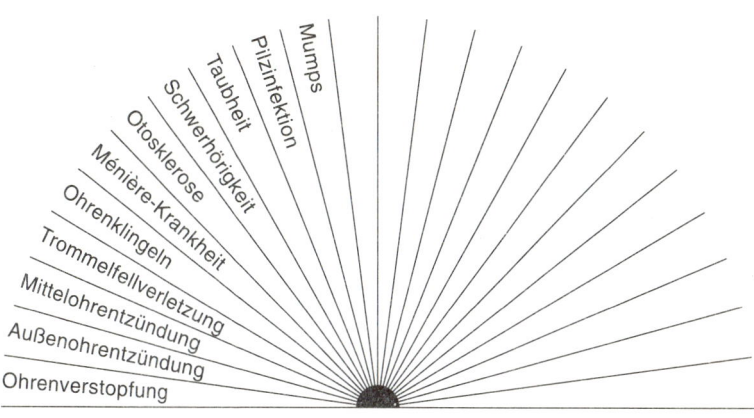

Abb. 29: Atemwegserkrankungen

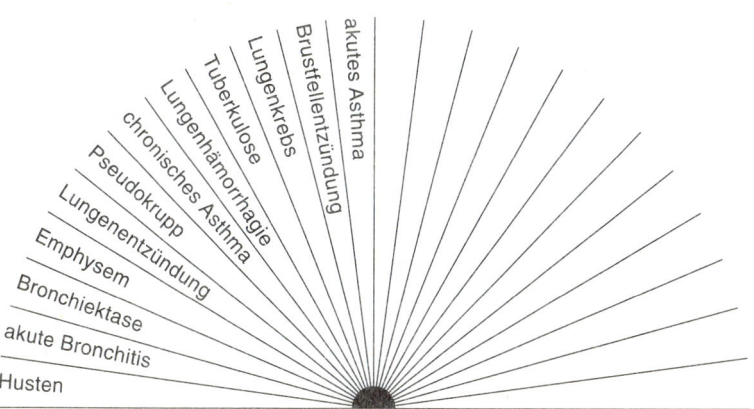

Abb. 30:
Schwangerschaftsbeschwerden

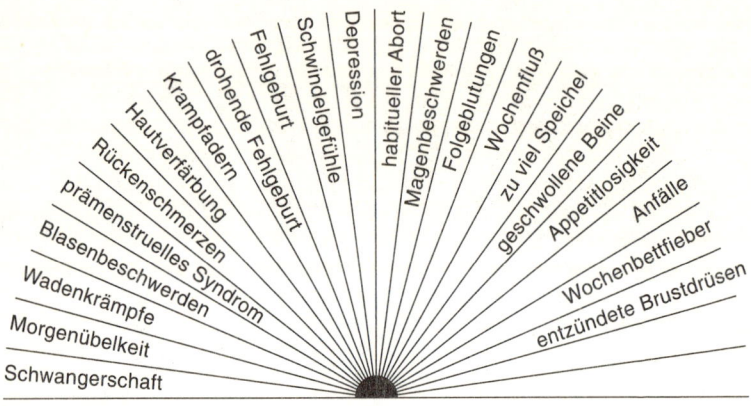

Abb. 31:
Körperliche Mängel und Kinderkrankheiten

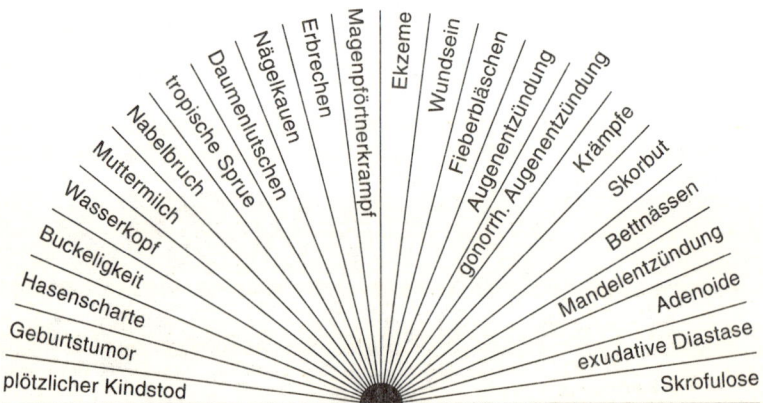

Abb. 32:

Gewöhnliche und besondere Störungen; Stoffwechselkrankheiten

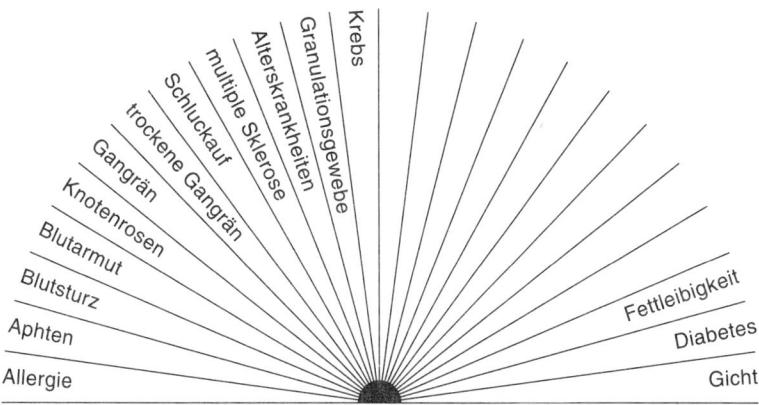

Abb. 33:

Erkrankungen des Bewegungsapparats; Knochenerkrankungen

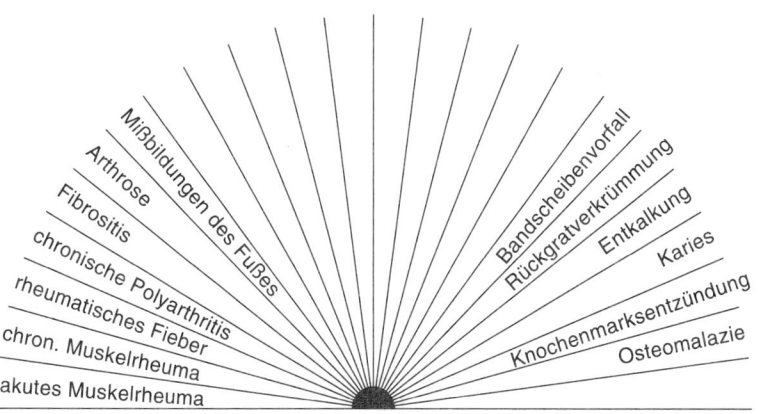

Abb. 34: Herz-Kreislauf-Erkrankungen

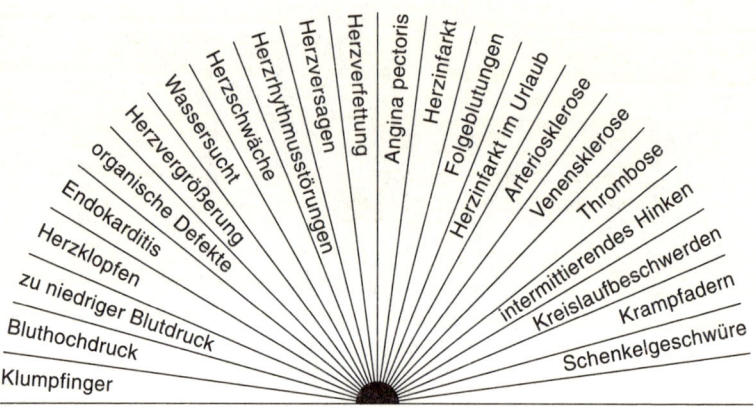

Abb. 35: Verdauungsbeschwerden

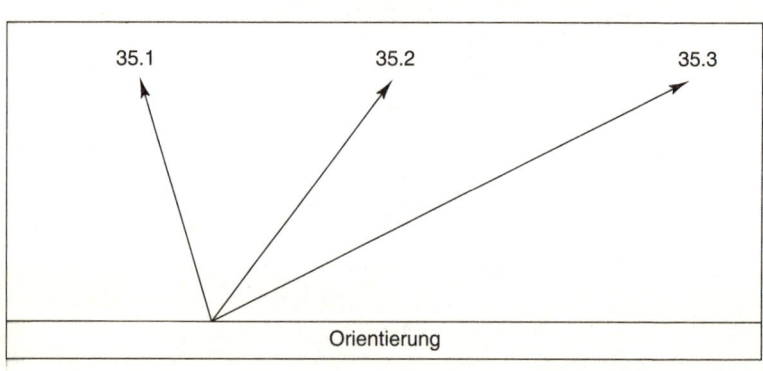

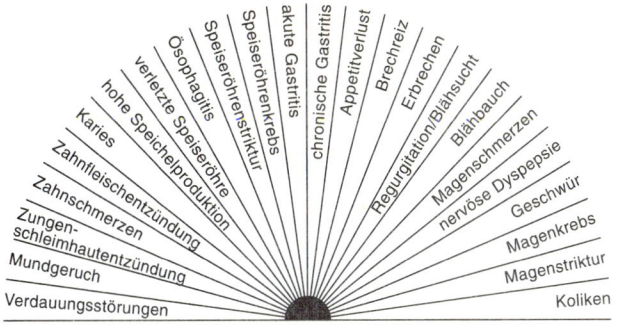

35.1

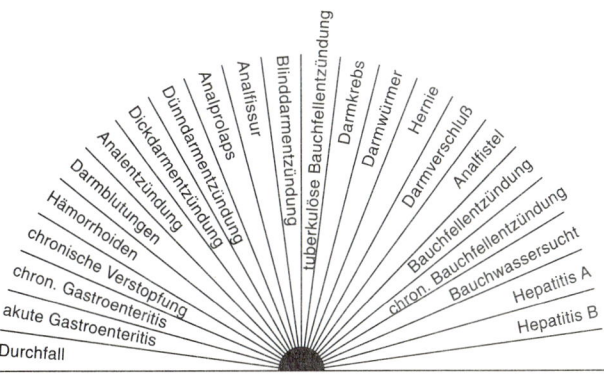

35.2

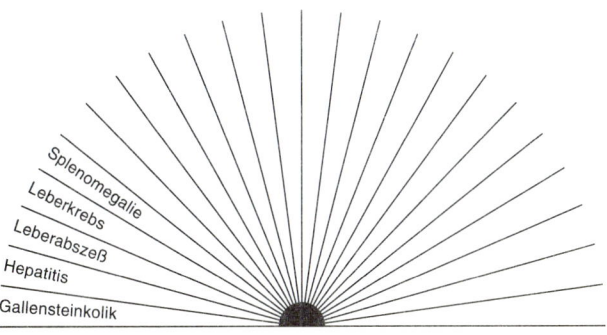

35.3

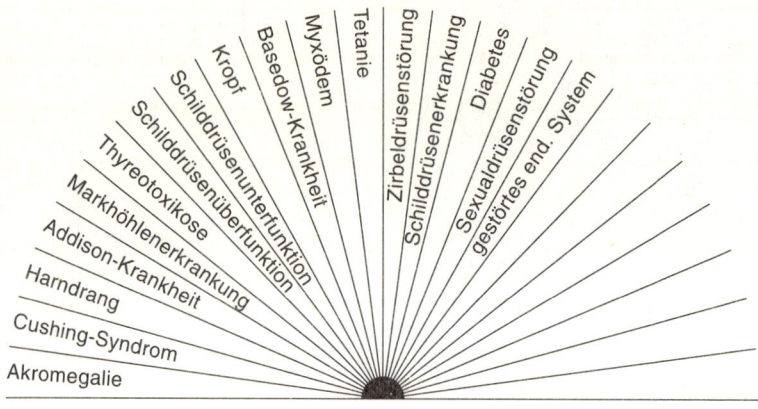

Abb. 36: Erkrankungen des endokrinen Systems

Kropf
Schilddrüsenunterfunktion
Schilddrüsenüberfunktion
Thyreotoxikose
Markhöhlenerkrankung
Addison-Krankheit
Harndrang
Cushing-Syndrom
Akromegalie
Basedow-Krankheit
Myxödem
Tetanie
Zirbeldrüsenstörung
Schilddrüsenerkrankung
Diabetes
Sexualdrüsenstörung
gestörtes end. System

Abb. 37: Mangelerkrankungen

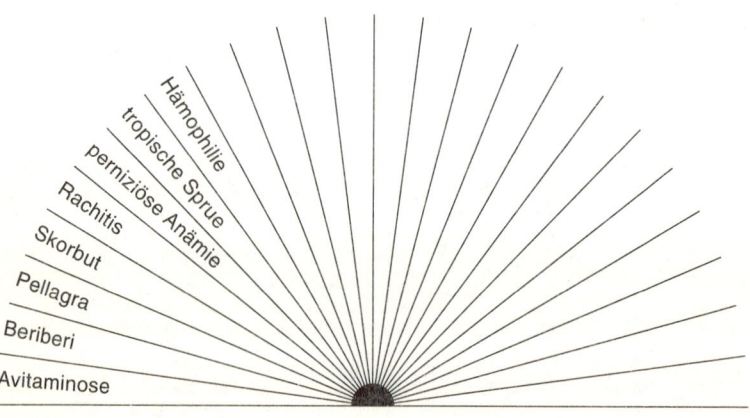

Hämophilie
tropische Sprue
perniziöse Anämie
Rachitis
Skorbut
Pellagra
Beriberi
Avitaminose

Abb. 38: Hauterkrankungen

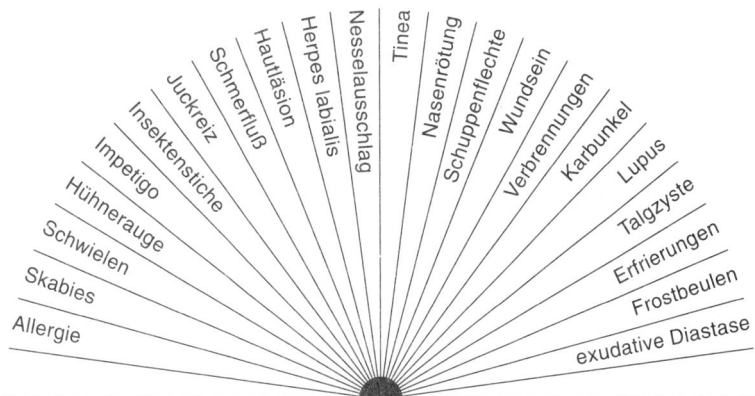

38.1

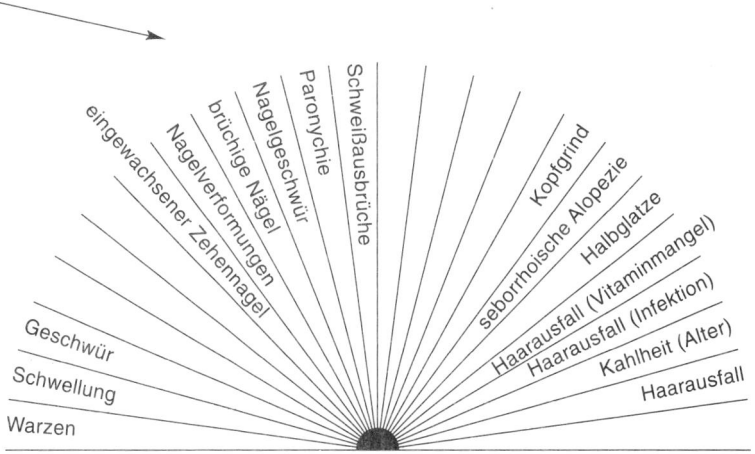

38.2

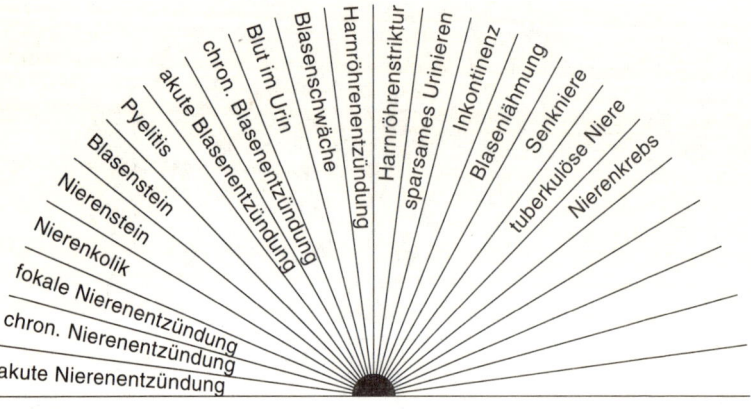

Abb. 39: Nieren- und Blasenerkrankungen

Abb. 40: Störungen der Sexualorgane

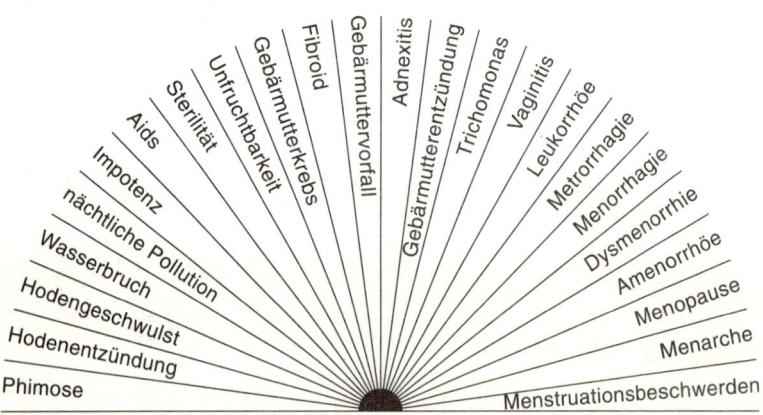

Abb. 41: Infektionskrankheiten

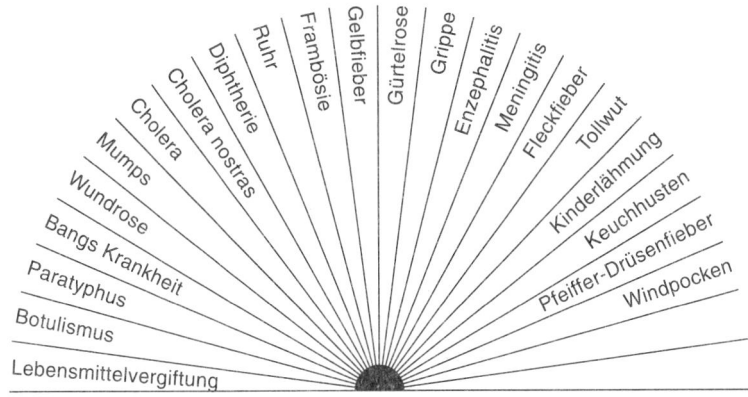

41.1

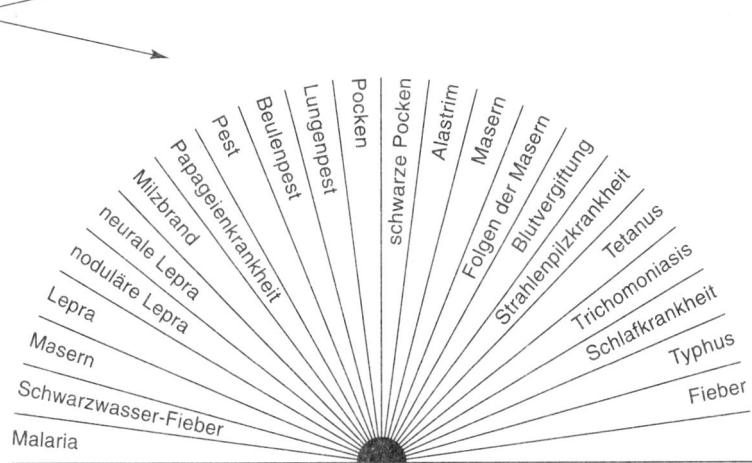

41.2

Abb. 42:
Süchte
(siehe auch Kapitel 11,
»Allergien«)

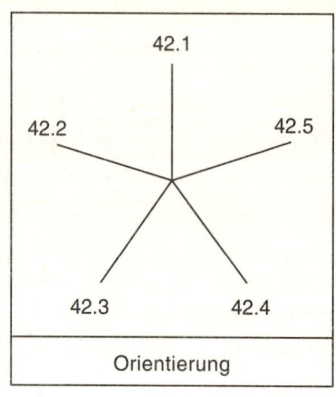

42.1

Rauchen

Kokain   Marihuana

Heroin   LSD

42.1

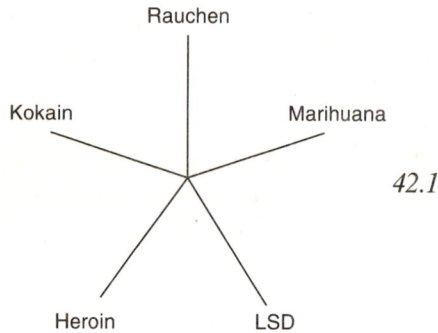

Alkohol

Benzin   Medikamente

42.2

Ethanol   bestimmte Gerüche

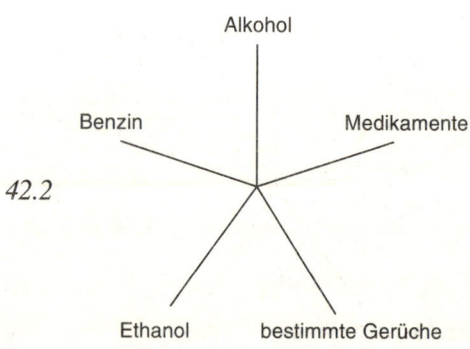

Kaffee

Milchprodukte   bestimmte Farben

42.3

bestimmte Klänge   hier nicht genannt

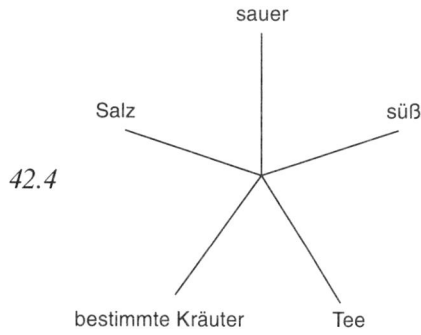

sauer

Salz   süß

42.4

bestimmte Kräuter   Tee

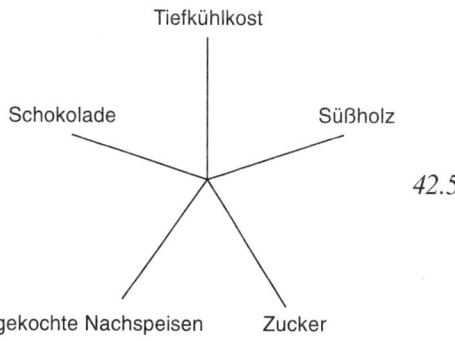

Tiefkühlkost

Schokolade   Süßholz

42.5

gekochte Nachspeisen   Zucker

6.
Behandlungsmöglichkeiten

Es gibt Leiden und Krankheiten, die der Patient selbst heilen kann, die meisten aber bedürfen angemessener medizinischer Betreuung. Ein Großteil der heute üblichen Behandlungsmethoden wird auf den folgenden Seiten aufgeführt. Das Pendel kann dabei helfen, die passende Methode für eine bestimmte Person zu bestimmen. Sobald Sie die günstigste Therapie herausgefunden haben, steht es Ihnen frei, das Pendel auch einzusetzen, um aus einer Liste von Ärzten, Heilern oder Therapeuten auszuwählen. Einige der Diagramme könnten Sie dabei unterstützen, zu erkennen, warum eine bestimmte Behandlungsmethode nicht den gewünschten Effekt hatte.

Abb. 43: Heilverfahren und Heiler

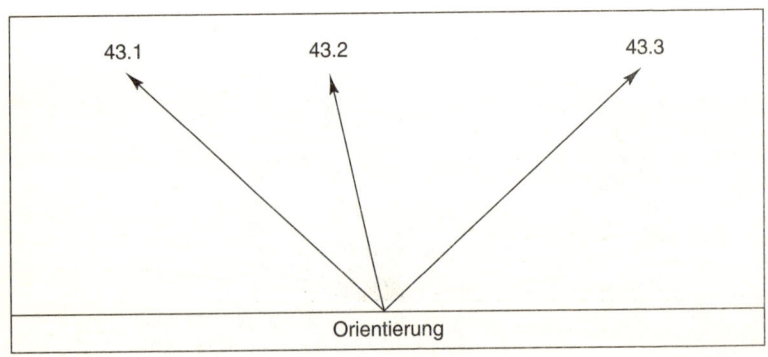

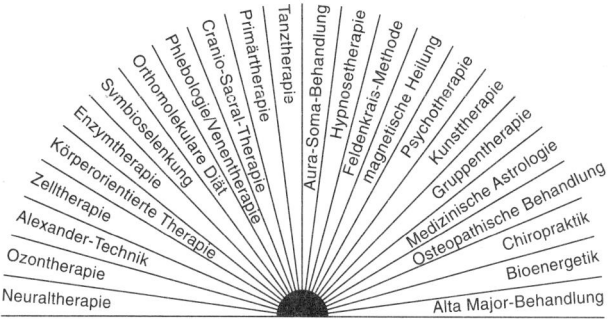

43.1

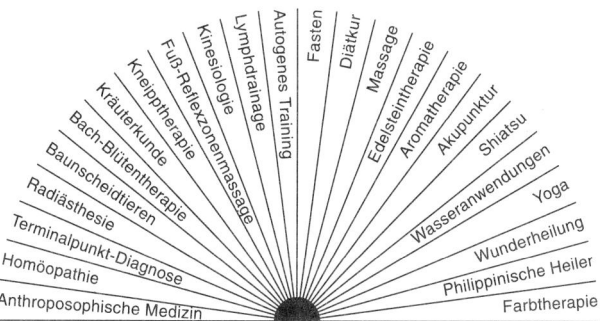

43.2

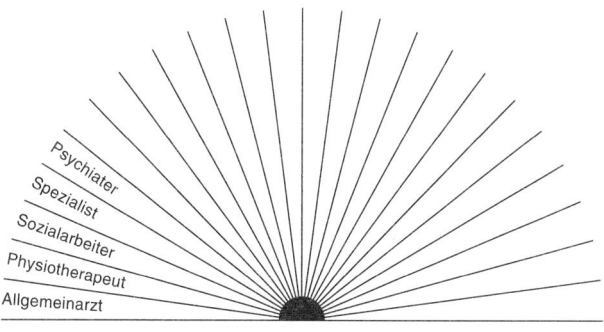

43.3

Abb. 44:
Mögliche Gründe für
eine gescheiterte
Behandlung und
Verbesserungsvorschläge

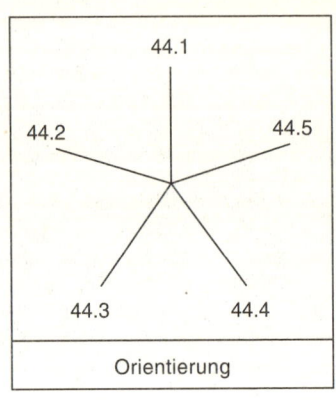

44.1
44.2   44.5

44.3   44.4

Orientierung

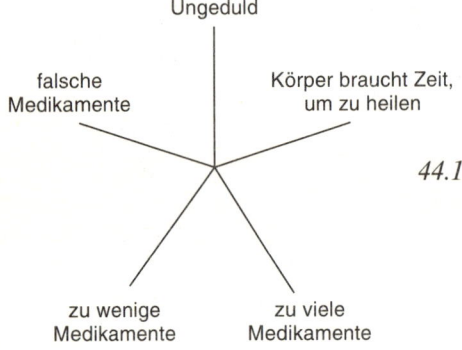

Ungeduld

falsche
Medikamente

Körper braucht Zeit,
um zu heilen

44.1

zu wenige
Medikamente

zu viele
Medikamente

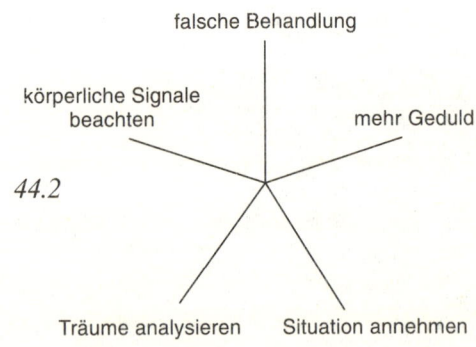

falsche Behandlung

körperliche Signale
beachten

mehr Geduld

44.2

Träume analysieren   Situation annehmen

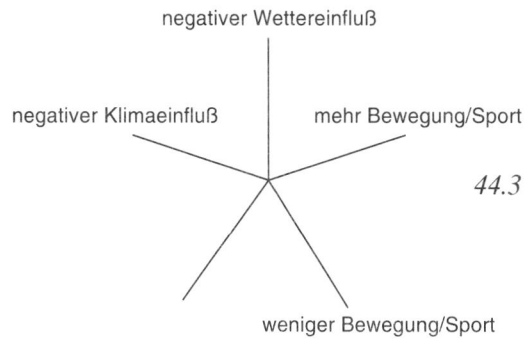

negativer Wettereinfluß

negativer Klimaeinfluß   mehr Bewegung/Sport

44.3

weniger Bewegung/Sport

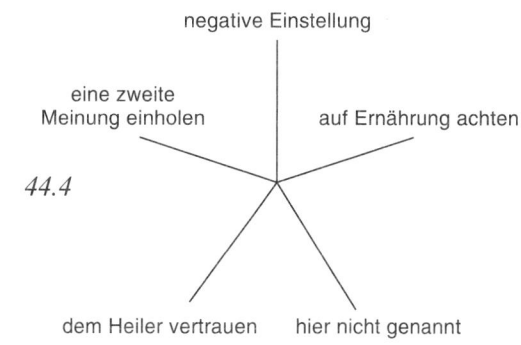

negative Einstellung

eine zweite
Meinung einholen   auf Ernährung achten

44.4

dem Heiler vertrauen   hier nicht genannt

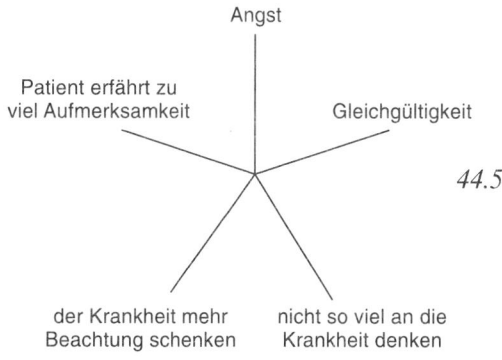

Angst

Patient erfährt zu
viel Aufmerksamkeit   Gleichgültigkeit

44.5

der Krankheit mehr   nicht so viel an die
Beachtung schenken   Krankheit denken

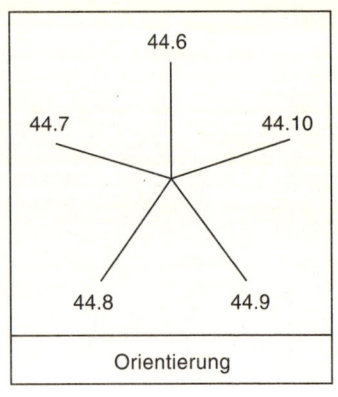

Orientierung

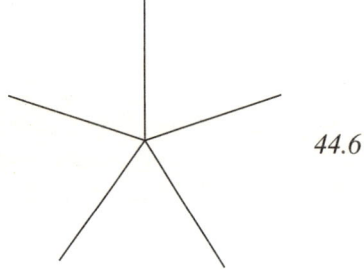

44.6

44.7

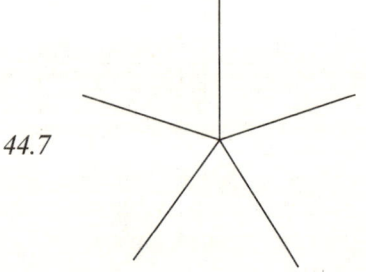

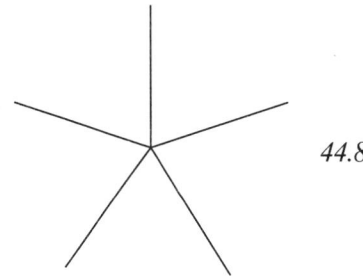

44.8

44.9

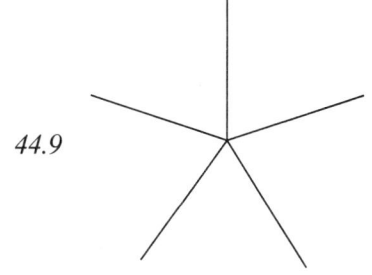

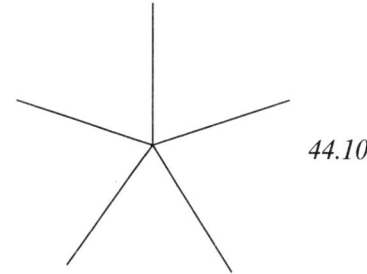

44.10

7.
Vitamine und Minerale

Vom Ernährungsstandpunkt aus als wertvoll zu betrachtende Nahrungsmittel sind heute schwer zu finden; in den meisten Fällen sind sie mit Insektiziden belastet, raffiniert, gefärbt, konserviert oder enthalten die unterschiedlichsten unnötigen Zusätze. Es überrascht daher nicht, wenn Mangelerscheinungen zunehmen. Darüber hinaus bedürfen Menschen, die sich gerade von einer schweren Krankheit erholen oder über eine lange Zeit hinweg unter Streß leiden, zusätzlicher Unterstützung.

Mit Hilfe der Diagramme auf den folgenden Seiten können Sie herausfinden, welche Vitamine oder Minerale einer Person vielleicht fehlen. (Die Buchstaben in Klammern [Abb. 45.1 bis 45.5] sind früher gebräuchliche Bezeichnungen für Substanzen, die inzwischen nicht mehr der Gruppe der Vitamine zugeordnet werden.)

Das Pendel unterstützt Sie auch bei der Bestimmung der richtigen Dosis. Wenn mehrere Möglichkeiten zur Wahl stehen, verhilft Ihnen das Pendel auch hierbei zu einer Entscheidung.

Abb. 45:
Vitamine

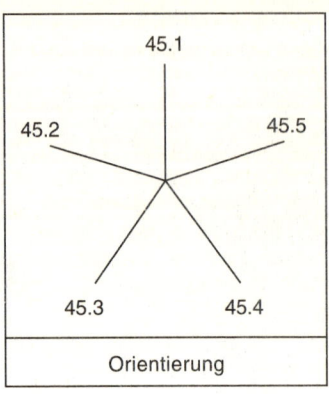

Orientierung

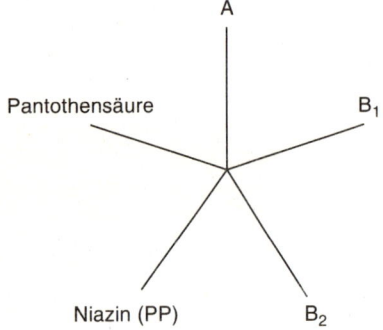

45.1

45.2

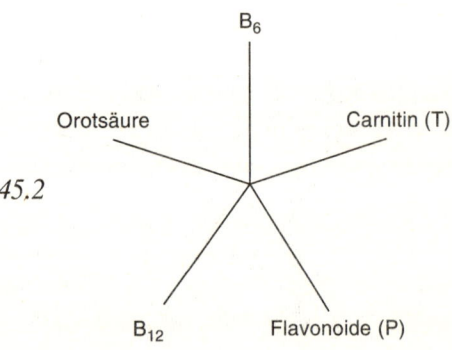

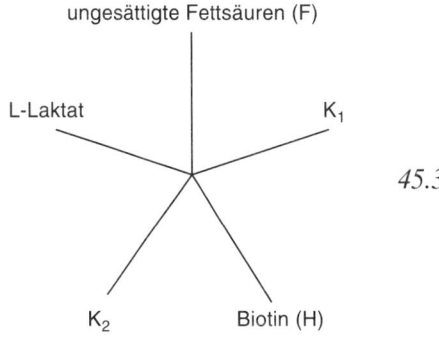

ungesättigte Fettsäuren (F)

L-Laktat   K₁

                45.3

K₂   Biotin (H)

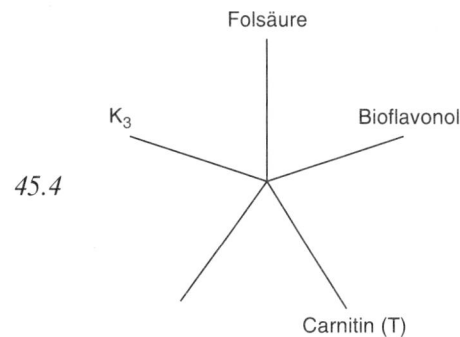

Folsäure

K₃   Bioflavonol

45.4

Carnitin (T)

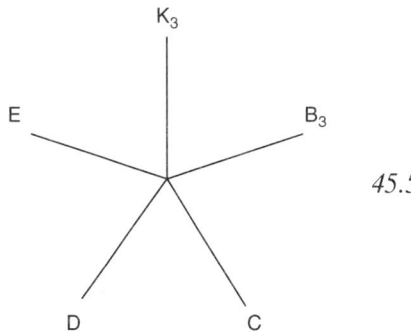

K₃

E   B₃

          45.5

D   C

Abb. 46:
Mineralstoffe

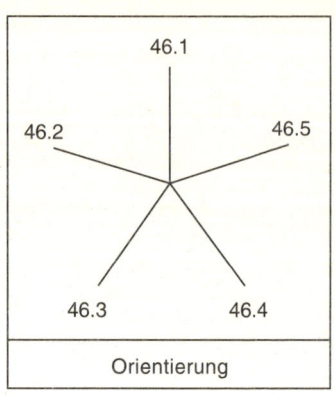

Orientierung

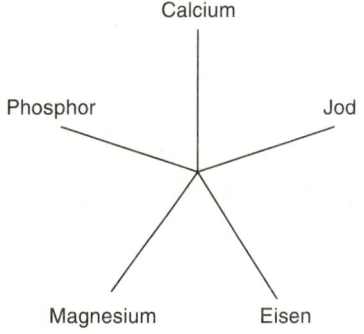

46.1

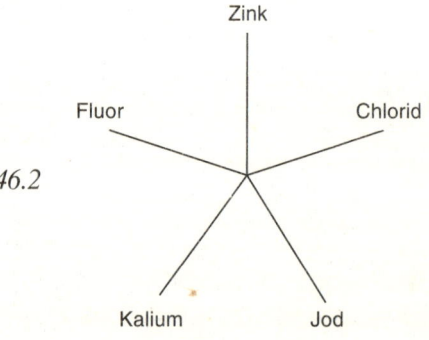

46.2

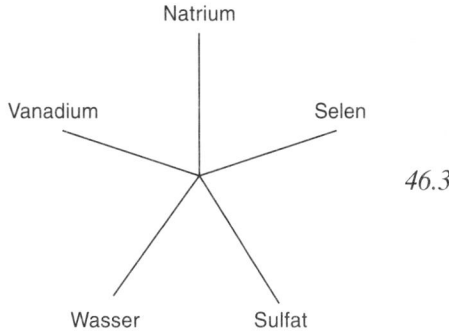

Natrium

Vanadium   Selen

46.3

Wasser   Sulfat

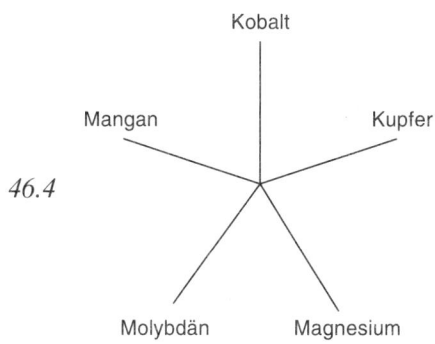

Kobalt

Mangan   Kupfer

46.4

Molybdän   Magnesium

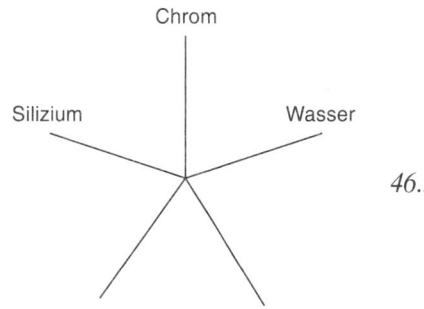

Chrom

Silizium   Wasser

46.5

Abb. 47:
Andere wichtige
Substanzen

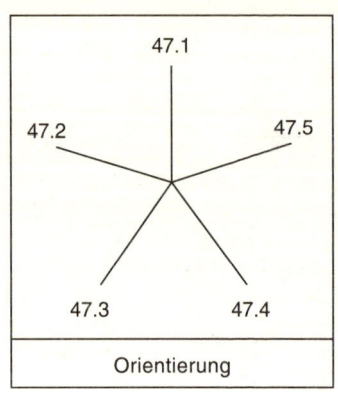

Orientierung

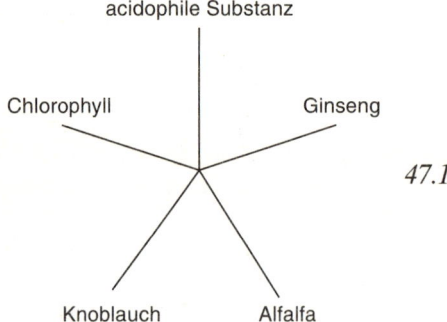

47.1

47.2

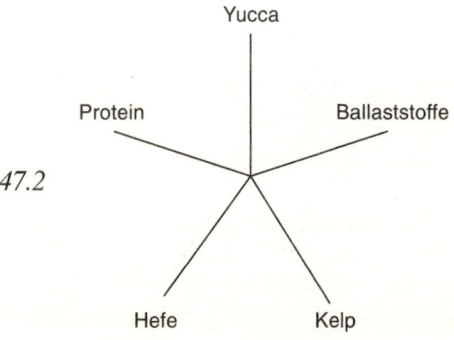

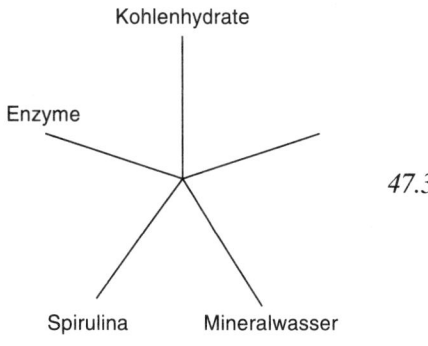

Kohlenhydrate

Enzyme

Spirulina   Mineralwasser

47.3

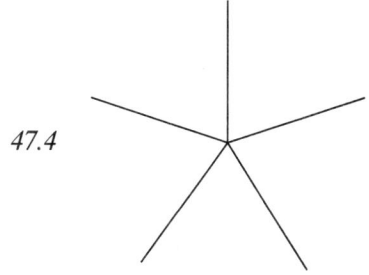

47.4

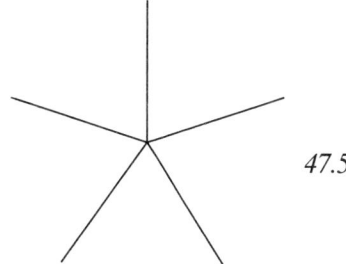

47.5

Abb. 48: Dosierung

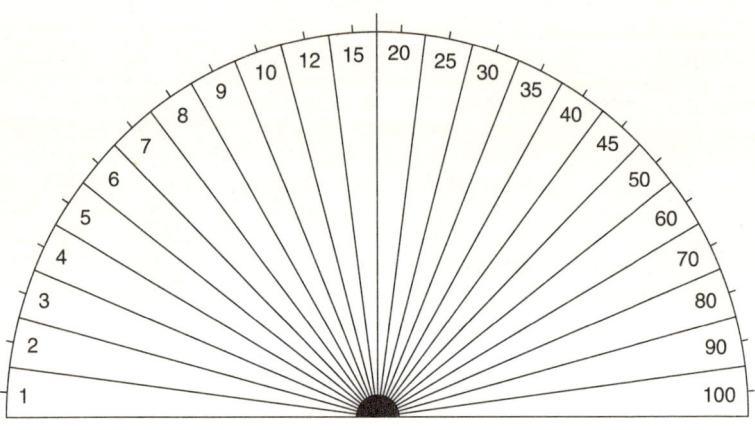

Abb. 49: Häufigkeit der Anwendung

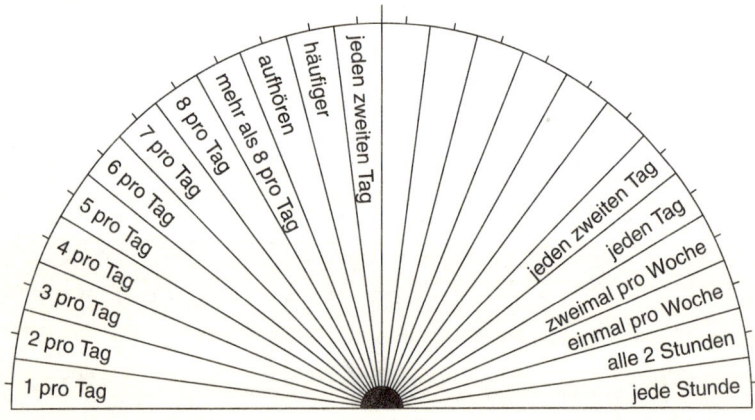

Abb. 50: Dauer der Anwendung

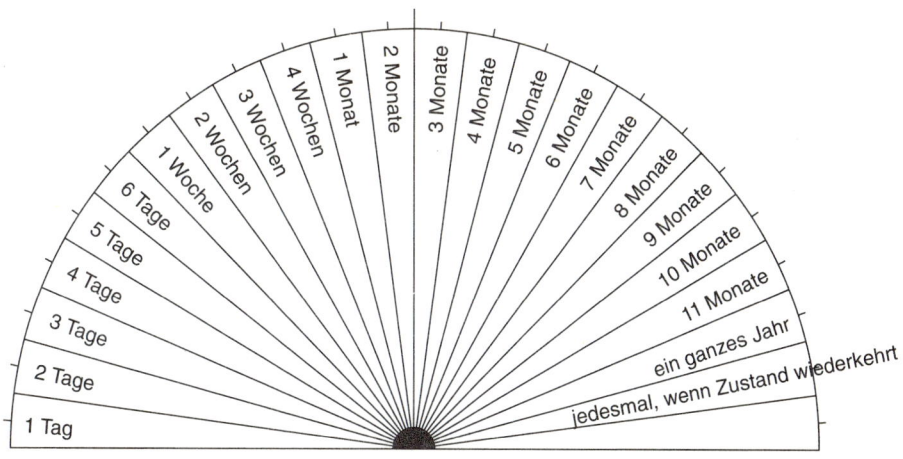

1 Tag
2 Tage
3 Tage
4 Tage
5 Tage
6 Tage
1 Woche
2 Wochen
3 Wochen
4 Wochen
1 Monat
2 Monate
3 Monate
4 Monate
5 Monate
6 Monate
7 Monate
8 Monate
9 Monate
10 Monate
11 Monate
ein ganzes Jahr
jedesmal, wenn Zustand wiederkehrt

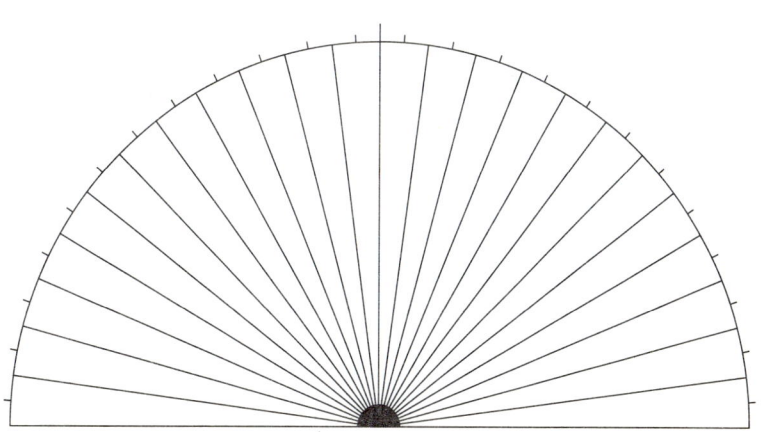

8.
Homöopathie

Die Homöopathie ist eine wunderbare Behandlungsmethode und kommt jetzt mehr und mehr zur Anwendung. Unglücklicherweise ist es sehr zeitaufwendig, das richtige Mittel herauszufinden. Selbst erfahrene klassische Homöopathen brauchen dazu viel Zeit. Erschwerend kommt hinzu, daß sich Symptome ein und derselben Krankheiten bei verschiedenen Patienten nicht immer in gleicher Ausprägung zeigen.

Hierbei werden die folgenden Diagramme eine Unterstützung sein. Manche von ihnen helfen Ihnen bei der Festlegung der Potenz oder Dosis. Um darüber zu entscheiden, wie lange und wie oft ein Medikament eingenommen werden soll, wenden Sie sich bitte den Abbildungen 48 bis 50 aus dem vorangegangenen Kapitel zu. Die Diagramme auf Seite 100 bieten eine Orientierung für die nachfolgenden Diagramme, in denen die einzelnen homöopathischen Mittel aufgeführt werden. Somit ist es Ihnen möglich, mit dem Pendel die Seite zu bestimmen, auf der sich das richtige Medikament befindet.

Abb. 51: Potenz

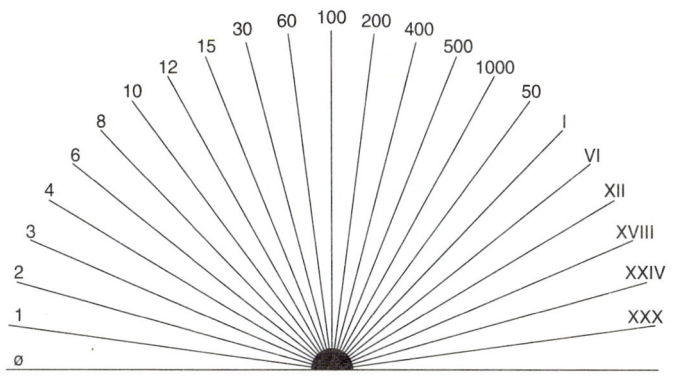

51.1

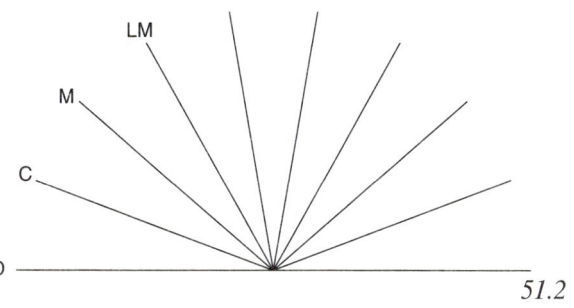

51.2

Abb. 52: Darreichungsform

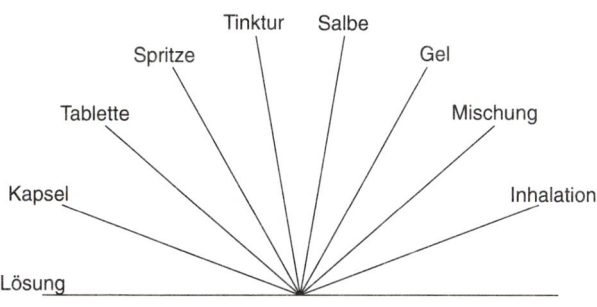

Abb. 53:
Seite, auf der das
richtige Mittel zu
finden ist

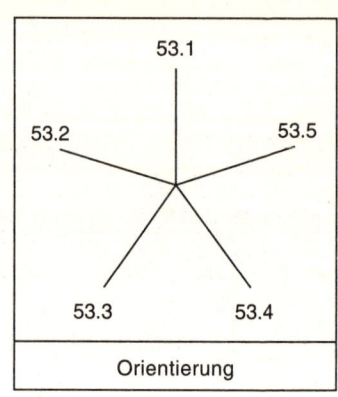

Orientierung

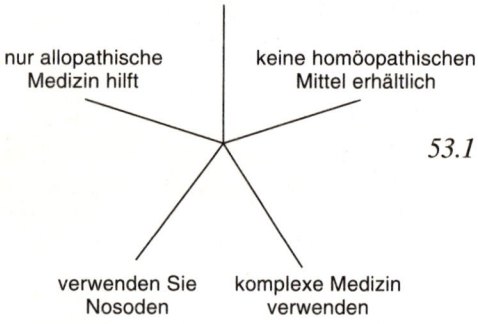

hier nicht genanntes
homöopathisches Medikament

nur allopathische
Medizin hilft

keine homöopathischen
Mittel erhältlich

53.1

verwenden Sie
Nosoden

komplexe Medizin
verwenden

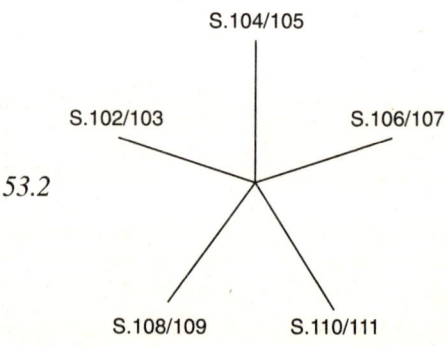

S.104/105

S.102/103

S.106/107

53.2

S.108/109

S.110/111

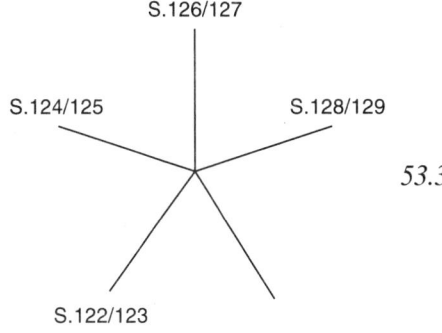

53.3

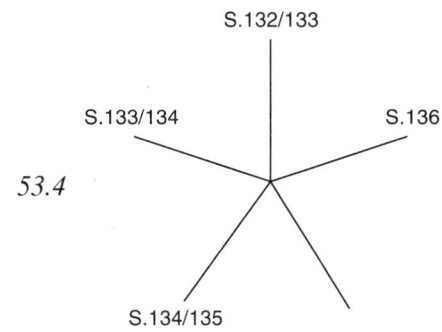

53.4

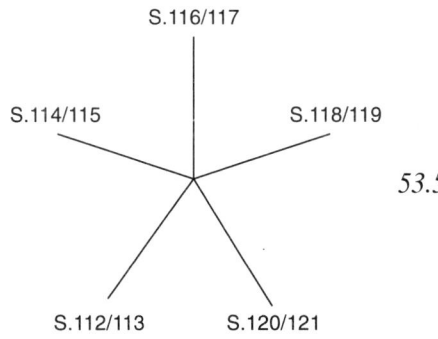

53.5

Abb. 54:
Homöopathische
Mittel

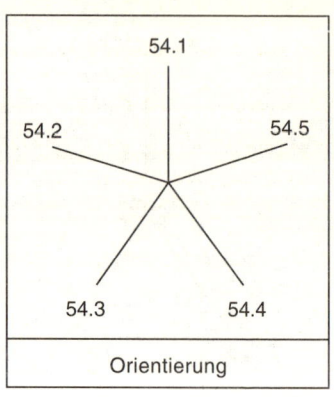

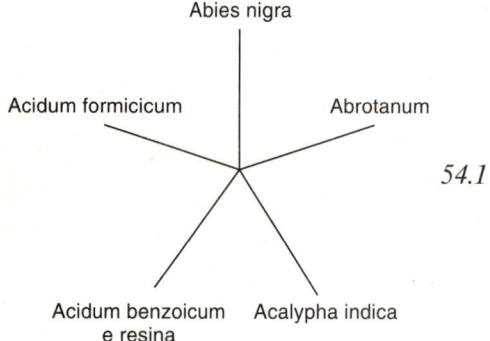

54.1

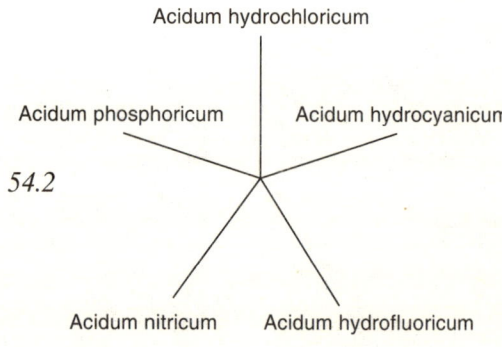

54.2

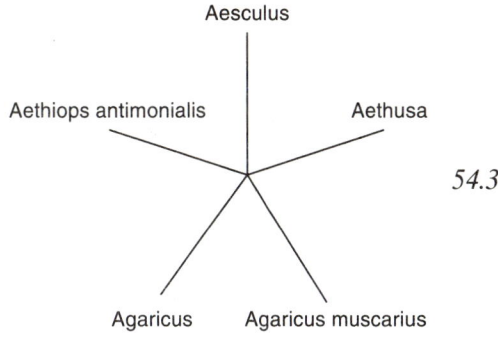

Aesculus

Aethiops antimonialis

Aethusa

54.3

Agaricus

Agaricus muscarius

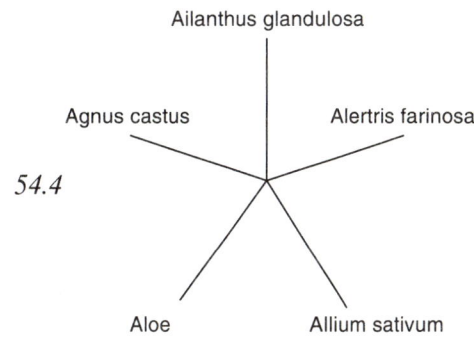

Ailanthus glandulosa

Agnus castus

Alertris farinosa

54.4

Aloe

Allium sativum

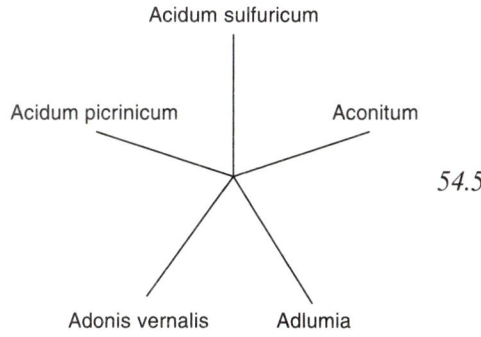

Acidum sulfuricum

Acidum picrinicum

Aconitum

54.5

Adonis vernalis

Adlumia

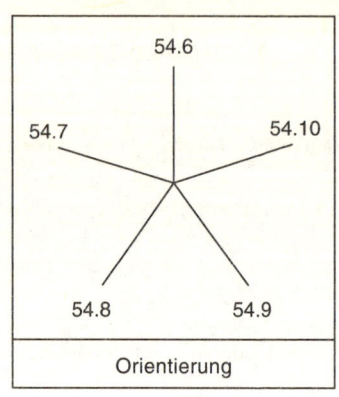

Orientierung

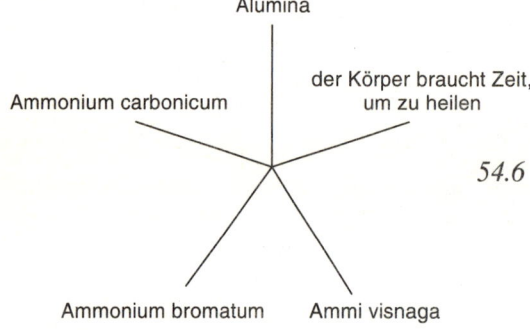

Alumina

Ammonium carbonicum

der Körper braucht Zeit,
um zu heilen

54.6

Ammonium bromatum   Ammi visnaga

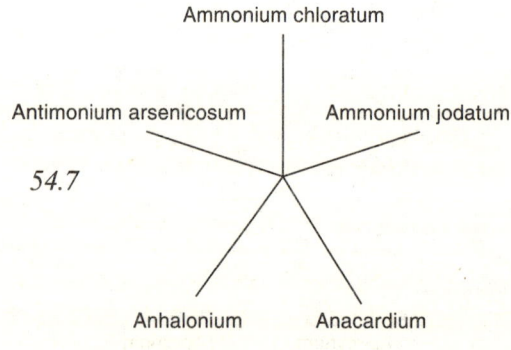

Ammonium chloratum

Antimonium arsenicosum   Ammonium jodatum

54.7

Anhalonium   Anacardium

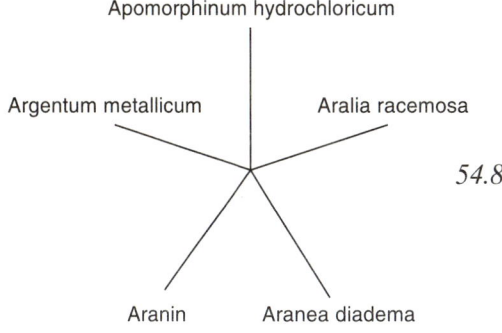

Apomorphinum hydrochloricum

Argentum metallicum   Aralia racemosa

54.8

Aranin   Aranea diadema

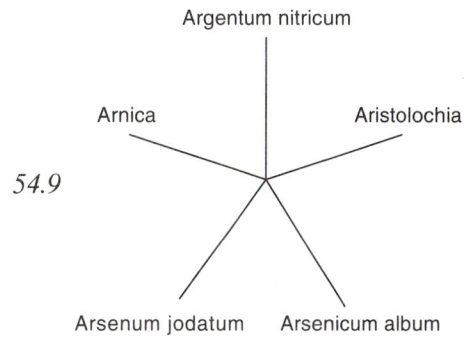

Argentum nitricum

Arnica   Aristolochia

54.9

Arsenum jodatum   Arsenicum album

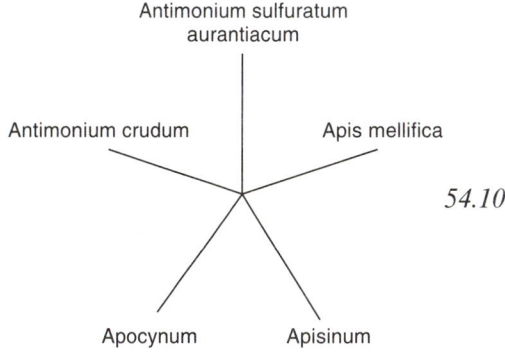

Antimonium sulfuratum
aurantiacum

Antimonium crudum   Apis mellifica

54.10

Apocynum   Apisinum

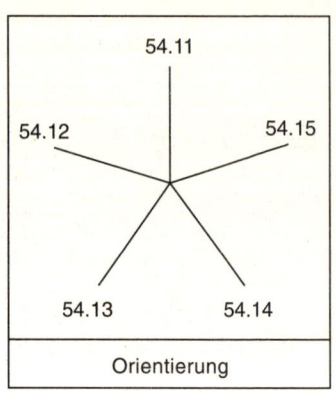

Orientierung

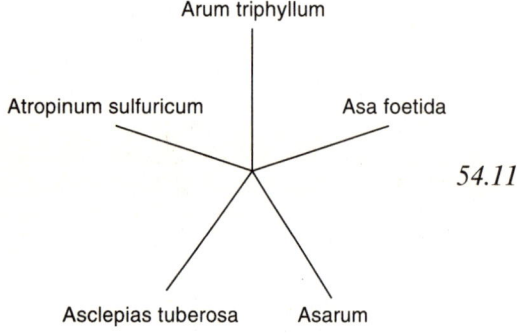

54.11

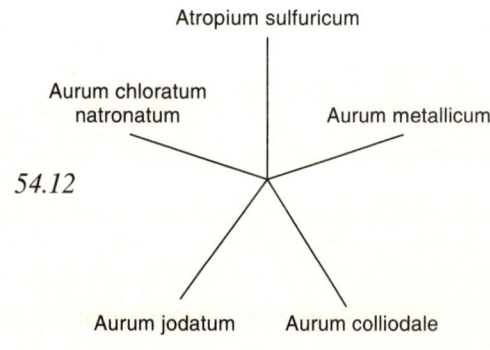

54.12

106

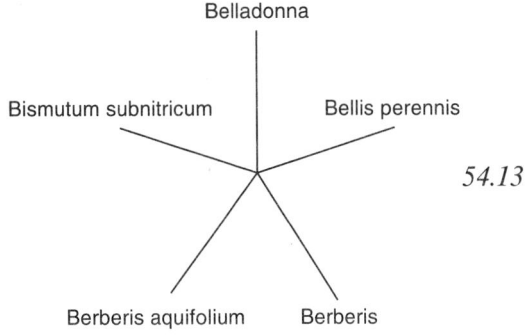

Belladonna

Bismutum subnitricum   Bellis perennis

54.13

Berberis aquifolium   Berberis

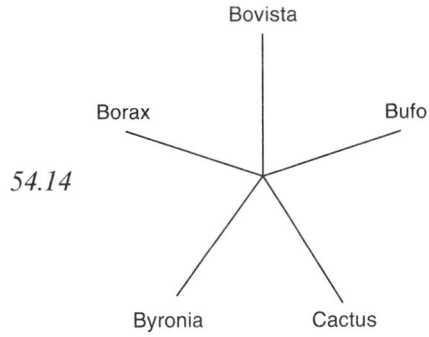

Bovista

Borax   Bufo

54.14

Byronia   Cactus

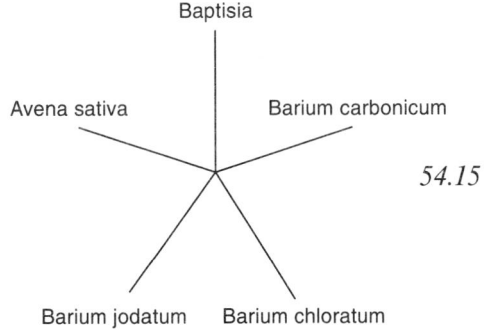

Baptisia

Avena sativa   Barium carbonicum

54.15

Barium jodatum   Barium chloratum

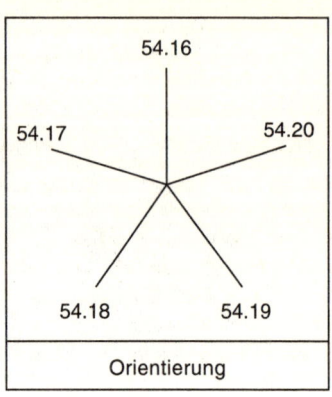

Orientierung

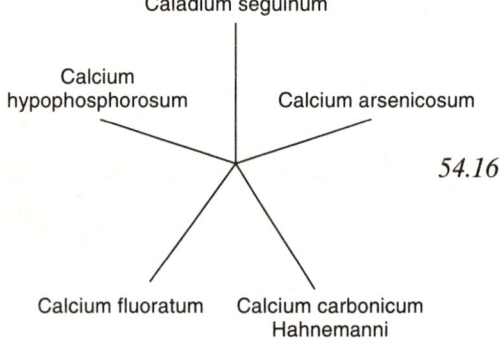

54.16

Caladium seguinum

Calcium hypophosphorosum

Calcium arsenicosum

Calcium fluoratum

Calcium carbonicum Hahnemanni

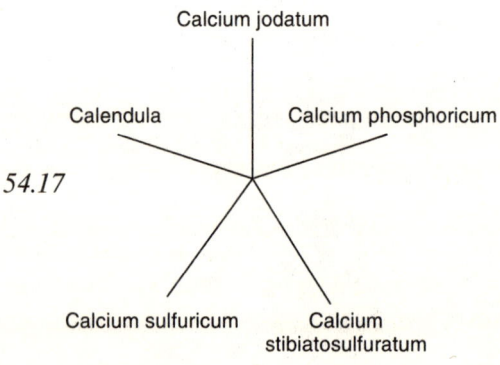

54.17

Calcium jodatum

Calendula

Calcium phosphoricum

Calcium sulfuricum

Calcium stibiatosulfuratum

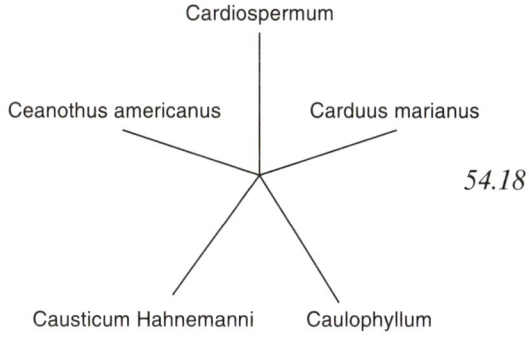

Cardiospermum

Ceanothus americanus

Carduus marianus

54.18

Causticum Hahnemanni

Caulophyllum

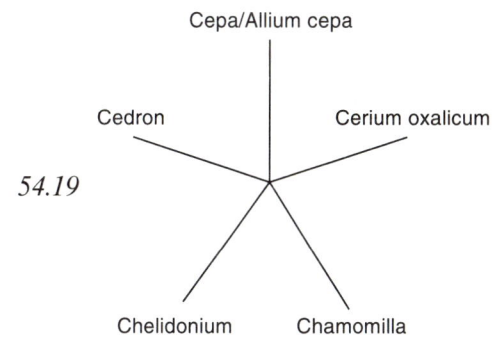

Cepa/Allium cepa

Cedron

Cerium oxalicum

54.19

Chelidonium

Chamomilla

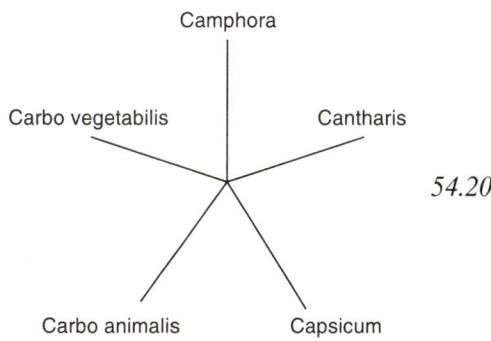

Camphora

Carbo vegetabilis

Cantharis

54.20

Carbo animalis

Capsicum

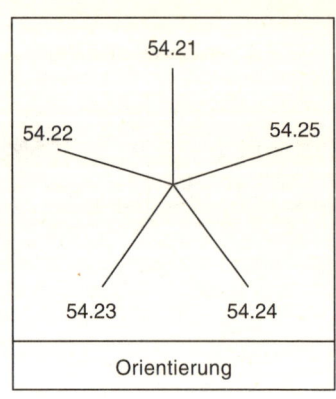

Orientierung

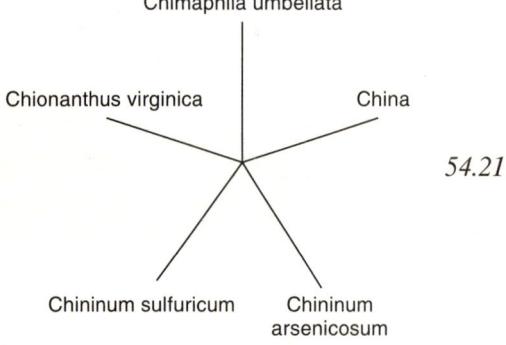

Chimaphila umbellata

Chionanthus virginica   China

54.21

Chininum sulfuricum   Chininum
                             arsenicosum

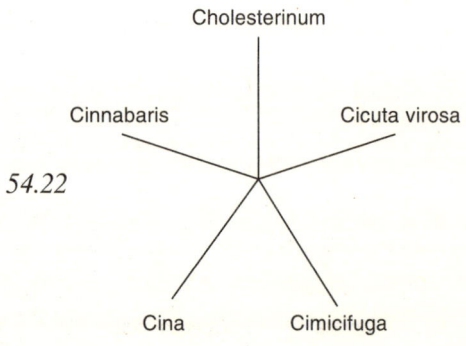

Cholesterinum

Cinnabaris   Cicuta virosa

54.22

Cina   Cimicifuga

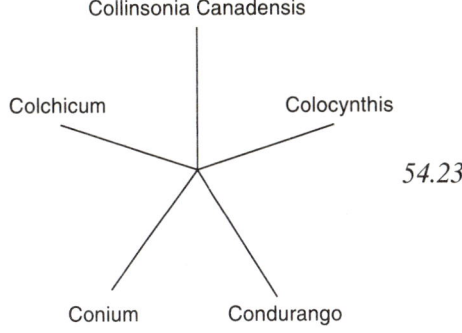

Collinsonia Canadensis

Colchicum   Colocynthis

54.23

Conium   Condurango

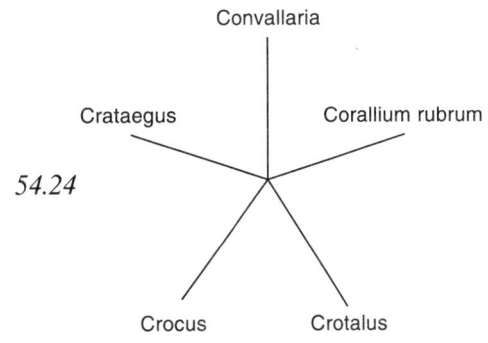

Convallaria

Crataegus   Corallium rubrum

54.24

Crocus   Crotalus

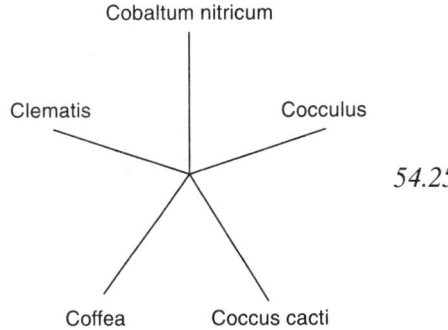

Cobaltum nitricum

Clematis   Cocculus

54.25

Coffea   Coccus cacti

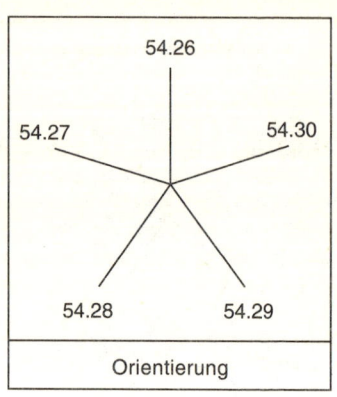

Orientierung

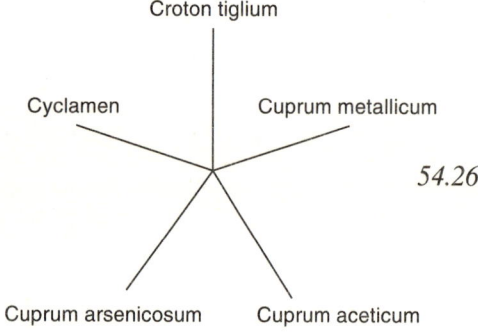

54.26

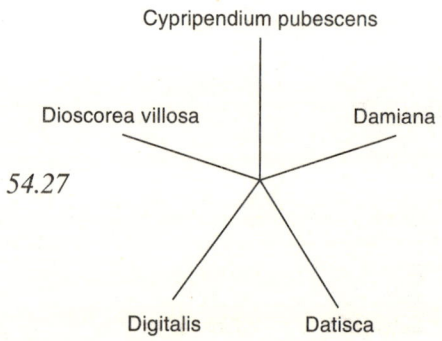

54.27

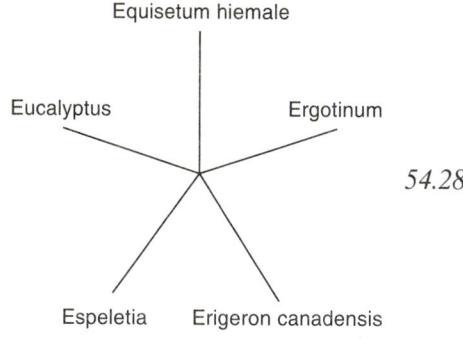

Equisetum hiemale

Eucalyptus   Ergotinum

54.28

Espeletia   Erigeron canadensis

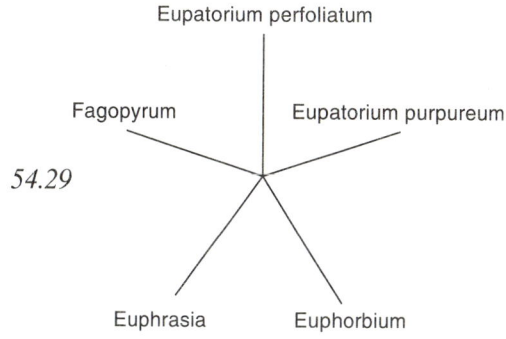

Eupatorium perfoliatum

Fagopyrum   Eupatorium purpureum

54.29

Euphrasia   Euphorbium

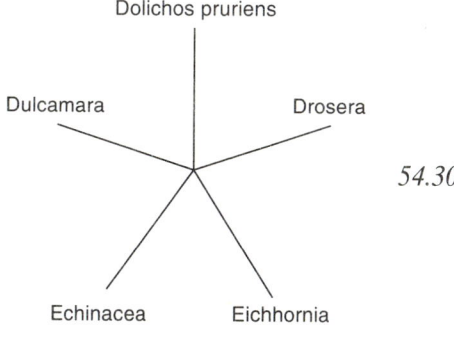

Dolichos pruriens

Dulcamara   Drosera

54.30

Echinacea   Eichhornia

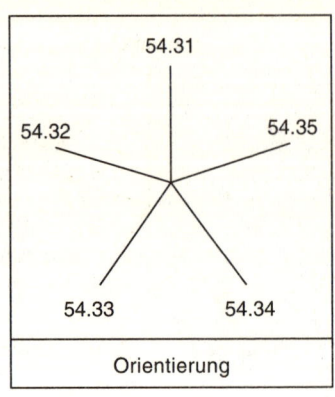

Orientierung

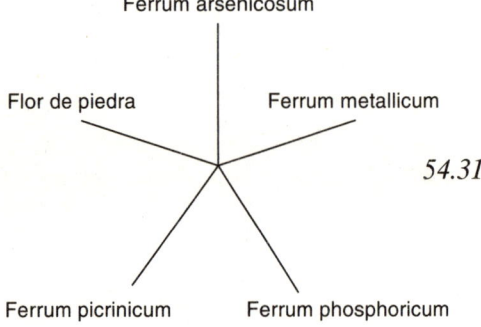

54.31

Ferrum arsenicosum

Flor de piedra   Ferrum metallicum

Ferrum picrinicum   Ferrum phosphoricum

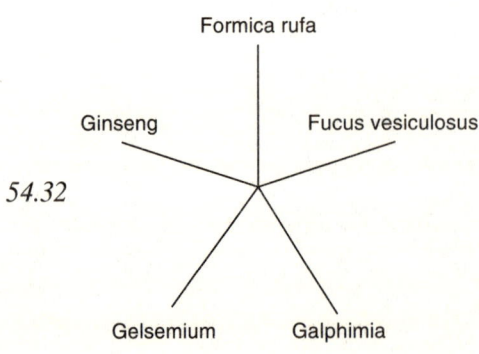

54.32

Formica rufa

Ginseng   Fucus vesiculosus

Gelsemium   Galphimia

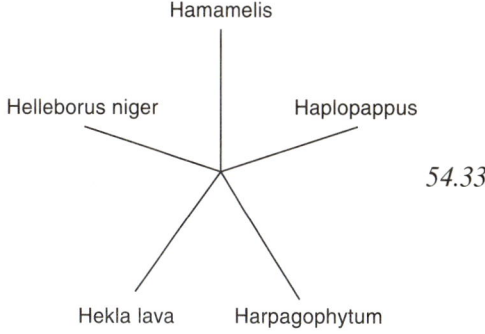

Hamamelis

Helleborus niger   Haplopappus

54.33

Hekla lava   Harpagophytum

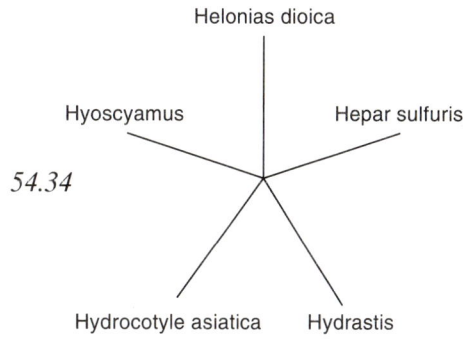

Helonias dioica

Hyoscyamus   Hepar sulfuris

54.34

Hydrocotyle asiatica   Hydrastis

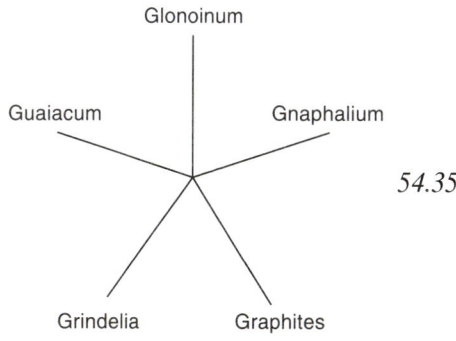

Glonoinum

Guaiacum   Gnaphalium

54.35

Grindelia   Graphites

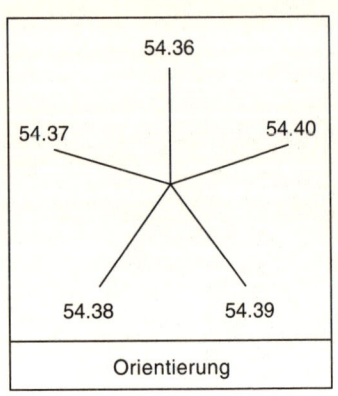

Orientierung

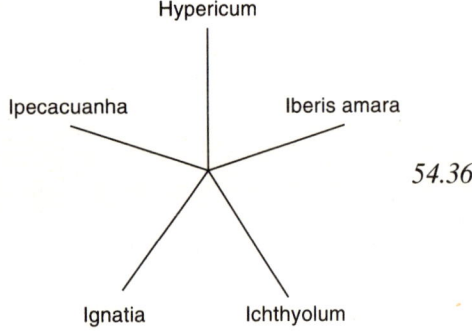

54.36

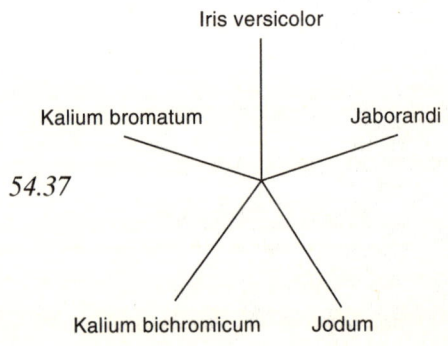

54.37

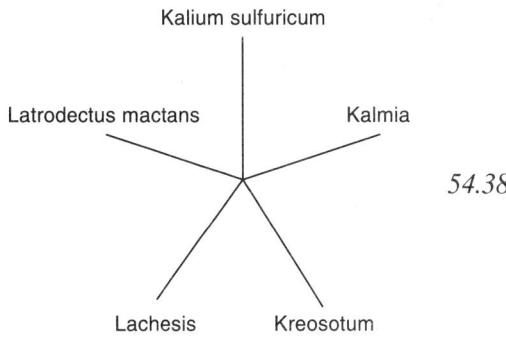

Kalium sulfuricum

Latrodectus mactans   Kalmia

54.38

Lachesis   Kreosotum

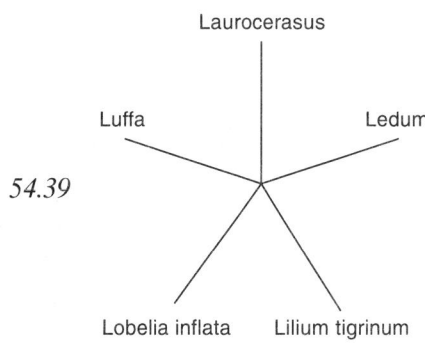

Laurocerasus

Luffa   Ledum

54.39

Lobelia inflata   Lilium tigrinum

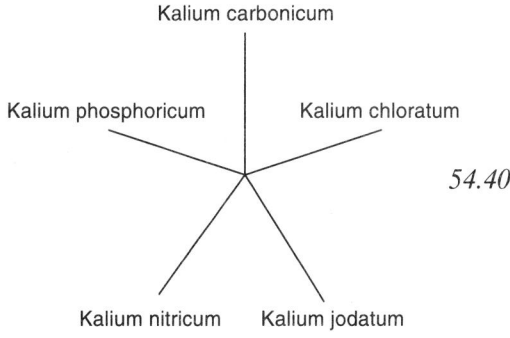

Kalium carbonicum

Kalium phosphoricum   Kalium chloratum

54.40

Kalium nitricum   Kalium jodatum

117

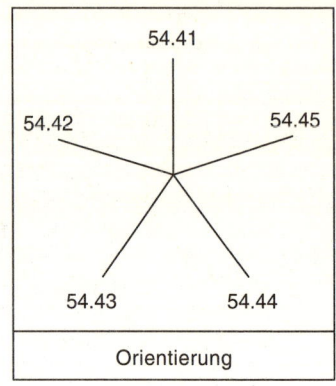

Orientierung

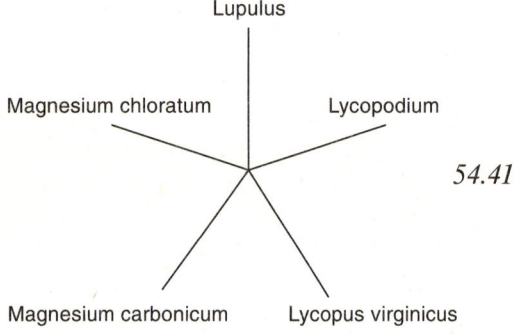

Lupulus

Magnesium chloratum — Lycopodium

54.41

Magnesium carbonicum — Lycopus virginicus

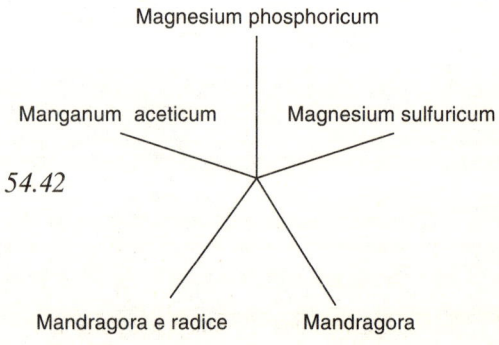

Magnesium phosphoricum

Manganum aceticum — Magnesium sulfuricum

54.42

Mandragora e radice — Mandragora

118

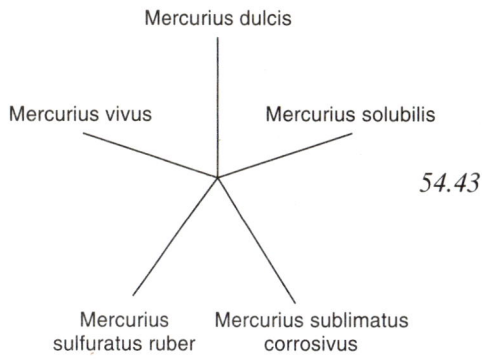

Mercurius dulcis

Mercurius vivus   Mercurius solubilis

54.43

Mercurius   Mercurius sublimatus
sulfuratus ruber   corrosivus

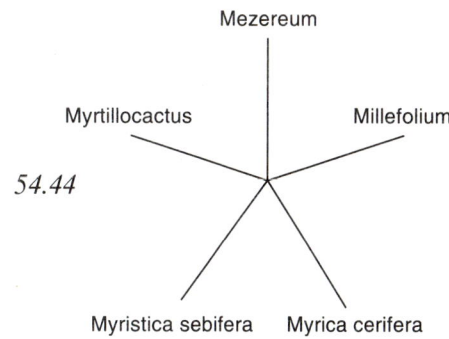

Mezereum

Myrtillocactus   Millefolium

54.44

Myristica sebifera   Myrica cerifera

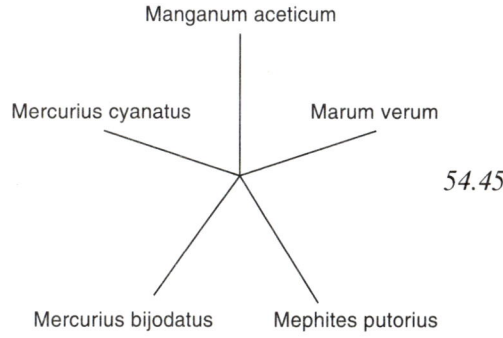

Manganum aceticum

Mercurius cyanatus   Marum verum

54.45

Mercurius bijodatus   Mephites putorius

119

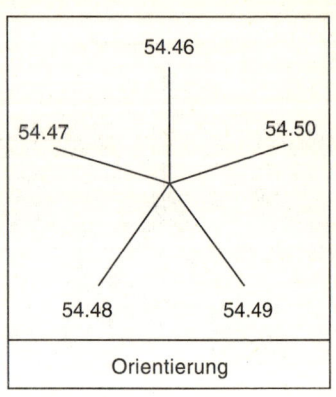

Orientierung

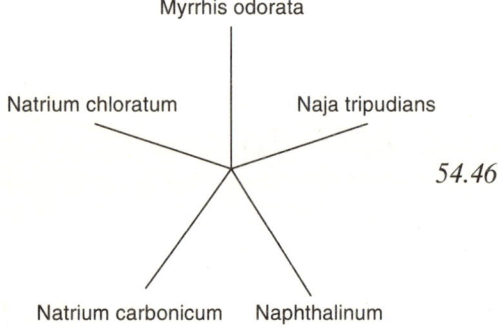

54.46

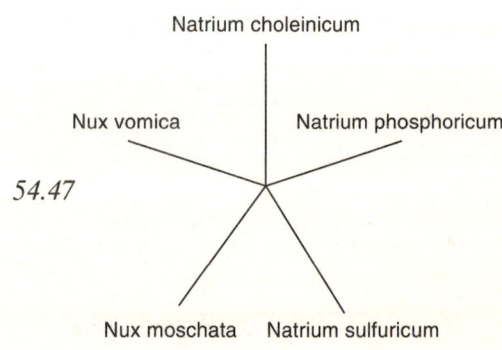

54.47

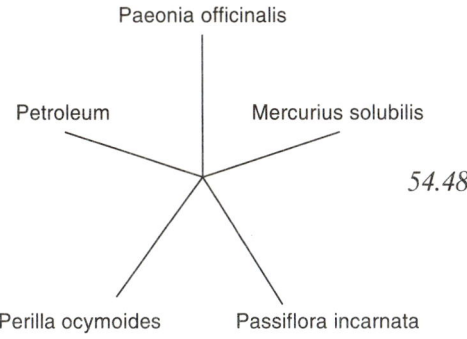

Paeonia officinalis

Petroleum

Mercurius solubilis

54.48

Perilla ocymoides

Passiflora incarnata

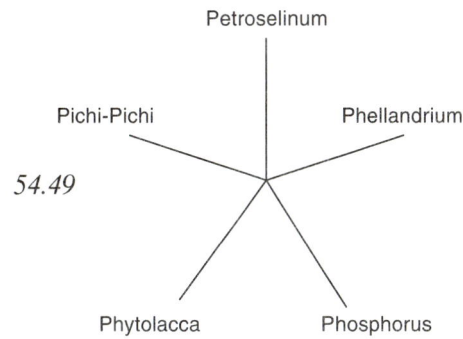

Petroselinum

Pichi-Pichi

Phellandrium

54.49

Phytolacca

Phosphorus

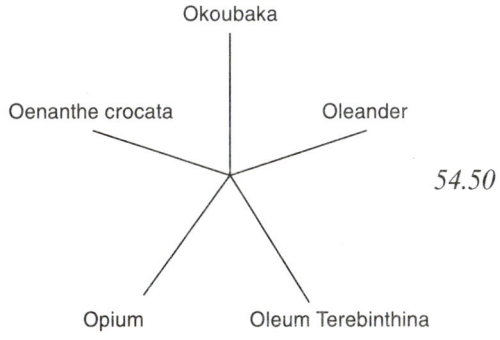

Okoubaka

Oenanthe crocata

Oleander

54.50

Opium

Oleum Terebinthina

121

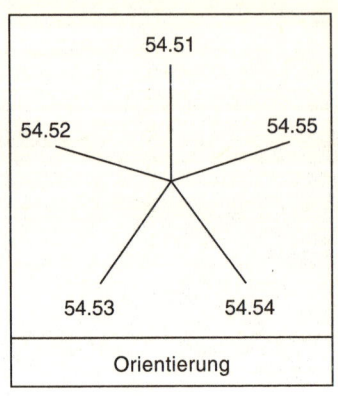

Orientierung

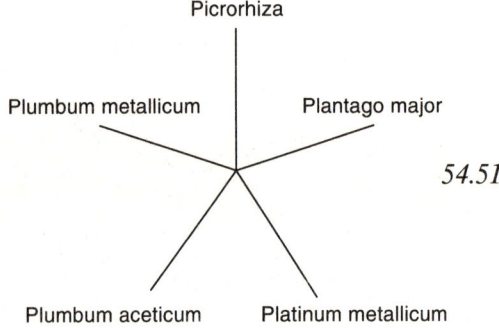

54.51

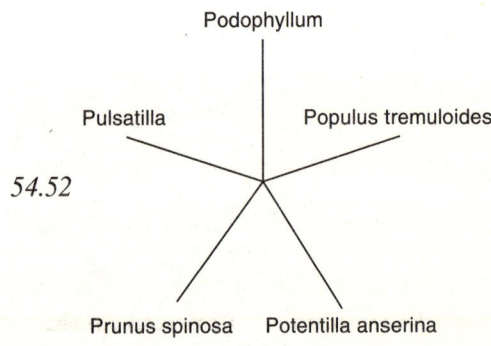

54.52

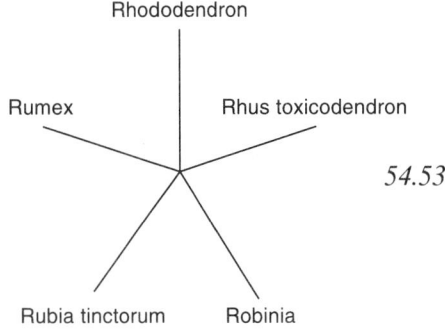

Rhododendron

Rumex   Rhus toxicodendron

54.53

Rubia tinctorum   Robinia

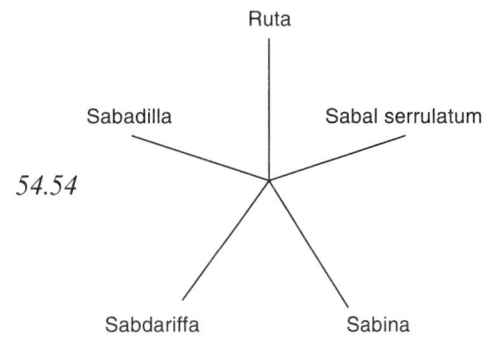

Ruta

Sabadilla   Sabal serrulatum

54.54

Sabdariffa   Sabina

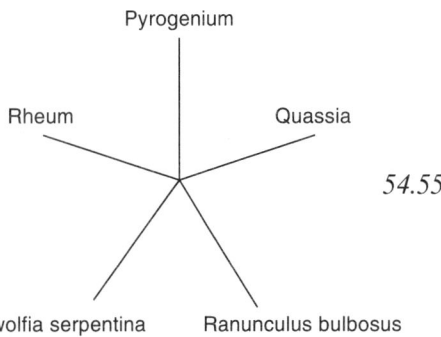

Pyrogenium

Rheum   Quassia

54.55

Rauwolfia serpentina   Ranunculus bulbosus

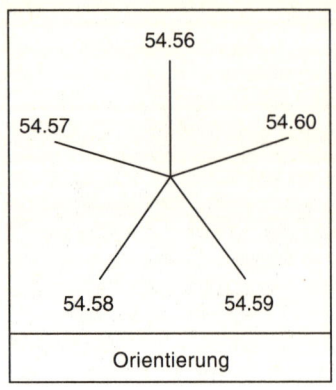
Orientierung

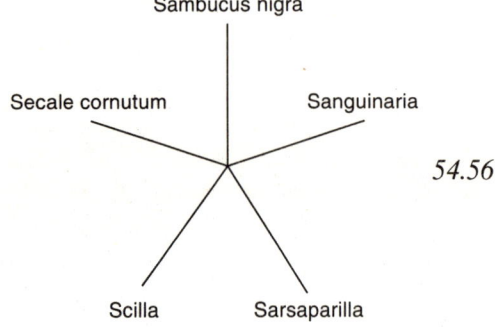
54.56

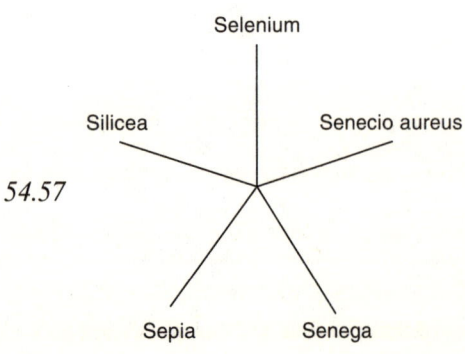
54.57

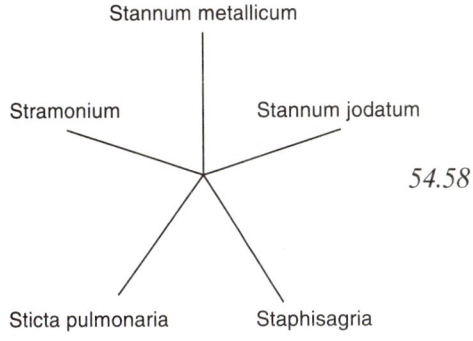

Stannum metallicum

Stramonium   Stannum jodatum

54.58

Sticta pulmonaria   Staphisagria

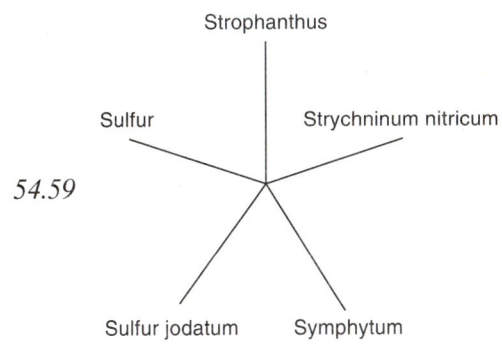

Strophanthus

Sulfur   Strychninum nitricum

54.59

Sulfur jodatum   Symphytum

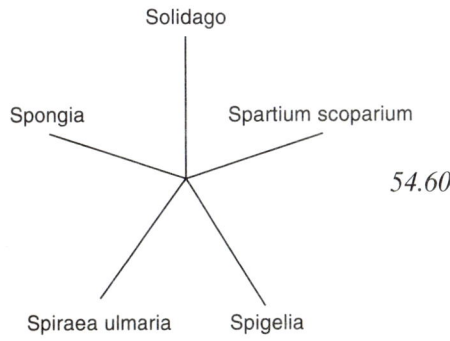

Solidago

Spongia   Spartium scoparium

54.60

Spiraea ulmaria   Spigelia

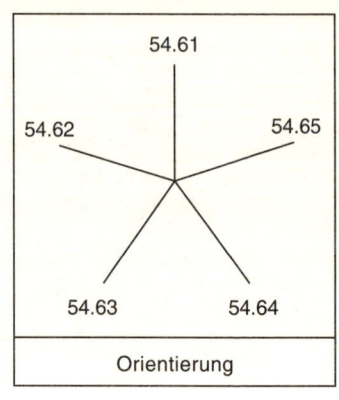

Orientierung

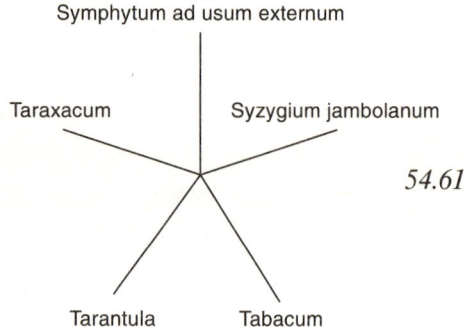

Symphytum ad usum externum

Taraxacum

Syzygium jambolanum

54.61

Tarantula   Tabacum

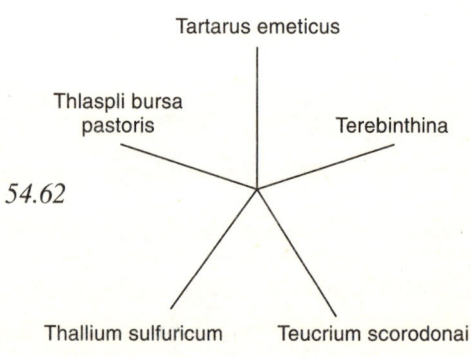

Tartarus emeticus

Thlaspli bursa
pastoris

Terebinthina

54.62

Thallium sulfuricum   Teucrium scorodonai

126

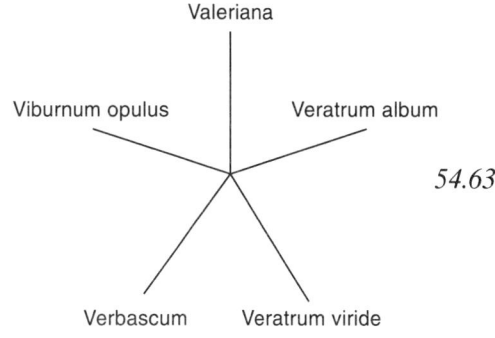

Valeriana

Viburnum opulus   Veratrum album

54.63

Verbascum   Veratrum viride

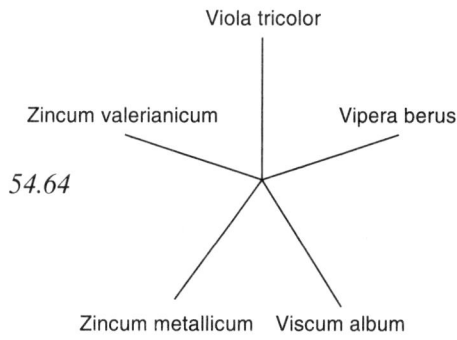

Viola tricolor

Zincum valerianicum   Vipera berus

54.64

Zincum metallicum   Viscum album

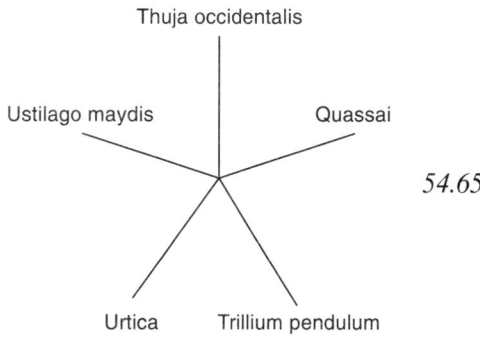

Thuja occidentalis

Ustilago maydis   Quassai

54.65

Urtica   Trillium pendulum

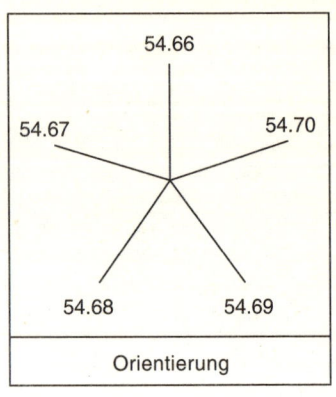

Orientierung

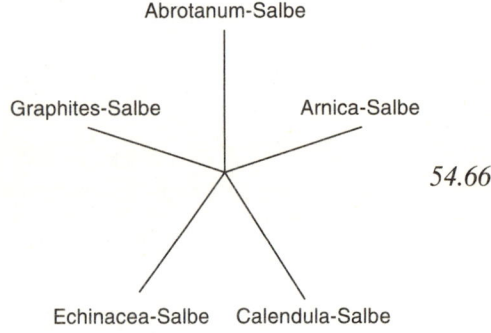

54.66

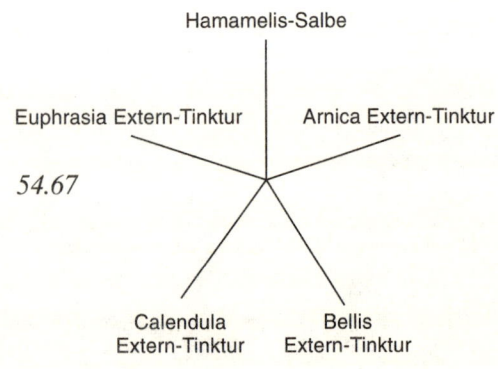

54.67

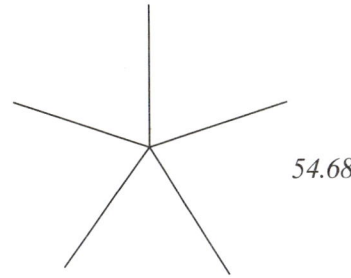

54.68

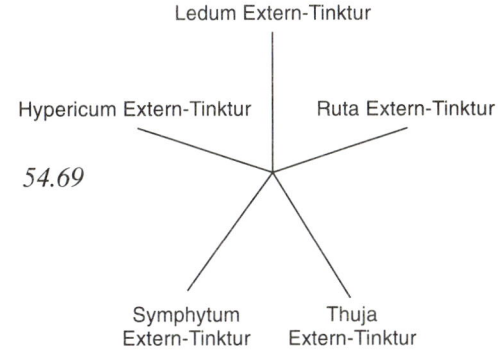

Ledum Extern-Tinktur

Hypericum Extern-Tinktur | Ruta Extern-Tinktur

54.69

Symphytum
Extern-Tinktur

Thuja
Extern-Tinktur

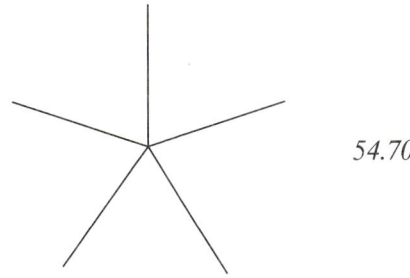

54.70

9.
Edelsteintherapie

Die Edelsteintherapie ist eine alte Behandlungsmethode, die überall auf der Welt eingesetzt wurde und noch heute angewandt wird. Man verarbeitete Kristalle zu Amuletten, um den Träger vor bösen Einflüssen zu schützen oder um ihn auf seiner Reise zu begleiten. Priester und Geistliche trugen – und tragen noch heute – Edelsteine, um Einsichten und Inspiration zu wecken.

Auch in der Heilkunde kamen Kristalle zum Einsatz. Apotheker verkauften Steine, denen große Macht zugesprochen wurde, gegen unterschiedlichste Beschwerden und Krankheiten. Heute erfreut sich die Edelsteintherapie wieder einer wachsenden Anhängerschaft.

Die Wirkung von Edelsteinen kann wie folgt erklärt werden. In Wahrheit ist ein Kristall etwas Lebendiges, doch er wächst so langsam – ungefähr einen Millimeter in 1000 Jahren –, daß wir sein Wachsen nicht beobachten können. Alles, was lebt, besitzt eine Aura. Daher hat auch jeder Edelstein seine eigene, ganz »persönliche« Aura. Wenn ein Mensch krank ist, hat seine Aura nicht die richtige Ausstrahlung. Ein Edelstein kann diesen Mangel beheben. Das funktionsgestörte Organ wird wieder »aufgeladen«. Um dies zu ermöglichen, ist es entscheidend, den Kristall direkt auf der Haut in der Nähe des gestörten Organs zu tragen.

Das Zusammenspiel des Edelsteins mit seinem Träger kann sehr stark ausgeprägt sein, und manchmal verschlechtern sich die

Symptome sogar, bevor die Verbesserung einsetzt. Nach einer bestimmten Zeitdauer hat der Kristall soviel Energie von der kranken Person aufgenommen, daß er seine Wirksamkeit verliert. Daher ist es äußerst wichtig, ihn regelmäßig zu reinigen. Eine einfache Methode der Kristallreinigung besteht darin, ihn in fließendes Wasser zu legen. Man kann ihn zur Reinigung auch in Sand eingraben (tatsächlich Sand und nicht Blumenerde). Manche Menschen setzten ihre Steine auch dem Licht des Vollmonds in einer klaren Nacht aus.

Ein Kristall sollte alle 14 Tage einmal gereinigt werden, bei Beginn einer Edelsteintherapie vielleicht sogar noch öfter. Dies kann einfach überprüft werden, indem man das Pendel fragt: Bedarf dieser Edelstein der Reinigung? Nach der Reinigung könnten Sie fragen: Ist der Stein wirklich vollkommen gereinigt?

Nach einiger Zeit mag ein Edelstein soviel Energie »verschenkt« haben, daß er seinen Glanz oder seine Farbe verliert oder vielleicht sogar Risse auftreten. In diesem Fall ist es ratsam, einen neuen Stein zu verwenden. Es gibt positive beziehungsweise Yang-Edelsteine. Zu ihnen gehören die Farben Rot, Orange, Gelb, Gelblichgrün, Terracotta oder Gold. Sie besitzen einen belebenden Effekt. Es gibt auch negative beziehungsweise Yin-Steine. Ihre Farben sind Blau, Blaugrün, Violett, Braun, Grau oder Silber. Sie stoßen Böses und Giftiges ab. Darüber hinaus existieren noch neutrale Kristalle in den Farben Grün, Beige, Rotbraun oder Bernstein.

Edelsteine und die Tierkreiszeichen

Steinbock (22. 12. bis 20. 1.): Rauchquarz; Onyx, Jett
Wassermann (21. 1. bis 18. 2.): Türkis, Amazonit, Malachit
Fische (19. 2. bis 20. 3.): Amethyst, Mondstein, Opal, Aquamarin
Widder (21. 3. bis 20. 4.): Roter Jaspis, Karneol, Rubin
Stier (21. 4. bis 20. 5.): blauer Saphir, Rosenquarz, Lapislazuli
Zwillinge (21. 5. bis 20. 6.): Topas, Zitrin, Tigerauge, Bergkristall, Aquamarin, Chalzedon
Krebs (21. 6. bis 20. 7.): Smaragd, weißer Chalzedon, Aventurin, Chrysopras, Peridot
Löwe (21. 7. bis 22. 8.): Granat, Bergkristall, Diamant, Peridot, Onyx
Jungfrau (23. 8. bis 22. 9.): Karneol, gelber Achat, schichtiger Onyx
Waage (23. 9. bis 22. 10.): Aventurin, Jade, Nephrit, Smaragd
Skorpion (23. 10. bis 22. 11.): Hämathit, Granat, roter Turmalin
Schütze (23. 11. bis 21. 12.): Topas, Chalzedon

Kristalle, die in der Edelsteintherapie zum Einsatz kommen

Achat: Beruhigend, stärkt das Herz, gegen Schmerz, Taubheit, Vergiftung, Heimweh, Ohrgeräusche und Fieber
Achat (Botswana): Augenbeschwerden
Amazonit: Ekzeme, Verbrennungen
Amethyst: Innere Ruhe, Stabilität, reinigende Wirkung, gegen Migräne und andere Kopfschmerzen, Schlaflosigkeit, Schwellungen und Entzündungen in Handgelenken und Knien
Aquamarin: Lebensfreude, gegen Allergien, Schilddrüsenstörungen, Kropf, Erkältung und Halserkrankungen
Aventurin: Beruhigend, verbessert Selbstkontrolle, gegen Haut-

krankheiten wie Akne, Ekzeme, Nesselsucht und Schuppenflechte, auch gegen Nasenbluten

Bergkristall: Besiegt Angst, gegen Rückenschmerzen, Gleichgewichtsstörungen, Autokrankheit, Seekrankheit, Magenkrämpfe, Durchfall und Menstruationsbeschwerden

Bernstein: Gegen Angst, Übermüdung und Asthma

Beryl: Gut für Hals und Augen, gegen Gelbsucht

Chalzedon: Gegen depressive Stimmungen, Blutungen, Erfrierungserscheinungen an den Händen, Risse in Lippen/Händen

Chrysokoll: Stärkt und harmonisiert Solarplexus, gegen Arthritis und Arthrose

Chrysopras: Für Seereisen, verstärkt die Sehnsucht nach Einsicht und höherem Bewußtsein, verbessert Sicht

Citrin: Nervenstärkend, belebend

Epidot: Gegen Infektionen, Leber- und Magenbeschwerden, verstärkt Willenskraft

Falkenauge: Gegen Atemlosigkeit, hilft den Bronchien, verbessert klares Denken

Granat: Steigert Willenskraft und Intuition, gegen Depression, Melancholie, nervöse Erschöpfung, stärkt das Herz

Heliotrop: Beruhigt und schenkt Mut in ungünstigen Situationen, gegen Hämorrhoiden, Blasensteine, Nasenbluten

Hämatit: Schenkt Mut, verbessert den Schlaf, stärkt das Herz

Jade: Stein der fünf großen Tugenden: Bescheidenheit, Nächstenliebe, Mut, Gerechtigkeit und Weisheit; gegen Bettnässen, stärkt Nieren und Blase

Jaspis: Gegen Epilepsie, Magenbeschwerden, Blasenbeschwerden, Morgenübelkeit, Gallen-, Leber- und Nierenstörungen

Karneol: Unternehmungsgeist, gegen Krämpfe, Rheumatismus, Fieber, Infektionen, Diabetes, Prüfungsangst, Alpträume, Melancholie und Neuralgie

Koralle: Verbessert das Blut, verliert die Farbe, wenn der Träger anämisch ist

Koralle (rot): Gegen Bluthochdruck

Labradorit: Stark zuträgliche Wirkung auf viele Organe, nützt jedem, vergrößert die Intuition

Lapislazuli: Verbessert den Schlaf, gegen Epilepsie und Schlaganfälle, dient Herz, Milz, Blut und Haut, steigert Liebe und Selbstvertrauen, Stein der Freundschaft

Magnetit: Gegen Neuralgien, Rheumatismus, Brüche und Wadenkrämpfe

Malachit: Gegen Asthma, unregelmäßige Menstruation, schmerzende Gelenke, Rheumatismus, günstiger Einfluß auf Multiple Sklerose, Parkinsonsche Krankheit, Krampfadern und Verbrennungen

Mondstein: Gegen Unglück, Unfruchtbarkeit, Vergiftungen, Menstruationsbeschwerden, verbessert Inspiration und bietet Schutz auf Reisen

Nephrit: Alle Krankheiten im Lenden- und Nierenbereich

Obsidian: Günstiger Einfluß auf Augenbeschwerden, bei Katarrh, verbessert Sicht

Olivin (Peridot): Schenkt Wortgewandtheit, verbessert Herz und Augen, günstiger Einfluß bei Bandscheibenvorfall, Depression, Instabilität, Haarausfall und Menstruationsbeschwerden

Onyx: Gegen Atemlosigkeit, wässernde Augen, Kalziummangel, Taubheit, verbessert Gleichgewicht und Nagel- und Haarwachstum

Pyrit: Reinigt Körper und Aura, verbessert Atmung, gegen Halsentzündungen

Rauchquarz: Beruhigend, unterstützt beim Einstellen des Rauchens, verbessert Gehör und die Konzentrationsfähigkeit

Rhodochrosit: Beruhigend, günstiger Einfluß auf Parkinsonsche Krankheit, Angst und Verwirrung

Rhodonit: Stärkt die Kraft der Vernunft, übt bei Multipler Sklerose günstigen Einfluß aus

Rosenquarz: Stimuliert Schilddrüse, gegen Magenkrämpfe, Darmbeschwerden, Schwindelgefühle und Heimweh

Rubin: Verhindert Fehlgeburt, vertreibt Melancholie und Angst

Rutilquarz: Gegen Bronchitis und Asthma, unterstützt die Bronchien, wärmender Effekt

Saphir: Für Ernsthaftigkeit und Treue, nutzt dem Herzen und den Augen

Smaragd: Gegen Epilepsie, verbessert das Gedächtnis, nützt den Augen

Sodalit: Fleiß, gegen Bluthochdruck und nervöse Erschöpfung

Tigerauge: Gegen Erkältungen, Krämpfe, schützt und besitzt wärmenden Effekt

Topas: Gegen Krampfadern, Thrombose, Schlaflosigkeit, Erschöpfung, stimuliert Bauchspeicheldrüse, verbessert Leber und Geschmacksorgane

Türkis: Verbessert die Meditation, enthüllt, wenn sich der Träger in Gefahr befindet

Turmalin: Gegen Stürze, Stolpern, Gleichgewichtsstörungen, Schwindelgefühle, Hyperventilation, Stottern, Nackenbeschwerden, Auswirkungen von Strahlung, verbessert die Konzentrationsfähigkeit, Selbstvertrauen und Vitalität.

Abb. 55: Edelsteine

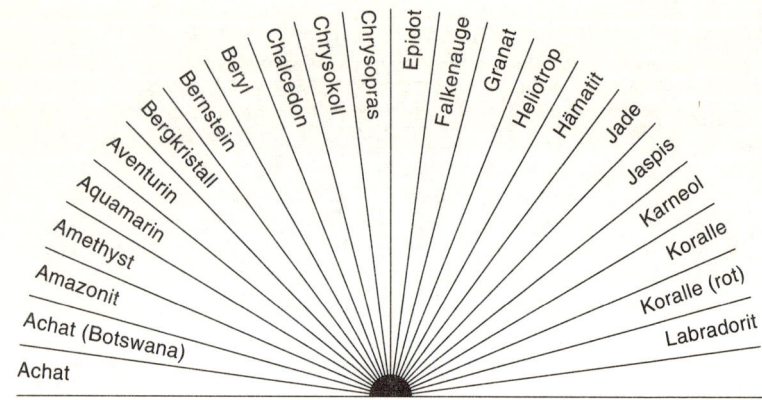

Achat · Achat (Botswana) · Amazonit · Amethyst · Aquamarin · Aventurin · Bergkristall · Bernstein · Beryl · Chalcedon · Chrysokoll · Chrysopras · Epidot · Falkenauge · Granat · Heliotrop · Hämatit · Jade · Jaspis · Karneol · Koralle · Koralle (rot) · Labradorit

55.1

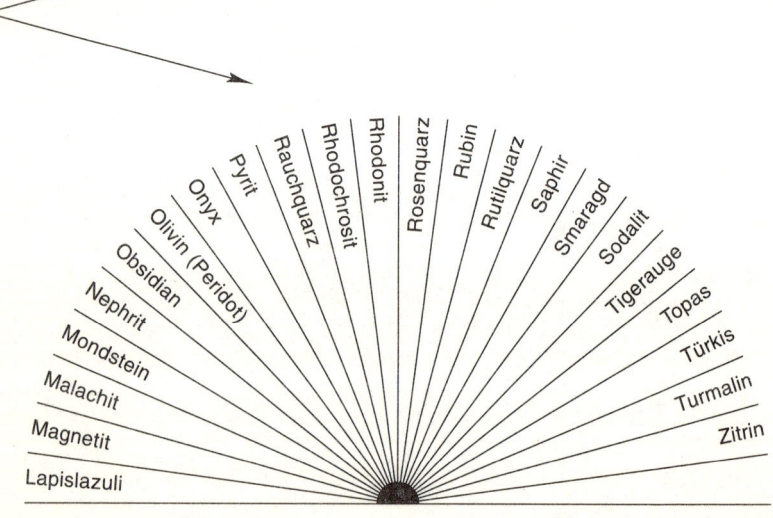

Lapislazuli · Magnetit · Malachit · Mondstein · Nephrit · Obsidian · Olivin (Peridot) · Onyx · Pyrit · Rauchquarz · Rhodochrosit · Rhodonit · Rosenquarz · Rubin · Rutilquarz · Saphir · Smaragd · Sodalit · Tigerauge · Topas · Türkis · Turmalin · Zitrin

55.2

Abb. 56: Geburtssteine

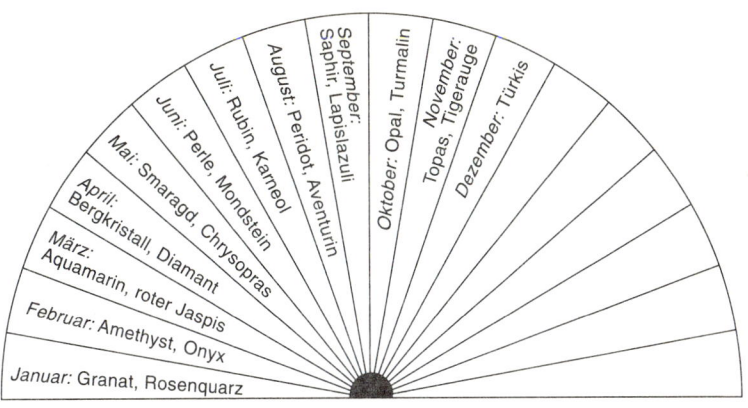

Januar: Granat, Rosenquarz
Februar: Amethyst, Onyx
März: Aquamarin, roter Jaspis
April: Bergkristall, Diamant
Mai: Smaragd, Chrysopras
Juni: Perle, Mondstein
Juli: Rubin, Karneol
August: Peridot, Aventurin
September: Saphir, Lapislazuli
Oktober: Opal, Turmalin
November: Topas, Tigerauge
Dezember: Türkis

Abb. 57: Steine der Sterne und Planeten

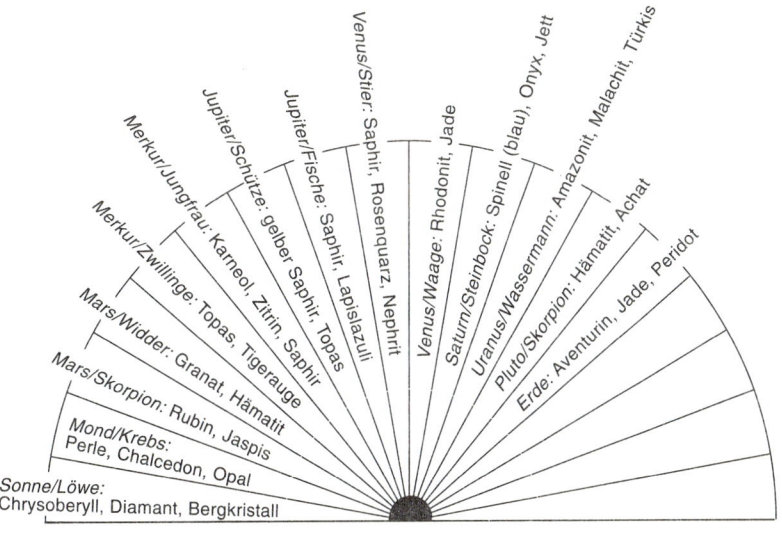

Sonne/Löwe: Chrysoberyll, Diamant, Bergkristall
Mond/Krebs: Perle, Chalcedon, Opal
Mars/Skorpion: Rubin, Jaspis
Mars/Widder: Granat, Hämatit
Merkur/Zwillinge: Topas, Tigerauge
Merkur/Jungfrau: Karneol, Zitrin, Saphir
Jupiter/Schütze: gelber Saphir, Topas
Jupiter/Fische: Saphir, Lapislazuli
Venus/Stier: Saphir, Rosenquarz, Nephrit
Venus/Waage: Rhodonit, Jade
Saturn/Steinbock: Spinell (blau), Onyx, Jett
Uranus/Wassermann: Amazonit, Malachit, Türkis
Pluto/Skorpion: Hämatit, Achat
Erde: Aventurin, Jade, Peridot

10.
Strahlung

Strahlung gibt es überall in der Natur. Bestimmte Arten von Strahlungen nützen dem Menschen, andere sind weniger dienlich oder stellen sogar eine ernste Bedrohung dar. Auch das Sonnenlicht ist Strahlung. Wir lassen uns gerne in der Sonne braten. Doch wenn ihre Strahlung konzentriert wird, zum Beispiel mit Hilfe eines Brennglases, ist es wenig vernünftig, sie auf die Haut zu richten. Das zeigt, daß harmlose Strahlung in konzentrierter Form so mächtig werden kann, daß sie ernsthafte Schäden hervorruft. Eine große Menge von Strahlungen wird im Weltraum freigesetzt, und auch die Erde ist Resultat entsprechender unterschiedlicher kosmischer Prozesse. Die Konzentration solcher Strahlung verursacht Probleme. Welche Art von Problemen entsteht, hängt auf der einen Seite von unserer eigenen Fitneß und (Über-)Empfindsamkeit ab und auf der anderen Seite von der Art und Intensität der Strahlung.

Die folgenden Strahlungsarten und ihre Auswirkungen können voneinander unterschieden werden:

Delta-Strahlen: Von 0,5 bis zu 4 Hertz – Schlaf, Kranksein
Theta-Strahlen: Von 4 bis zu 8 Hertz – verschlechterter Geisteszustand, Gefühle von Oberflächlichkeit, Desinteresse, Vernachlässigung, Übermüdung, Leere, Besorgnis, Kummer
Alpha-Strahlen: Von 8 bis zu 13 Hertz – Sie fühlen sich entspannt, passiv, ruhig, duldsam, glücklich, zufrieden

Beta-I-Strahlen: Von 14 bis zu 18/20 Hertz – mit der Erhöhung von 8 bis 13 Hertz wechselt die lethargische Einstellung in die Aktivität. Die intellektuelle oder grundlegende Einstellung, zum Beispiel in bezug auf logisches Denken, poetisches Forschen, Suchen, Ungeduld oder Zweifel, wird deutlicher sichtbar

Beta-II-Strahlen: Von 18/20 bis zu 35 Hertz – noch stärkerer Effekt, Aggression

Gamma-Strahlen: Von 35 bis zu 90 Hertz – Aggression, unglücklicher, depressiver Gemütszustand, setzt krebserregende Prozesse in Gang

Ganz allgemein kann das magnetische Feld so gestört werden, daß Energieverluste auftreten. Die Luft wird dann auch ionisiert, was bedeutet, daß sich die Zusammensetzung der Luft ändert und ein Mangel an negativen Ionen, die Sauerstoff enthalten, entsteht. Diese Art Strahlung fühlt sich oft wie »kalte Zugluft« an. Strahlung in einem überisolierten Raum kann zu wachsendem und anhaltendem Sauerstoffmangel führen. Es ist daher nicht überraschend, daß jemand, der sich – vor allem nachts – in einem solchen Raum aufhält, schließlich ernsthaft erkrankt. Strahlung kann in ihrer Intensität schwanken. Nachts, während des Neu- und Vollmonds wie auch in Gebieten mit niedrigem Luftdruck, nimmt sie zu. Das Phänomen »mondsüchtig« kann hiermit in Zusammenhang gebracht werden.

Gibt es nicht genug aktiven Sauerstoff in einem Raum beziehungsweise herrscht ein Mangel an negativen Ionen vor, so kann den negativen Auswirkungen mit einem Ionisator entgegengewirkt werden. Besser ist es jedoch, sich in einem solchen Zimmer nicht aufzuhalten. Der Mangel an negativen Ionen tritt auch leicht in klimatisierten Gebäuden auf. Auch hier sorgen Ionisatoren für Abhilfe. Manchmal kann Sauerstoffmangel auch einen positiven

Effekt haben, wie zum Beispiel in der Kirche von Wiewerd in Friesland, wo man sterbliche Überreste ausgrub, die nach vielen Jahren noch vollkommen erhalten waren.

Es würde den Umfang dieses Buches sprengen, wollte man hier auch die Einflüsse von Strahlenquellen wie Überlandstromleitungen, Energieversorgung im Haushalt, Plastikverpackungen, Fußbodenheizung, beheizbare Decken und so weiter behandeln. Zunächst einmal ist es wichtig festzustellen, ob Strahlung überhaupt vorhanden ist. Ist sie einmal festgestellt, dann ist es vernünftig, den Rat eines Fachmanns einzuholen.

Mit Hilfe der folgenden Diagramme können Sie die Art der Strahlung, ihre Intensität, die genaue Stelle, von der sie ausgeht, und ihre Wirkung auf Sie und andere feststellen.

Abbildung 60 teilt Menschen unter drei verschiedenen Gesichtspunkten in die Gruppen K-, W- und M-Typen ein. Als K-Typ wird jemand bezeichnet, der stark auf das Kälterwerden des Wetters reagiert. W-Typ nennt man denjenigen, dem einsetzende Wärme zu schaffen macht. Und der M-Typ ist jener, der auf beide Wetterwechsel reagiert, jedoch nicht so extrem.

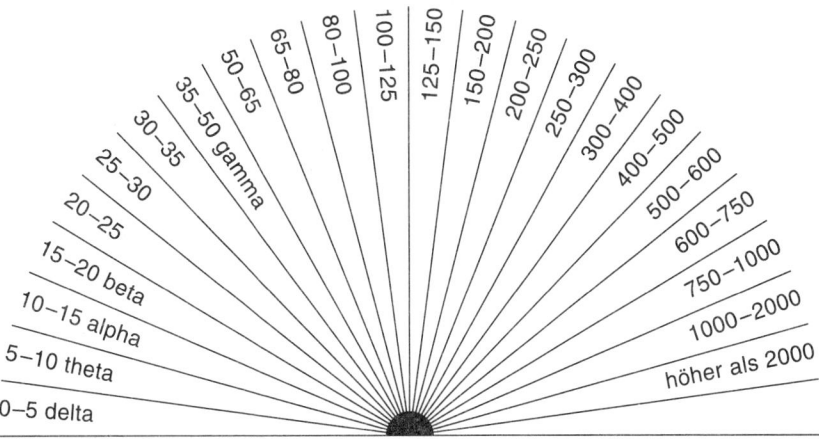

Abb. 58: Strahlungsfrequenz (in Hertz)

Abb. 59: Radioaktivität

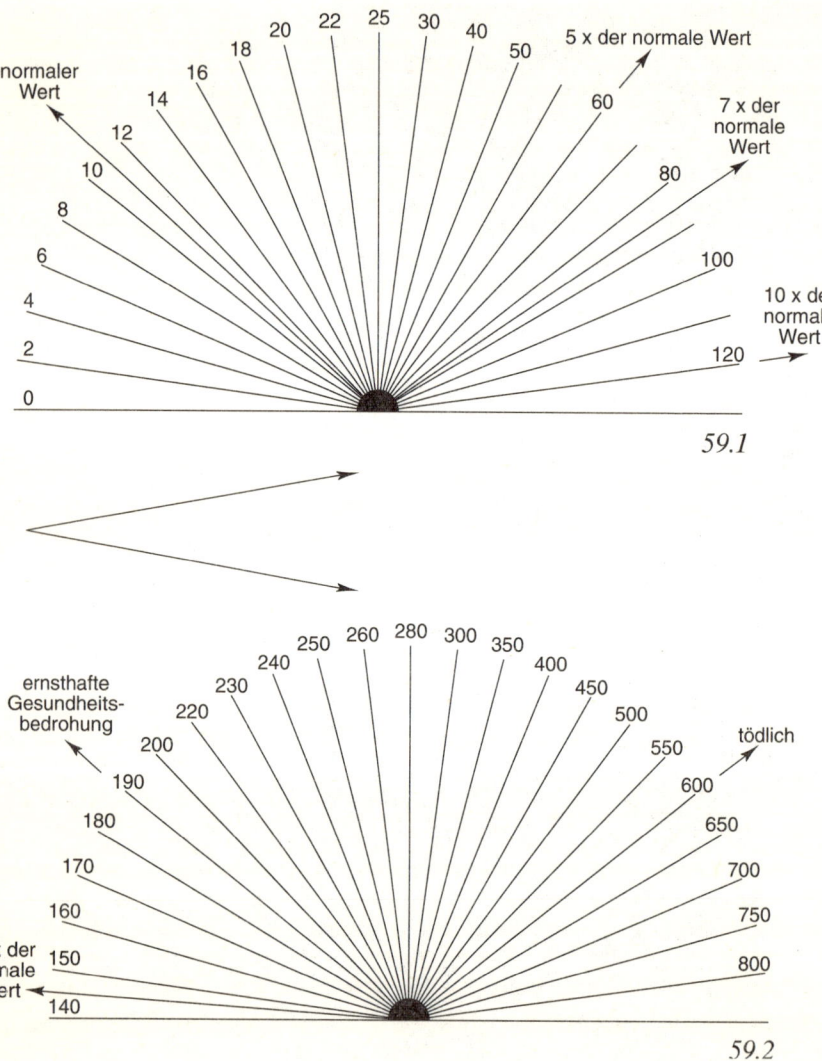

normaler Wert

0 2 4 6 8 10 12 14 16 18 20 22 25 30 40 50 60 80 100 120

5 x der normale Wert

7 x der normale Wert

10 x der normale Wert

59.1

ernsthafte Gesundheitsbedrohung

140 150 160 170 180 190 200 220 230 240 250 260 280 300 350 400 450 500 550 600 650 700 750 800

12 x der normale Wert

tödlich

59.2

Abb. 60: Maß der Störung und Empfindlichkeit

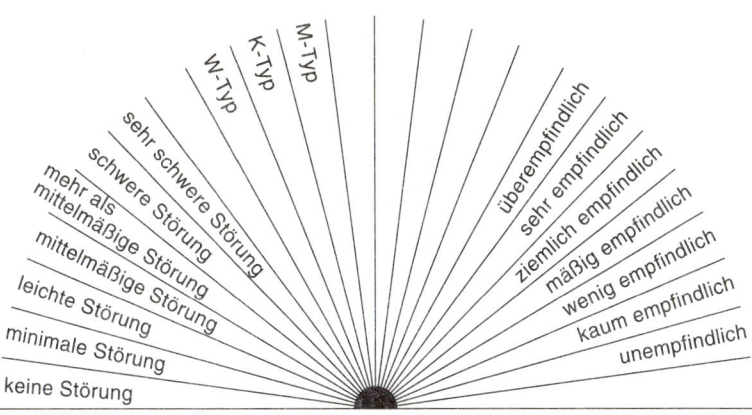

Abb. 61: Arten von Strahlung

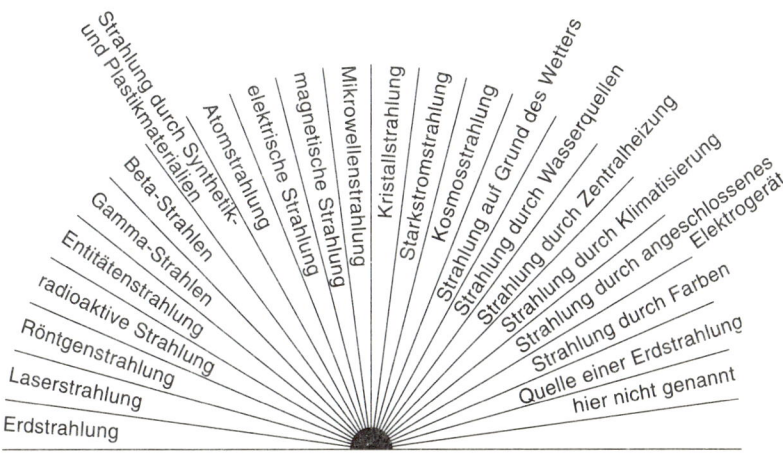

Abb. 62: Schwerpunkt und Strahlung

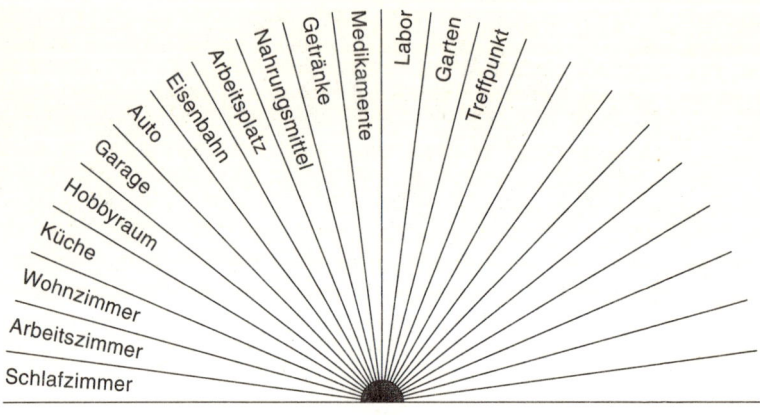

Abb. 63: Strahlungsquelle

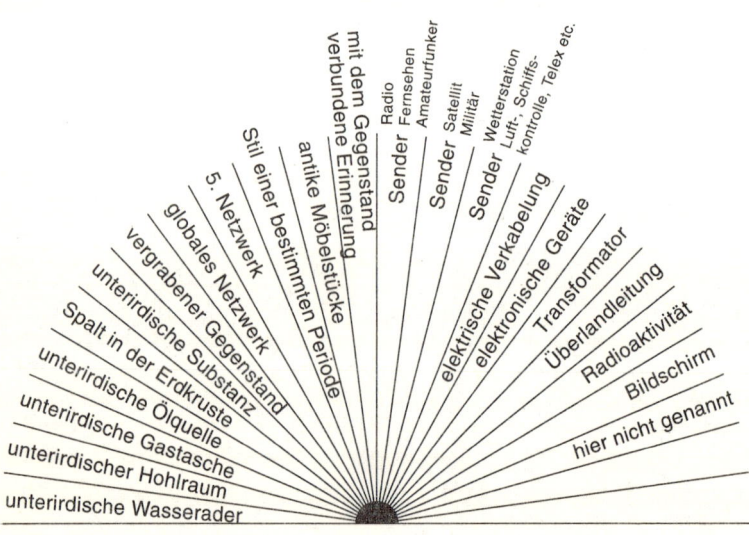

Abb. 64: Positive und negative Ionen pro 1000 Ionen

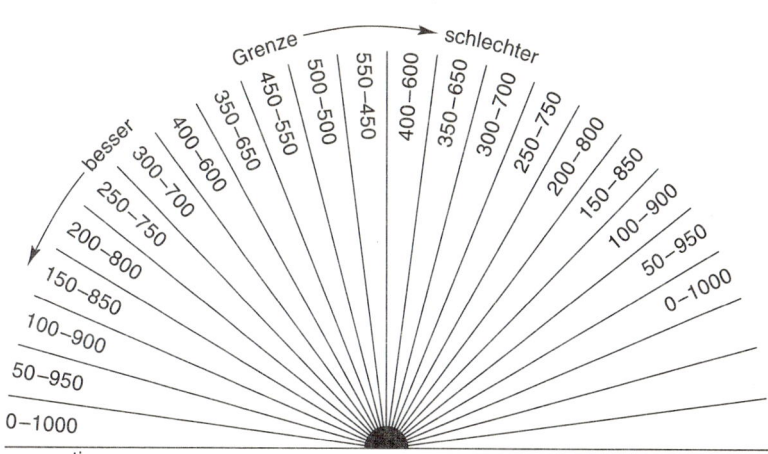

positive Ionen   negative Ionen

11.
Allergien

Allergien sind Störungen, unter denen eine wachsende Anzahl von Personen zu leiden scheinen. Die am besten erforschte Allergie ist der Heuschnupfen. Insbesondere an schönen, sonnigen Tagen, wenn zahlreiche Pflanzen blühen, entwickeln solche Allergiker die folgenden Symptome: Niesen, tränende Augen, verstopfte Nase, Anschwellen der Schleimhäute von Augen, Mund und Nase, oft Kopfschmerzen, einen rauhen Hals und im allgemeinen ein Gefühl des Unwohlseins.

Manche Menschen reagieren allergisch und entwickeln einen Ausschlag, nachdem sie bestimmte Pflanzen berührt haben, mit bestimmten Chemikalien gearbeitet oder bestimmte Kosmetikartikel benutzt haben.

Es gibt auch weniger gut bekannte Allergiesymptome wie zum Beispiel hartnäckige Ekzeme, chronische Erschöpfung, Magenkrämpfe, ein aufgeschwollener Magen wie im Fall von Lebensmittelallergien, extreme Stimmungswechsel, Juckreiz etc.

Die hier angebotenen Diagramme enthalten einige der Substanzen, die Allergien hervorrufen können. Die Liste ist keinesfalls vollständig. Was Nahrungsmittelallergien betrifft, so sind weniger bekannte und komplizierte Nahrungsmittel nicht aufgeführt. Kosmetika und Medikamente werden nicht unter ihrem Verkaufsnamen genannt. Wenn Sie eine Liste aller Produkte machen, die Sie benutzen, können Sie daraus Ihr eigenes Diagramm erstellen. Sie sollten auch Substanzen einbeziehen, die Sie im Haus verwenden. Ob man die Stoffe, mit denen man beruflich in Kontakt kommt, gesondert aufführen will, ist Ansichtssache. Ein Büroangestellter kommt mit anderen Dingen in Berührung als ein Arbeiter in einer Asbestfabrik, ein Mechaniker, Koch oder Bauer. Sie können sich der leer gelassenen Diagrammfelder bedienen, um die Substanzen einzutragen, gegen die Sie möglicherweise allergisch sind. Natürlich ist es auch möglich, sich mit dem Pendel direkt Klarheit zu verschaffen.

Für jene, die unter Heuschnupfen leiden, gibt es leider keine umfassende Liste von Pflanzen, welche die Allergie hervorrufen. Die Vielzahl von wilden und Kulturpflanzen läßt dies nicht zu. Die leer gelassenen Diagrammfelder könnten Sie jedoch nutzen, um die Pflanzen Ihrer direkten Umgebung darin einzutragen. Eine detaillierte Zeichnung Ihrer Nachbarschaft wird Sie darin unterstützen.

Abb. 65: Orte, an denen Allergien ausgelöst werden können

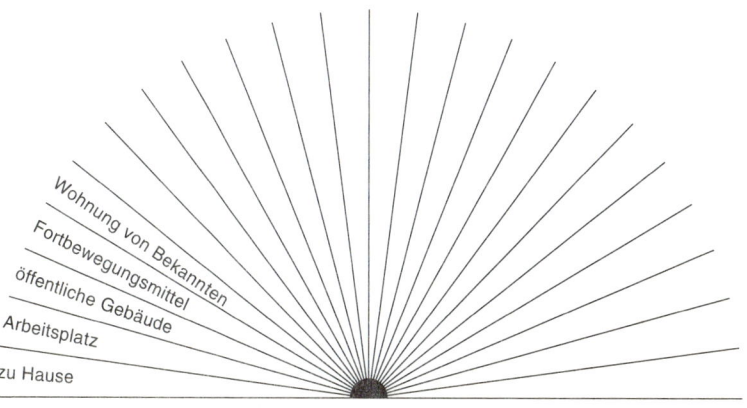

Abb. 66:
Möglige
Allergieauslöser

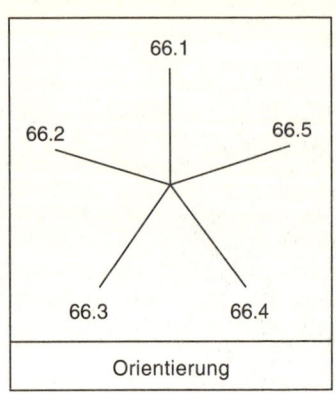

Orientierung

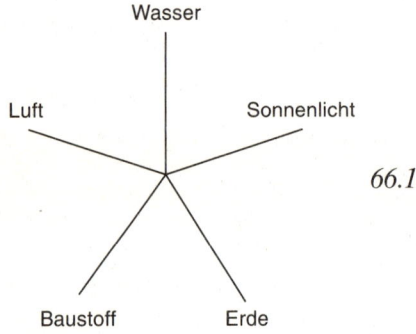

66.1

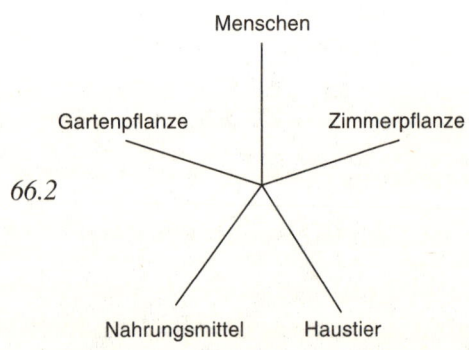

66.2

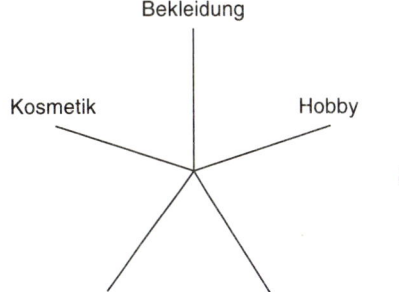

66.3

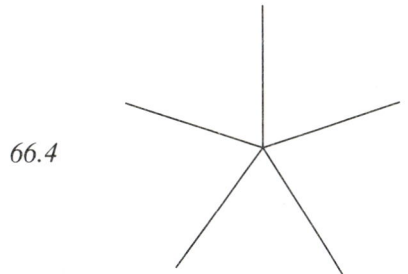

66.4

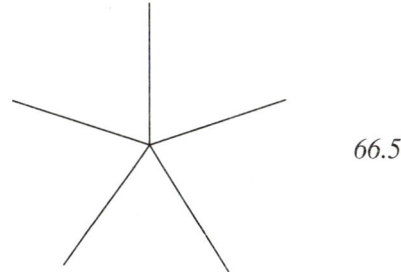

66.5

Abb. 67: Allergieauslösende Lebensmittel

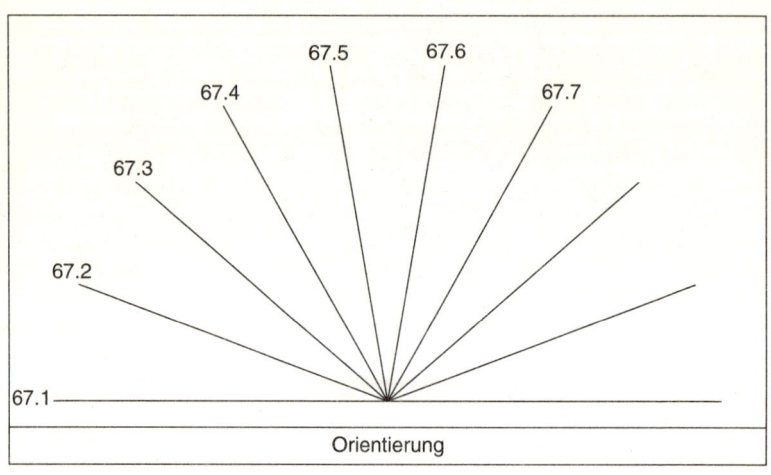

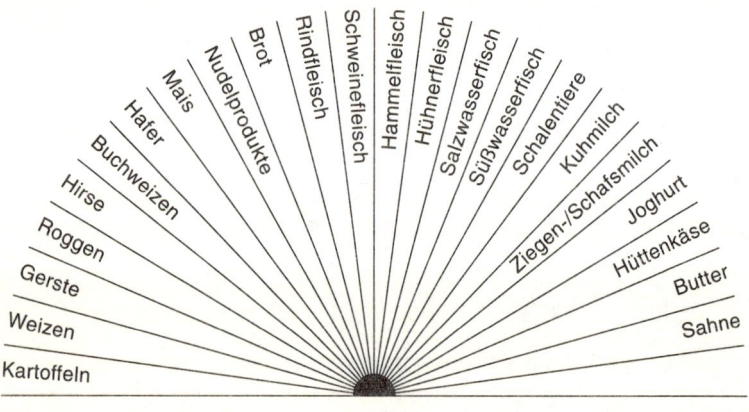

67.1

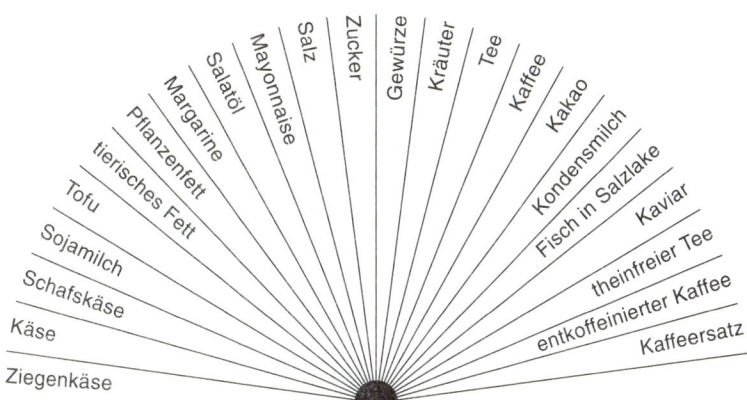

Ziegenkäse · Käse · Schafskäse · Sojamilch · Tofu · tierisches Fett · Pflanzenfett · Margarine · Salatöl · Mayonnaise · Salz · Zucker · Gewürze · Kräuter · Tee · Kaffee · Kakao · Kondensmilch · Fisch in Salzlake · Kaviar · theinfreier Tee · entkoffeinierter Kaffee · Kaffeersatz

67.2

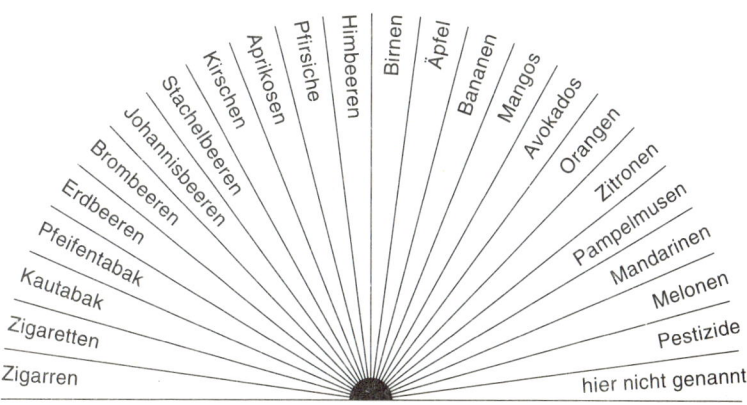

Zigarren · Zigaretten · Kautabak · Pfeifentabak · Erdbeeren · Brombeeren · Johannisbeeren · Stachelbeeren · Kirschen · Aprikosen · Pfirsiche · Himbeeren · Birnen · Äpfel · Bananen · Mangos · Avokados · Orangen · Zitronen · Pampelmusen · Mandarinen · Melonen · Pestizide · hier nicht genannt

67.3

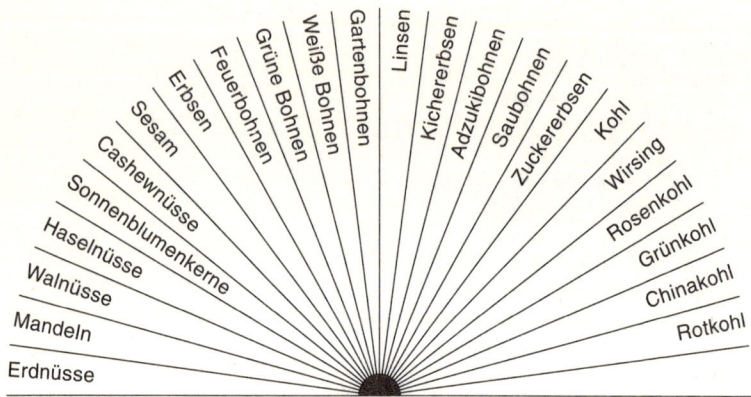

67.4

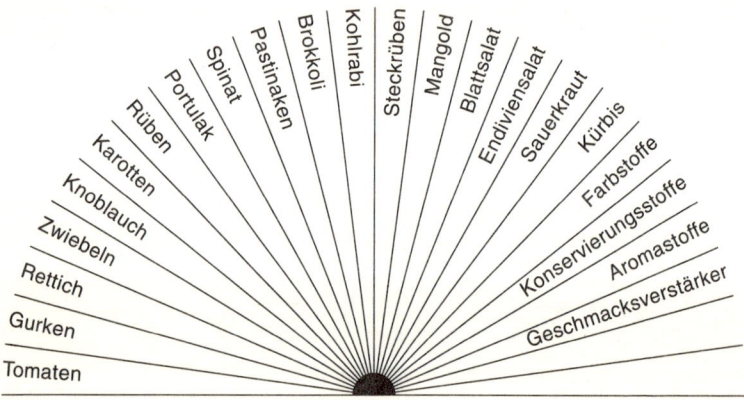

67.5

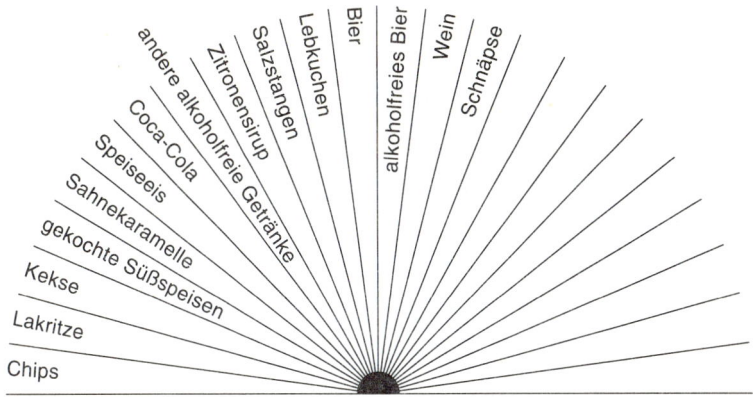

andere alkoholfreie Getränke
Coca-Cola
Speiseeis
Sahnekaramelle
gekochte Süßspeisen
Kekse
Lakritze
Chips
Zitronensirup
Salzstangen
Lebkuchen
Bier
alkoholfreies Bier
Wein
Schnäpse

67.6

Abb. 68: Allergieerzeugende Medikamente und Kosmetika

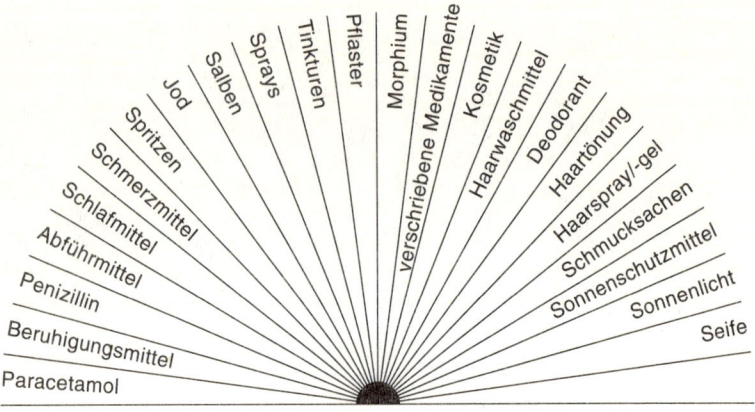

Abb. 69: Allergieerzeugende Haustiere

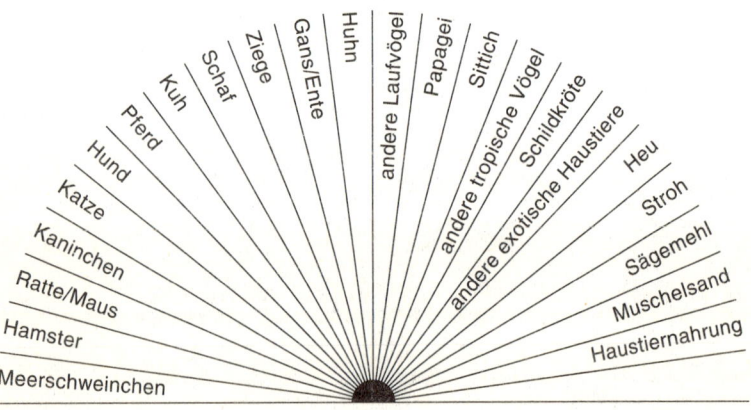

Abb. 70: Allergieerzeugende Parasiten und anderes Ungeziefer

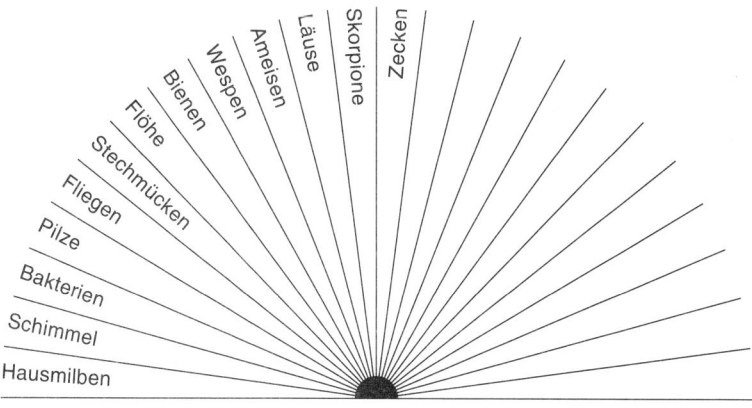

Abb. 71: Allgemeine allergieerzeugende Pflanzen (Heufieber)

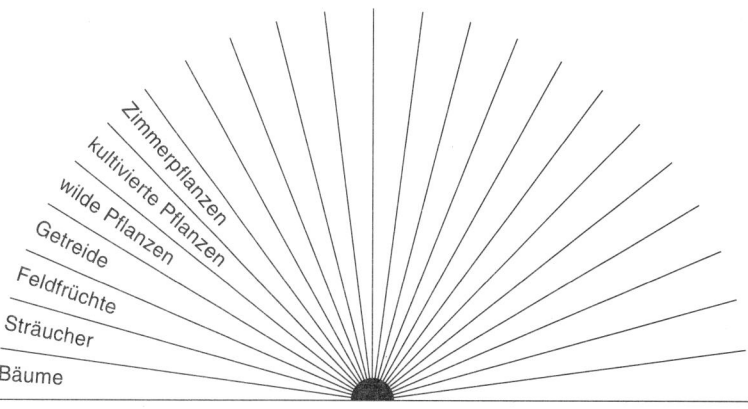

Abb. 72: Andere allergieauslösende Substanzen
(zu Hause, am Arbeitsplatz)

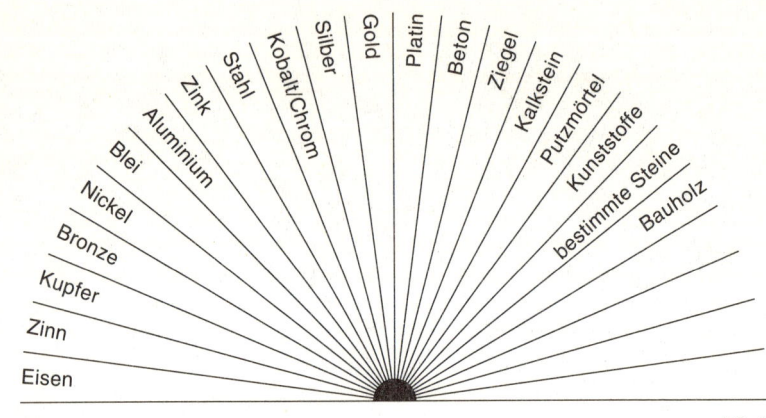

72.1

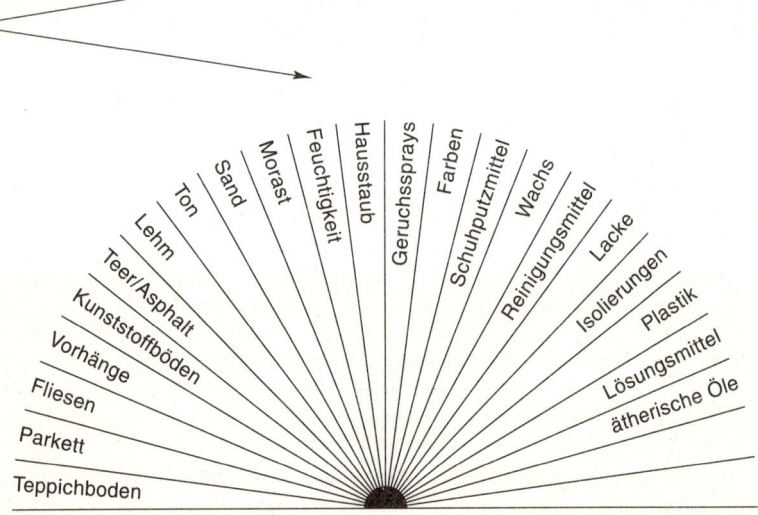

72.2

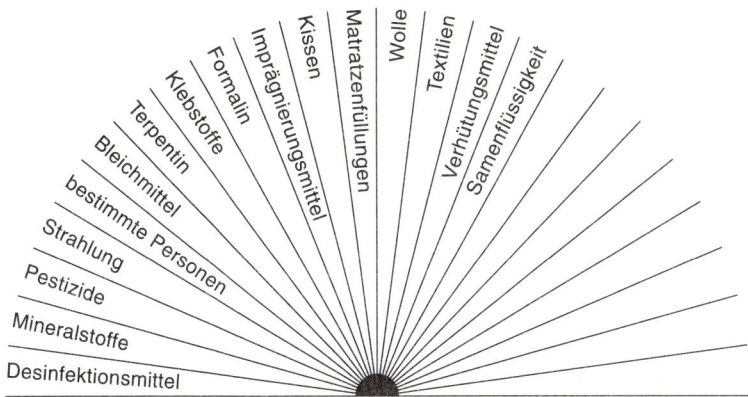

Wolle
Textilien
Verhütungsmittel
Samenflüssigkeit
Matratzenfüllungen
Kissen
Imprägnierungsmittel
Formalin
Klebstoffe
Terpentin
Bleichmittel
bestimmte Personen
Strahlung
Pestizide
Mineralstoffe
Desinfektionsmittel

72.3

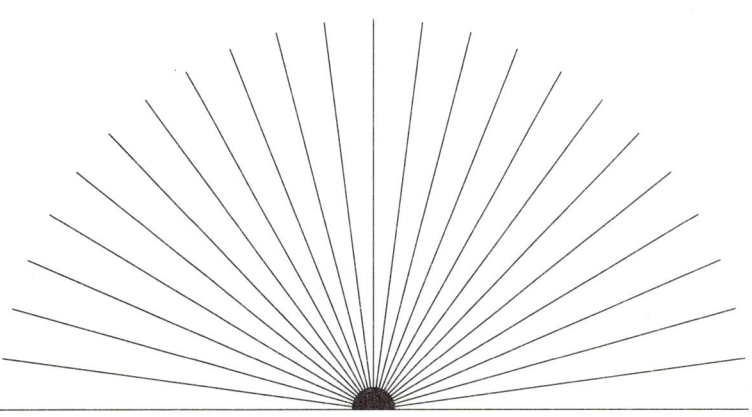

72.4

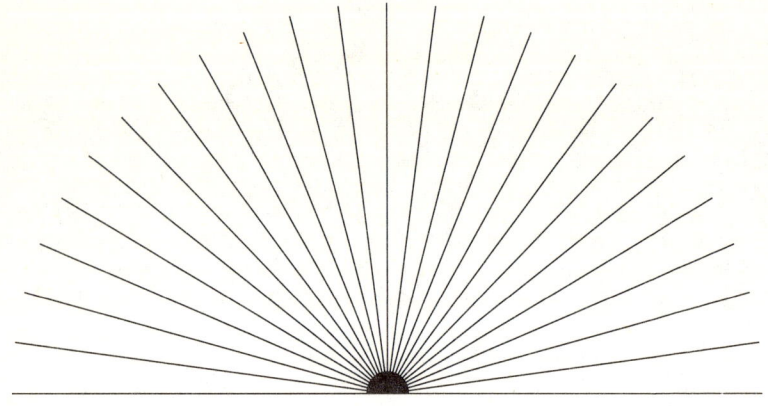

72.5

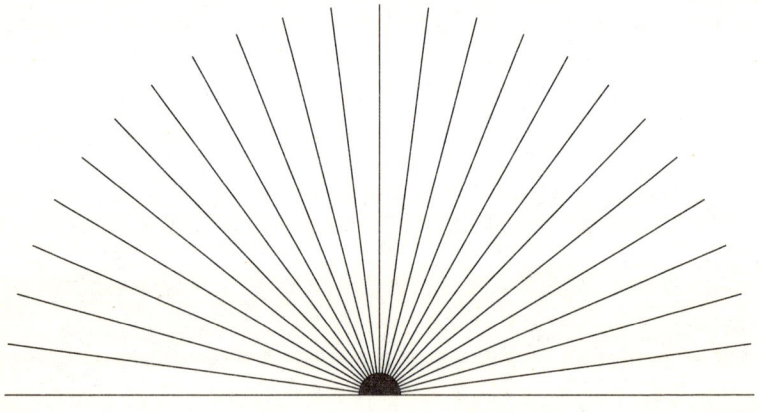

72.6

12.
Die Aura

Die Aura sollte nicht mit dem magnetischen Feld, welches alle Dinge umgibt, verwechselt werden. Das magnetische Feld, das einen Menschen umschließt, ist als silberfarbene Ausstrahlung sichtbar, die nur wenige Zentimeter außerhalb des Körpers endet. Die Aura jedoch dehnt sich viel weiter aus und besitzt eine große, birnen- oder zwiebelähnliche Ausstrahlung in unterschiedlichen, durchscheinenden Farben, die ineinander übergehen. Manchmal sind diese Farben wunderschön, manchmal eher matt. Oft ist die Aura eine Mischung aus Farben, in der eine von ihnen vorherrscht, je nachdem, in welchem geistigen Zustand sich der Mensch befindet.

Die Chakras mit ihren bestimmten Farben vervollständigen das Bild. So wird zum Beispiel ein Mensch mit geiziger, habgieriger und reizbarer Natur ein dominierendes Wurzelchakra und viel Rot in seiner Aura aufweisen. Das Erkennen der vorherrschenden Farbe hilft uns, den körperlichen und seelischen Zustand der betreffenden Person zu einem bestimmten Zeitpunkt zu bestimmen.

Die Farben haben in etwa die folgenden Bedeutungen:

Fleckiges Rot: Destruktive Impulse
Dunkelrot: Eigenwilligkeit
Karmesinrot: Leidenschaftliche Liebe
Rotbraun: Hoffnungslosigkeit

Mattes, grünliches Rot: Geiz
Karminrot: Menschliche Zuneigung
Infrarot: Seelische Neigung, das eigene Selbst zu verlieren
Hellrot: Körperliche Liebe
Tiefes Scharlachrot: Sinnliche Liebe
Rosenrot: Heiterkeit
Muschelrot: Kreativität
Korallenrot: Unreife, Jugendlichkeit
Lebhaftes Rot: Lebenskraft
Orange: Verblassendes Leben, Sterben
Leuchtendes Orange: Stolz
Gelb-Orange: Ehrgeiz
Gelb: Spiritualität, kreative Liebe, auf höhere Realität ausgerichtetes, klares Denken
Senfgelb: Gemeinheit, Hinterlist
Goldfarben: Auf höhere Realität ausgerichtetes Denken
Grün: Anpassungsfähigkeit, Einsetzen der Heilenergie
Grasgrün: Musikliebe
Jadegrün: Weltklugheit
Dunkelgrün: Neid, Eifersucht
Minzgrün: Sympathie
Blau: Selbstvertrauen
Leuchtendes Blau: Vertrauen
Graublau: Aberglaube
Königsblau: Treue
Hellblau: Mangel an Tiefe
Indigoblau: Egoismus
Veilchenblau: Intuition
Violett: Religiosität
Purpurrot: Gut entwickelte Heilenergie
Braun: Engstirnigkeit, Gier

Rötliches Braun: Gier, Habsucht

Grau: Angst

Schwarz: Rätselhaftigkeit, Tod

Weiß: Vollkommenheit

Mit den entsprechenden Diagrammen (Abb. 73) können Sie die dominante Farbe in der Aura ermitteln.

Abb. 73: Die Farben der Aura

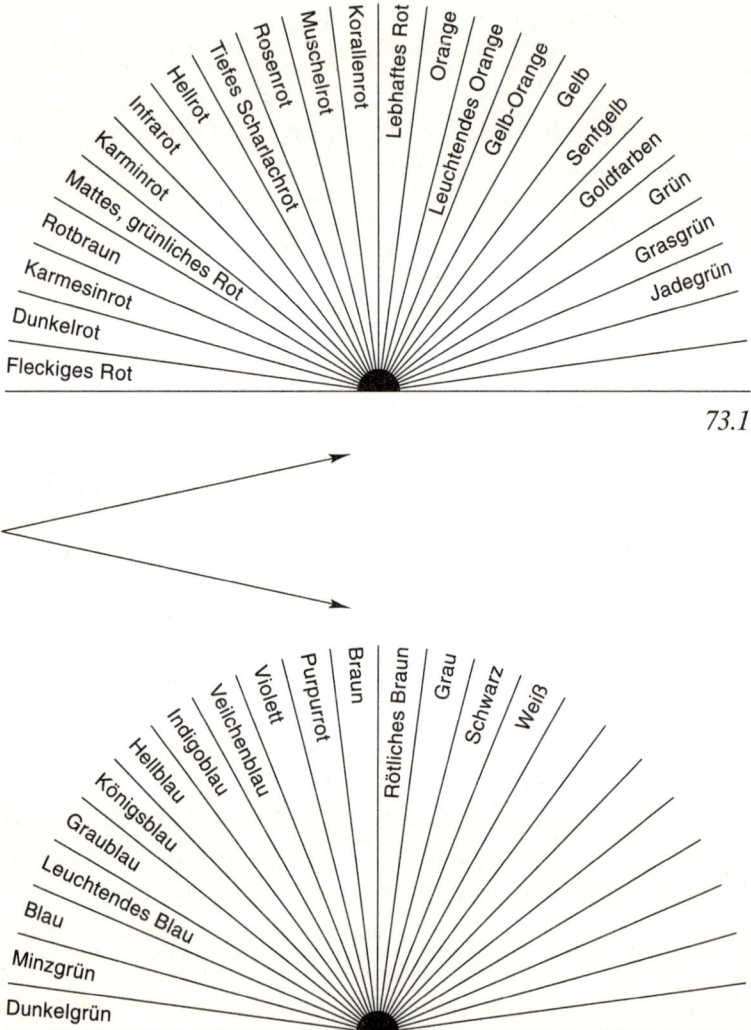

73.1

73.2

13.
Die Chakras

Durch indische Lehren erfuhren wir erstmals von den Chakras. Sie sind körpereigene, unsichtbare Energiezentren, die uns mit kosmischer Energie versorgen. Das Wort »Chakra« kommt aus dem Sanskrit und bedeutet »Rad«. Hellsichtige beschreiben die Chakras als trichterförmige Energiefelder. Auch der Name »Lotus« ist gebräuchlich. Durch diese Chakras nehmen wir Energie und Lebenskraft aus dem Kosmos auf. Sie können matt und eher klein sein oder groß und voller Vitalität. Dies ist von der Gesundheit eines Menschen und seinem Bewußtseinsniveau abhängig. Es gibt sieben Hauptchakras, die zu bestimmten Organen und Teilen des Körpers in Beziehung stehen.

Darüber hinaus kann jedes Chakra mit einer bestimmten Entwicklungsphase assoziiert werden. Diese Entwicklung erfolgt ausgehend vom Wurzelchakra nach oben. Die unteren Chakras drehen sich langsamer und sind mit den Grundbedürfnissen des Lebens verbunden. Die höheren Chakras hängen mit der ätherischen, spirituellen Seite des Menschen zusammen.

Mit Hilfe des Pendels können Sie das spirituelle Entwicklungsniveau eines Menschen feststellen. Die körperliche Seite wird dabei nicht berücksichtigt. Oft werden Sie feststellen, daß die höheren Chakras vieler Menschen nur zum Teil entwickelt sind. Unsere karmische und kosmische Aufgabe ist es jedoch, uns auf unser höheres Bewußtsein zu konzentrieren und nicht nur materielle Besitztümer und die damit verbundenen Freuden anzuhäufen. Die sieben Chakras und ihre Funktionen kann man wie folgt beschreiben: Das Wurzelchakra befindet sich an der Wirbelsäulenbasis. Es wird mit primitiver Energie und den Überlebensgrundlagen in Beziehung gesetzt und mit Bodenständigkeit und der Suche nach dem eigenen speziellen Platz assoziiert. Das Wurzelchakra ist das Energiezentrum der Reproduktion und der damit verbundenen Organe.

Das Sakralchakra ist das Zentrum für Gefühle wie Selbstachtung, Entschlossenheit und Selbsterhaltung. Es herrscht über die inneren Fortpflanzungsorgane, Nieren, Blase und den Kreislauf.

Das Solarplexuschakra ist zuständig für Gefühle und Launen und dafür, Eindrücke zu »verdauen«. Es beherrscht Magen, Leber, Galle und Milz. Der Solarplexus steht für Willenskraft, Erhaltung der eigenen Identität und, wenn falsch eingesetzt, für Macht.

Das Herzchakra ist das Energiezentrum der allumfassenden Liebe und Kreativität. Hier findet die Umwandlung von Energie in Liebe statt, nicht nur für unsere Nächsten, sondern für die gesamte Menschheit. Das entsprechende Organ ist das Herz.

Das Kehlchakra ist die Verbindung zwischen dem, was wir erfahren, und der äußeren Welt. Dies drücken wir mit unserer Stimme aus, die ebenfalls zu diesem Chakra gehört. Die entsprechenden Organe und Körperteile sind Hals, Schilddrüse und Arme. Auch der Atem ist mit diesem Chakra verbunden.

Das Stirnchakra oder »Dritte Auge« befindet sich zwischen den Augen. Spirituelle Einsicht und Erkenntnis stehen mit diesem Chakra in Zusammenhang. Es wird auch mit übersinnlichen Phänomenen wie zum Beispiel Hellsichtigkeit oder Telepathie in Verbindung gebracht. Der Entwicklungsstand dieses Chakras zeigt die erreichte Ebene spiritueller Bewußtheit an. Der mit ihm korrespondierende Bereich ist die untere Gehirnhälfte, Augen, Ohren, Nase und ein Teil des Nervensystems. Das Kronenchakra liegt auf dem Scheitel des Kopfes. Es steht für höchste Einsichten und ist die Verbindung mit dem Absoluten. Es ist auch das Chakra kosmischer Einheit, Weisheit und Erleuchtung. Es beherrscht die obere Hälfte des Gehirns.

Abb. 74: Die Chakras

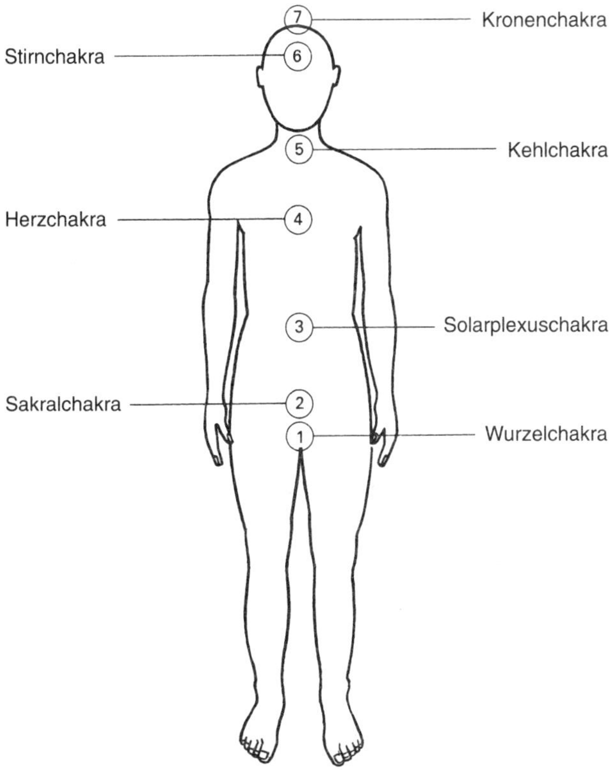

Stirnchakra

Kronenchakra

Kehlchakra

Herzchakra

Solarplexuschakra

Sakralchakra

Wurzelchakra

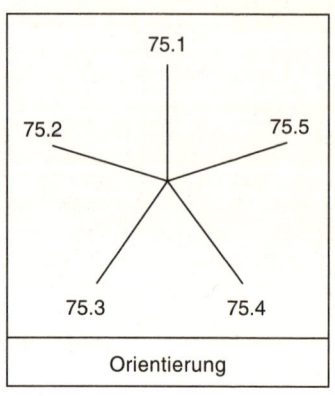

Orientierung

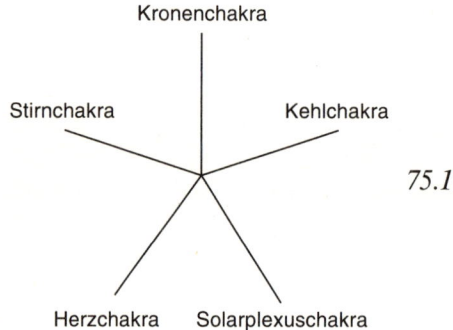

75.1

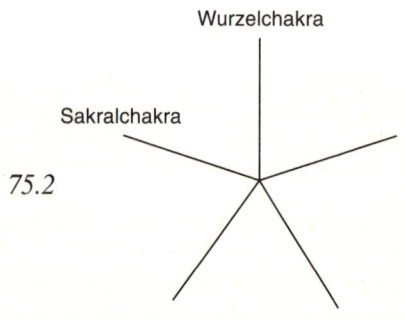

75.2

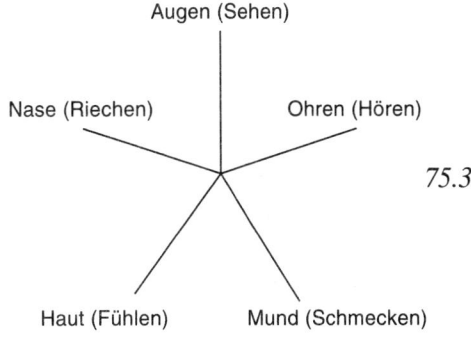

Augen (Sehen)

Nase (Riechen)   Ohren (Hören)

75.3

Haut (Fühlen)   Mund (Schmecken)

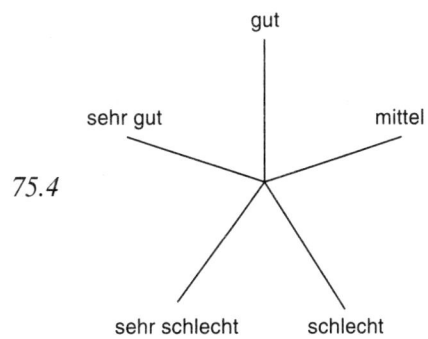

gut

sehr gut   mittel

75.4

sehr schlecht   schlecht

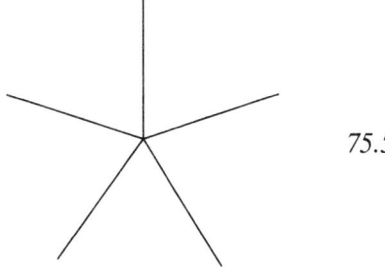

75.5

14.
Das I Ging

Das I Ging ist ein altes chinesisches Orakel, das Sie um Rat fragen können. Die 64 Hexagramme des I Ging beschreiben, wo Sie gerade stehen und was Ihre Bestimmung ist. Der Rat, den das I Ging gibt, kann sich auf einen beliebigen Aspekt des Lebens beziehen. Es gibt unterschiedliche Methoden, um die 64 Hexagramme herzustellen: indem man Schafgarben benutzt oder Münzen oder natürlich auch das Pendel. Jedes Hexagramm besteht aus sechs Linien, die entweder unterbrochen – (yin) oder durchgängig – (yang) sind. Die wandelbaren Linien, gekennzeichnet durch ein Sternchen, befinden sich im Prozeß der Umkehrung zu ihrem Gegenstück und stehen daher für die Zukunft. Im I Ging werden diese Linien gesondert behandelt. Sie können also das Hexagramm, indem Sie es so betrachten, wie es ist, zur Bestimmung Ihrer bestehenden Situation heranziehen oder zur Bestimmung eines zukünftigen Zustands, indem Sie die wandelbaren Linien mit ihrem jeweiligen Gegenstück vertauschen.

Um ein Hexagramm herzustellen, beginnen Sie mit der untersten Linie. Sie ist zugleich die erste Linie. Die oberste ist gleichzeitig die sechste Linie (siehe Abbildung 76). Es ist auch möglich, sich des Pendels im Zusammenhang mit dem großen Diagramm zu bedienen und die Hexagramme auf diese Weise direkter zu erhalten. Um in diesem Fall herauszufinden, welche der Linien wandelbar sind, halten Sie das Pendel über die Ziffern 1 bis 6 (Diagramm 77.3). Die Ziffer, welche das Pendel angibt, steht für die wandelbare Linie. Auch hier ist 1 wieder die unterste und 6 die oberste Linie. Es ist auch möglich, das Pendel zu fragen, ob es noch eine zweite oder vielleicht sogar mehrere wandelbare Linien gibt. Zeigt das Pendel »ja« an, dann setzen Sie es ein, um die übrigen wandelbaren Linien herauszufinden.

Für Bedeutungen und Interpretation der Hexagramme verweise ich Sie auf eines der vielen Bücher zu diesem Thema. Zum Beispiel: *I Ging – Das Buch der Wandlungen* von Richard Wilhelm oder *Handbuch zum klassischen I Ging* von Carol K. Anthony. Hier folgt nun ein Beispiel, wie Sie mit dem Pendel das I Ging befragen können.

Angenommen, das Pendel zeigt als erste Linie — * an, als zweite — —, als dritte — — *, als vierte —, als fünfte — * und als sechste — —. Daraus ergeben sich die folgenden Hexagramme:

	bestehende Situation	*zukünftige Situation*
6. Linie	— —	— —
5. Linie	— *	— —
4. Linie	—	—
3. Linie	— — *	—
2. Linie	— —	— —
1. Linie	— *	— —
	17. Sui/	62. Siau Go/
	Die Nachfolge	Des Kleinen
		Übergewicht

Ziehen Sie grundsätzlich das I Ging zu Rate, und lesen Sie aufmerksam in den genannten Büchern nach, wie Sie die Zeichen für sich und andere auslegen können.

Abb. 76: Yin und Yang im Hexagramm

wandelbares Yin   Yang   Yin   wandelbares Yang

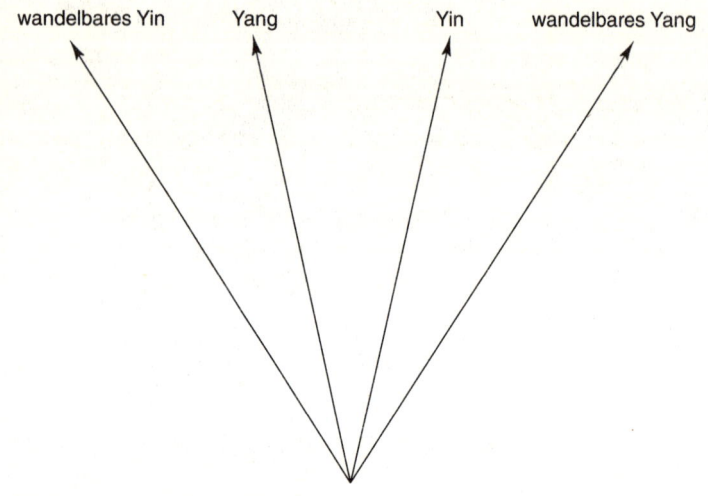

Abb. 77: Die Trigramme

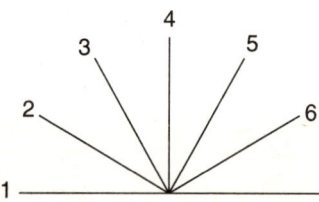

OBERE TRIGRAMME

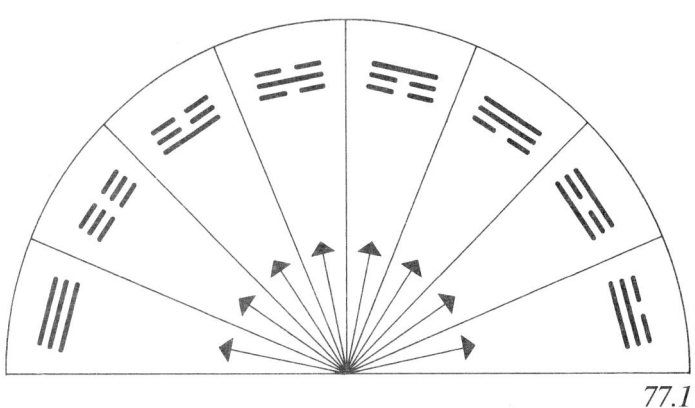

77.1

UNTERE TRIGRAMME

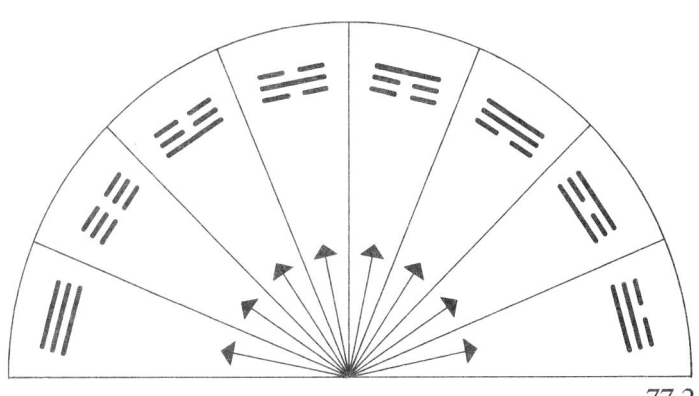

77.2

Abb. 78: Die Hexagramme

obere Trigramme

untere Trigramme

1	11	34	5	26	9	14	43
12	2	16	8	23	20	35	45
25	24	51	3	27	42	21	17
6	7	40	29	4	59	64	47
33	15	62	39	52	53	56	31
44	46	32	48	18	57	50	28
13	36	55	63	22	37	30	49
10	19	54	60	41	61	38	58

15.
Wetter

Die meisten Menschen fragen sich, wie das Wetter wohl werden wird. Heute mag es vielleicht schön sein, aber was ist mit morgen? Was ist mit der Fahrradtour, dem Besuch im Zoo oder dem Strandspaziergang? Wie wird das Wetter an den freien Tagen sein? Um festzustellen, ob es an einem bestimmten Tag regnen wird oder nicht, konzentrieren Sie sich auf diesen Tag oder machen sich eine schriftliche Notiz. Halten Sie das Pendel über das Diagramm »Orientierung« (Abb. 80) und fragen Sie: Welche Art von Wetter wird am ... (Datum) herrschen? Das Pendel wird Ihnen anzeigen, ob Sie einen Regenschirm, warme Bekleidung oder Sonnenöl benötigen.

Sie haben für eine bestimmte Feierlichkeit noch kein Datum festgelegt, hätten jedoch gerne, daß sie an einem sonnigen Tag stattfindet. Zu diesem Zweck bedienen Sie sich der Diagramme des Kapitels 1, »Astrologie«. Dort finden Sie die Eintragungen zu Tag und Monat und können mit ihrer Hilfe den richtigen Tag herausfinden. Segler, Surfer und andere, die vom Wetter abhängig sind, bedienen sich der Abbildungen 79 und 80, um Windstärke, Niederschlag und Temperatur zu erfahren.

Abb. 79: Windstärke (Beaufort),
Niederschlag (Millimeter), Temperatur (Celsius)

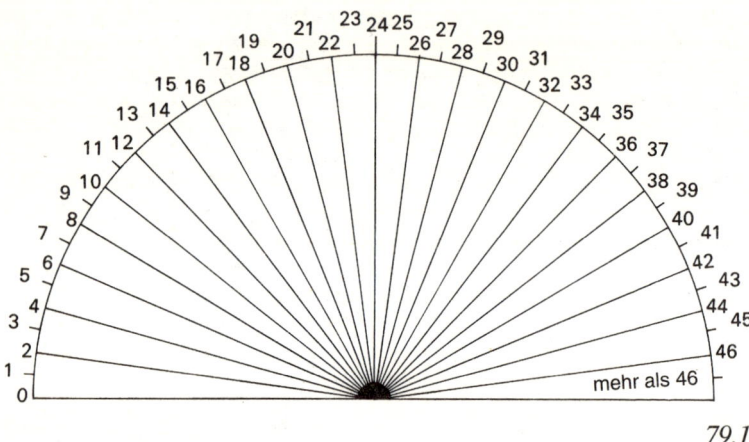

79.1

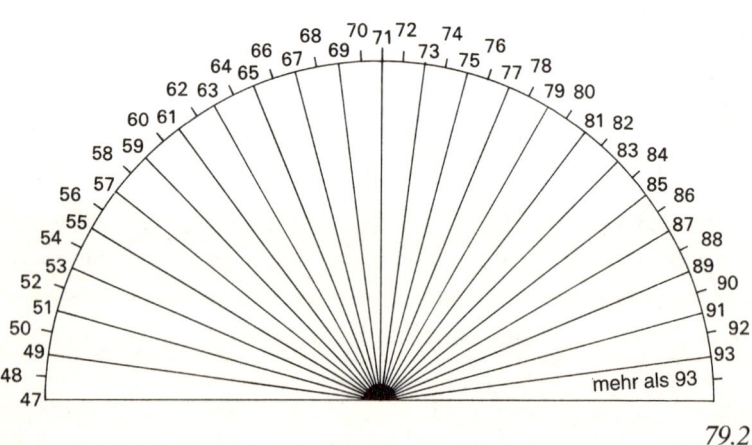

79.2

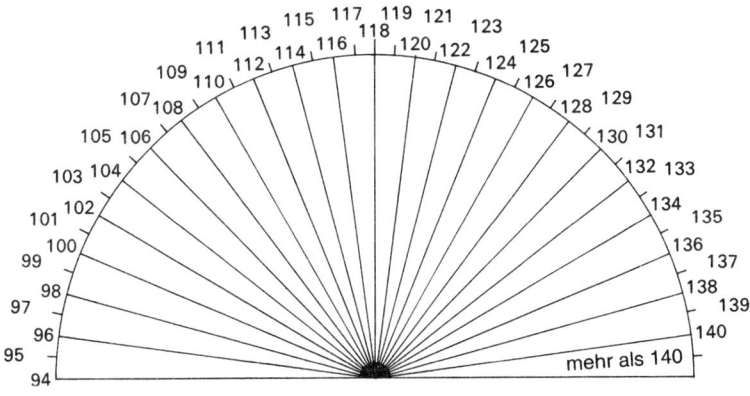

79.3

94 95 96 97 98 99 100 101 102 103 104 105 106 107 108 109 110 111 112 113 114 115 116 117 118 119 120 121 122 123 124 125 126 127 128 129 130 131 132 133 134 135 136 137 138 139 140

mehr als 140

+

−

Abb. 80:
Wetterbedingungen

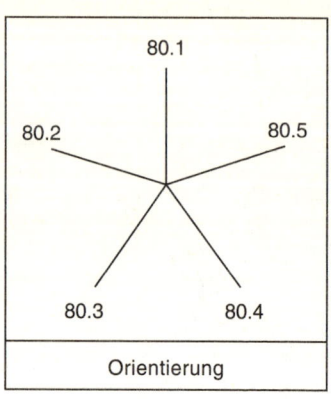

Orientierung

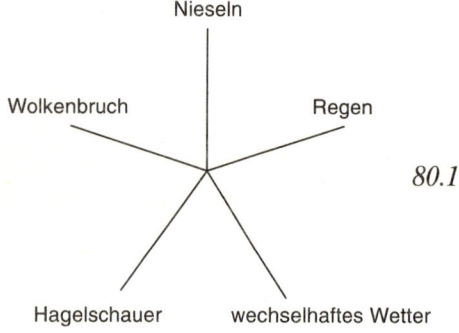

80.1

80.2

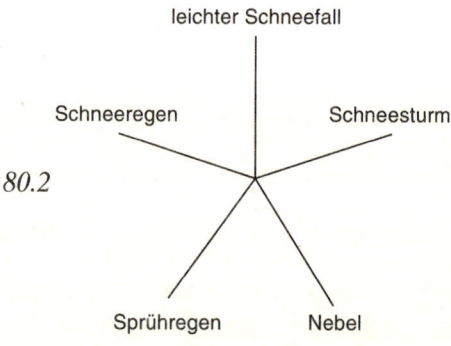

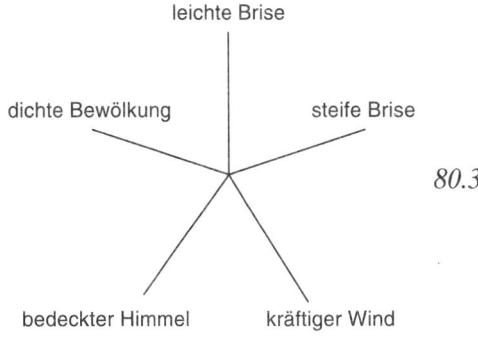

leichte Brise

dichte Bewölkung   steife Brise

80.3

bedeckter Himmel   kräftiger Wind

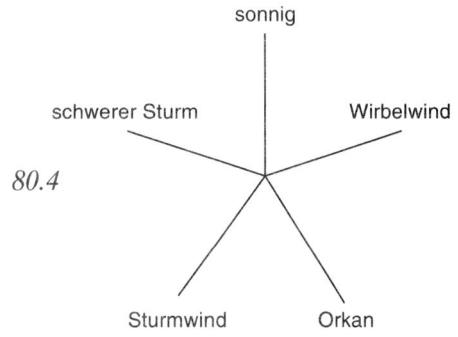

sonnig

schwerer Sturm   Wirbelwind

80.4

Sturmwind   Orkan

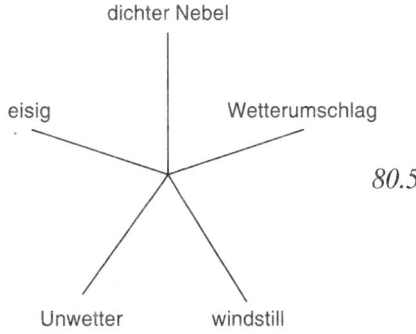

dichter Nebel

eisig   Wetterumschlag

80.5

Unwetter   windstill

16.
Urlaub

Einen Urlaub zu planen, kann großes Vergnügen bereiten. Wohin, mit wem und wie wollen Sie auf die Reise gehen? Diejenigen von Ihnen, die zur Abwechslung einmal an einen anderen Ort fahren möchten, werden die folgenden Diagramme nützlich finden. Durch sie werden Sie mit einer Vielzahl von Möglichkeiten versorgt, um angenehme Ferien zu verbringen.

Wenn Sie nicht allein verreisen, wollen Sie vielleicht auch Ihre Mitreisenden durch das Pendel mitbestimmen lassen, welches das bevorzugte Ziel ist. Ist es Ihnen möglich, Ihren Urlaub nach eigenem Gutdünken im Jahreslauf einzuplanen, so möchten Sie mit dem Pendel möglicherweise außerhalb der Saison eine geeignete Zeit dafür finden. Die Diagramme helfen Ihnen auch, den Termin für Abfahrt und Rückkehr festzulegen.

Das vorangegangene Kapitel »Wetter« wird sich ebenfalls als nützlich bei der Urlaubsplanung erweisen. Wenn Sie sich mehr für einen Aktivurlaub oder für Kurse in Ihren Ferien interessieren, werfen Sie am besten noch einen Blick in Kapitel 17, »Sport und Freizeitaktivitäten«.

Die Diagramme dieses Kapitels können auch dazu verwendet werden, um eine Person aufzuspüren, die Sie aus den Augen verloren haben. In einem solchen Fall hilft auch Kapitel 22, »Verlorene Gegenstände und vermißte Personen«, weiter.

Abb. 81:
Beförderungsmittel

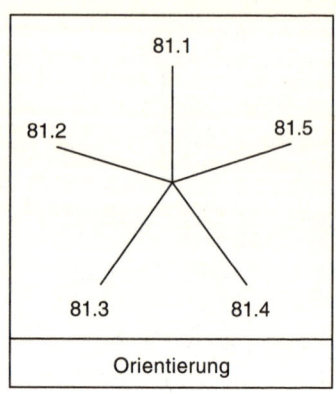

Orientierung

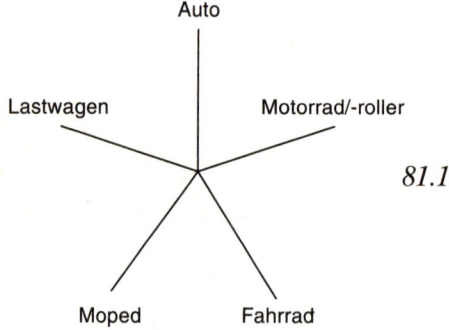

81.1

81.2

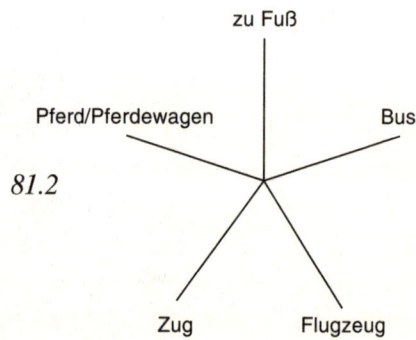

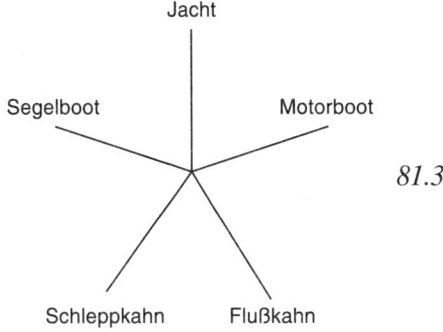

Jacht

Segelboot   Motorboot

81.3

Schleppkahn   Flußkahn

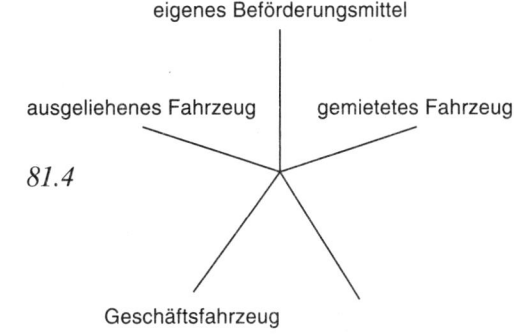

eigenes Beförderungsmittel

ausgeliehenes Fahrzeug   gemietetes Fahrzeug

81.4

Geschäftsfahrzeug

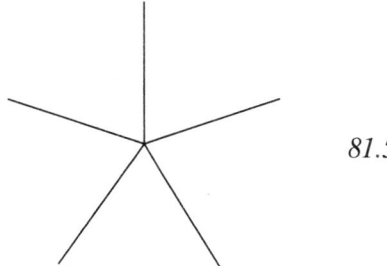

81.5

Abb. 82:
Unterbringung

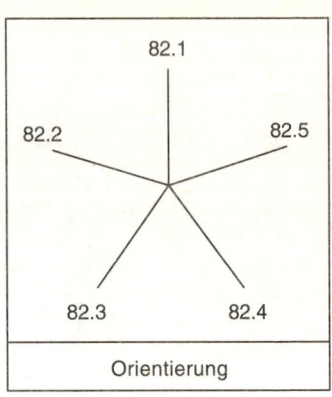

Orientierung

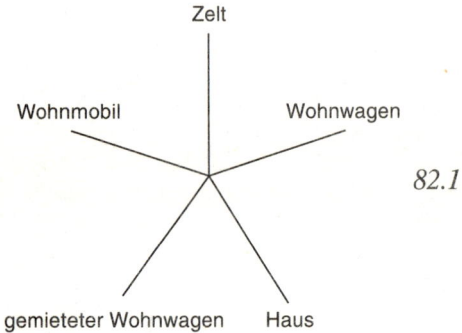

82.1

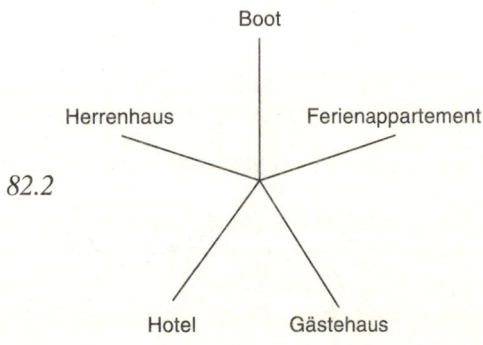

82.2

Firmenurlaubsdomizil

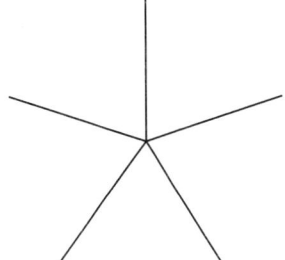

82.3

82.4

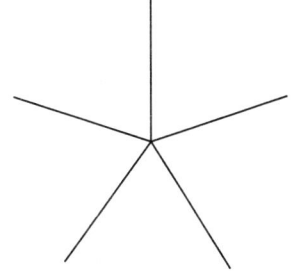

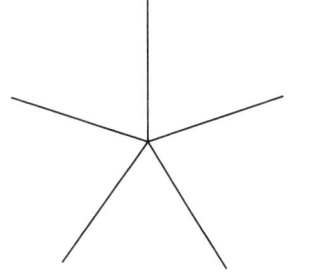

82.5

Abb. 83:
Landschaften

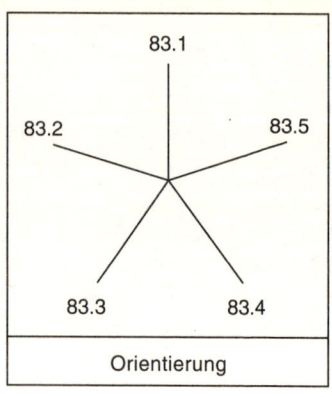

Orientierung

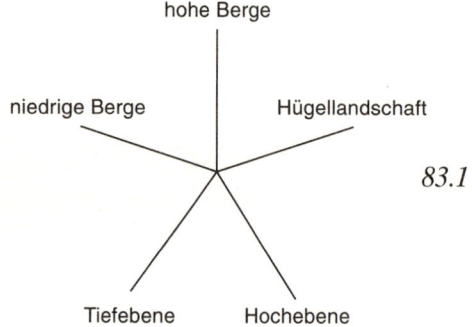

83.1

83.2

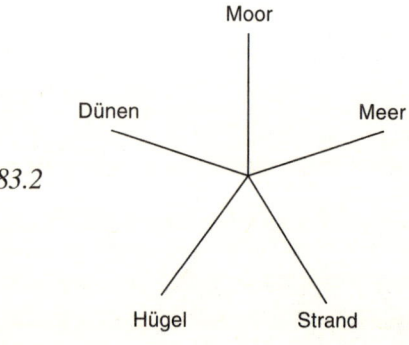

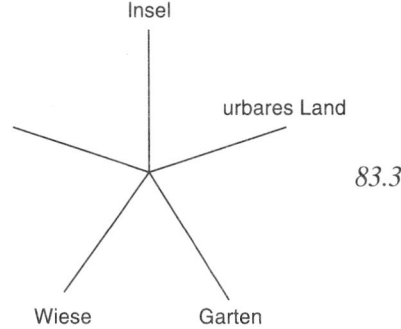

Insel

urbares Land

83.3

Wiese   Garten

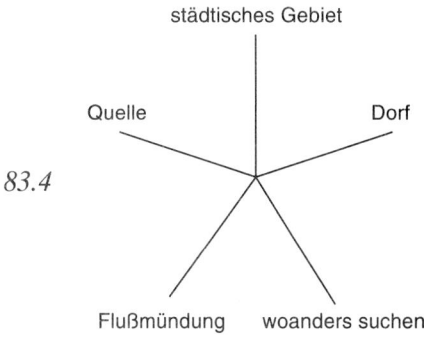

städtisches Gebiet

Quelle   Dorf

83.4

Flußmündung   woanders suchen

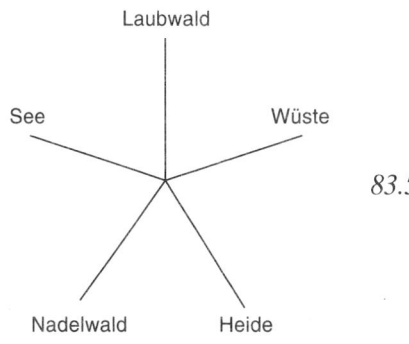

Laubwald

See   Wüste

83.5

Nadelwald   Heide

Abb. 84:
Deutsche Bundesländer
und Städte

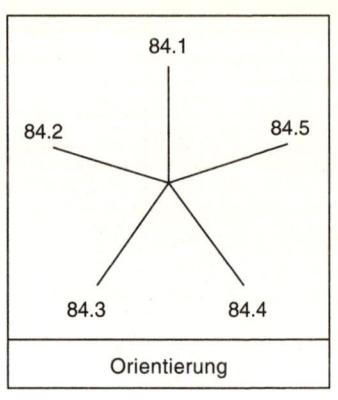

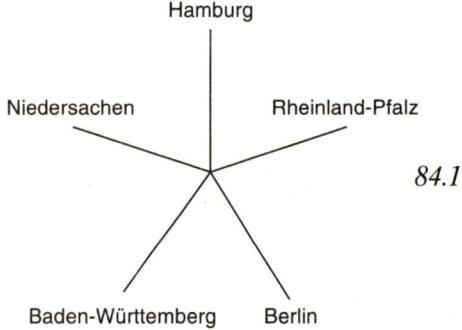

84.1

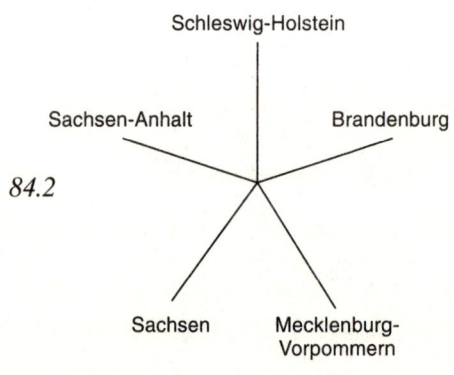

84.2

186

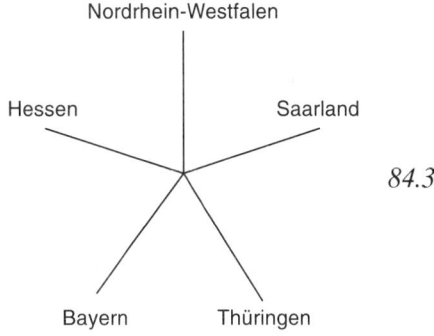

84.3

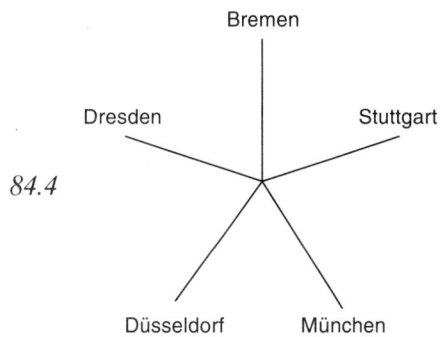

84.4

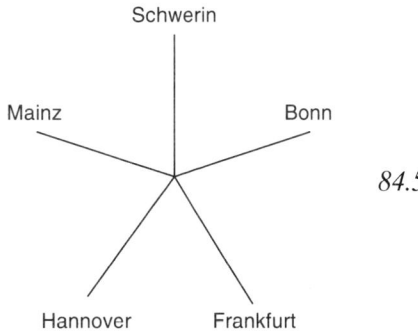

84.5

Abb. 85:
Länder Europas

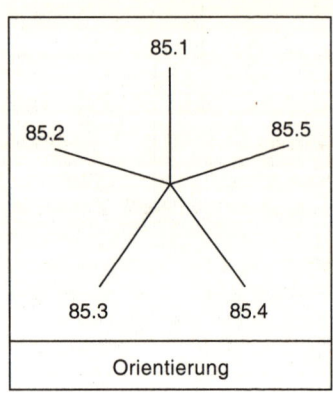
Orientierung

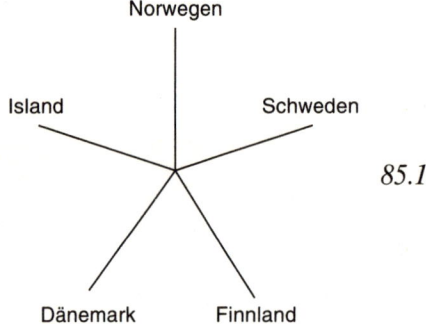
85.1

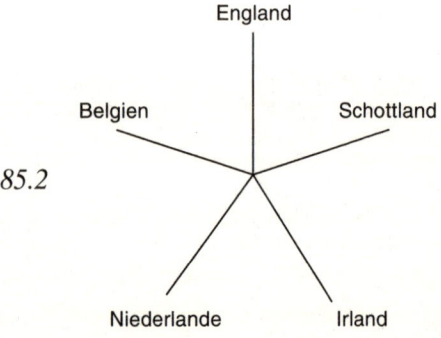
85.2

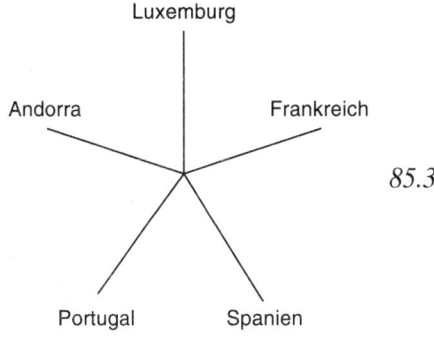

85.3

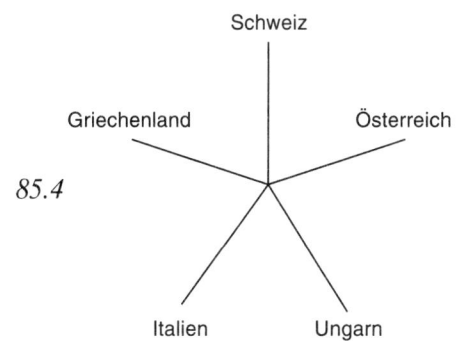

85.4

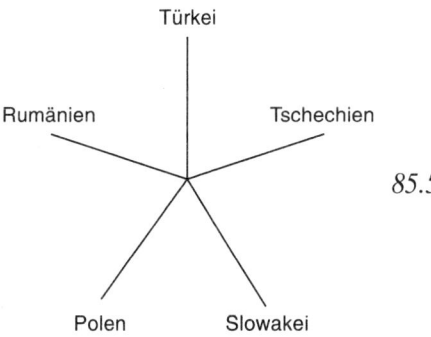

85.5

Abb. 86:
Kontinente und
Länder

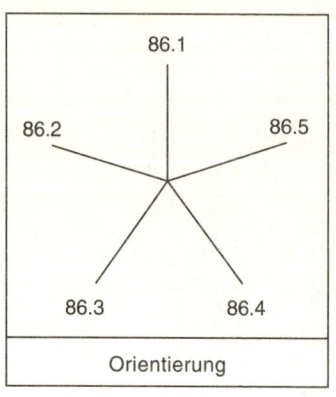

Orientierung

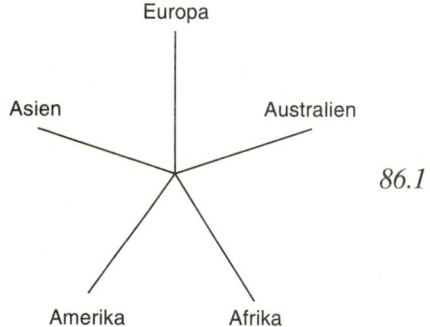

86.1

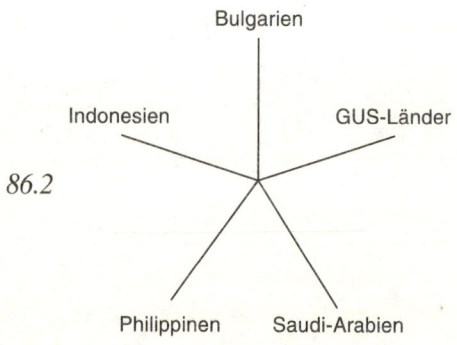

86.2

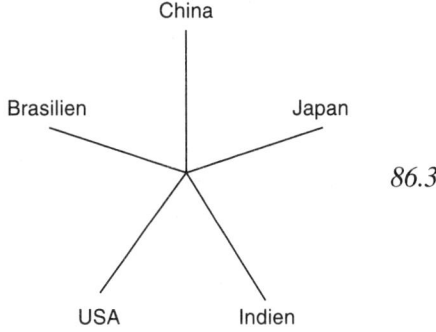

China

Brasilien   Japan

                   86.3

USA   Indien

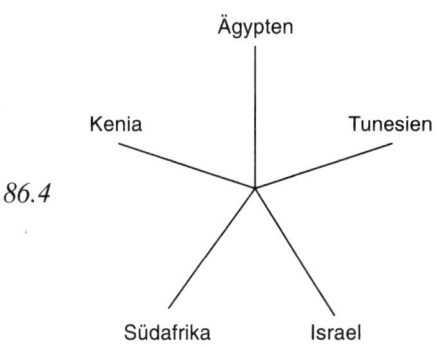

Ägypten

Kenia   Tunesien

86.4

Südafrika   Israel

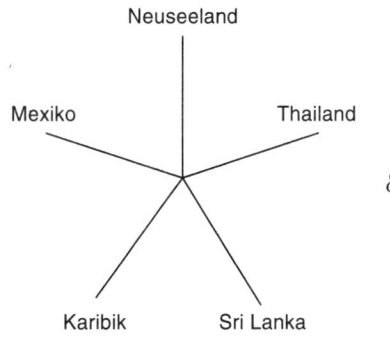

Neuseeland

Mexiko   Thailand

          86.5

Karibik   Sri Lanka

Abb. 87:
Dauer des Urlaubs und Abreisedatum

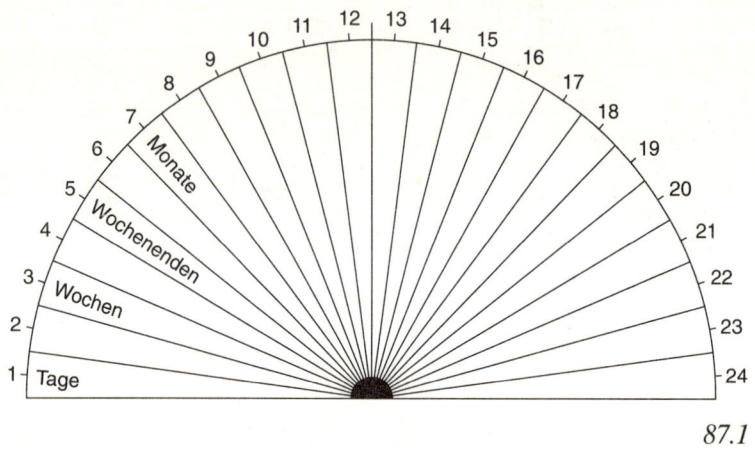

87.1

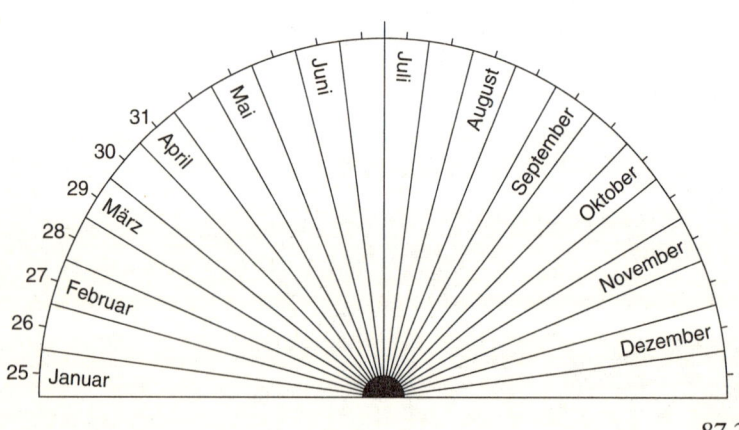

87.2

Auf den vorangegangenen Seiten genannte Reiseziele

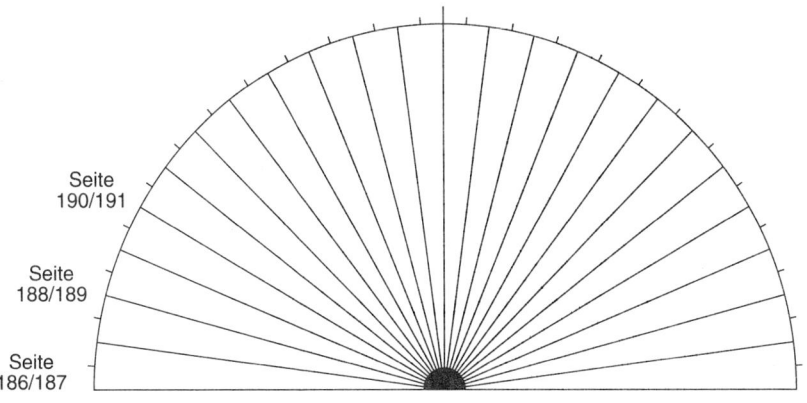

Seite
190/191

Seite
188/189

Seite
186/187

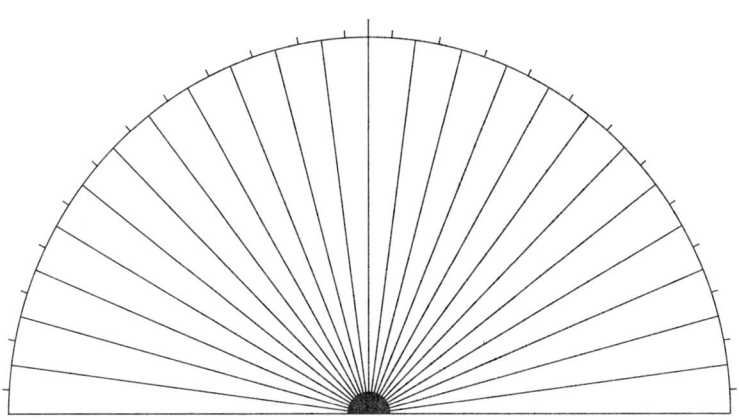

17.
Sport und Freizeitaktivitäten

Heutzutage haben die Menschen mehr Freizeit. Glücklicherweise gibt es viele Möglichkeiten, um Spaß zu haben. Hier folgen einige Beispiele, aus denen ausgesucht werden kann.

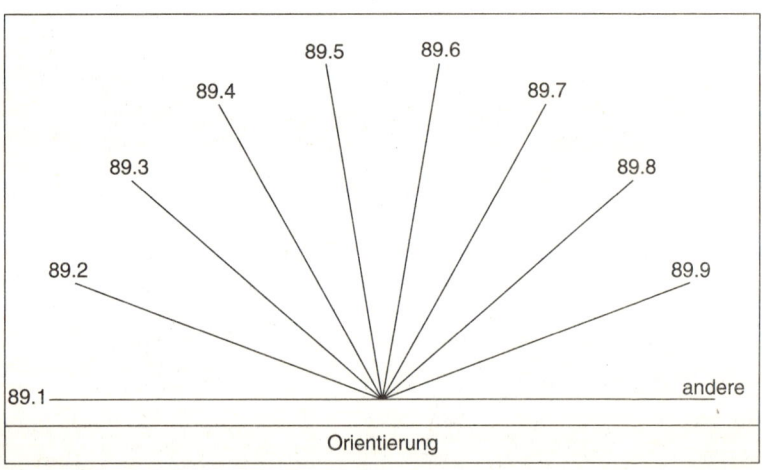

Abb. 89.1: Spiele

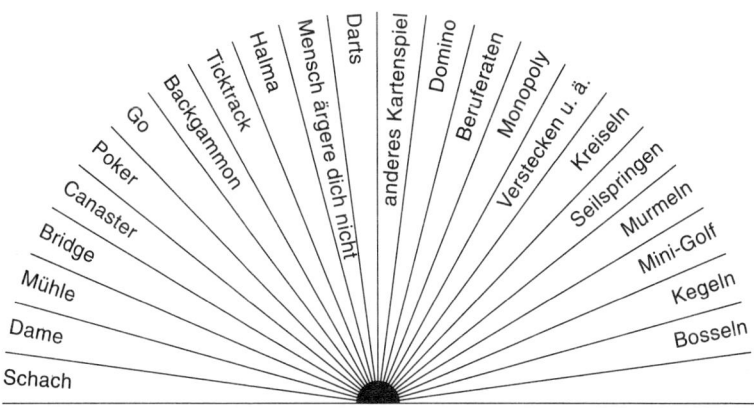

Abb. 89.2: Wasser- und Wintersportarten

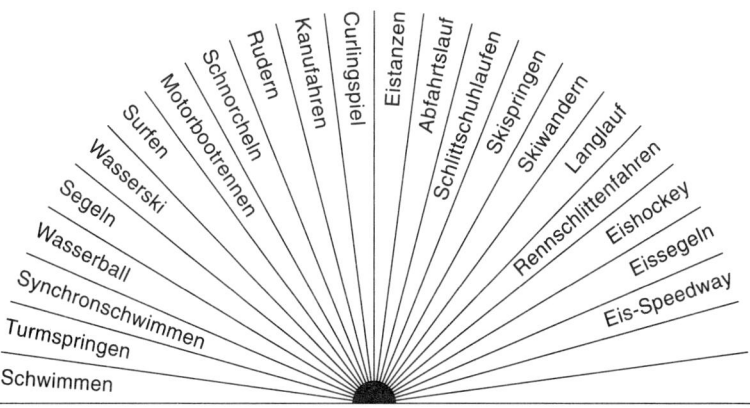

Abb. 89.3: Leichtathletik

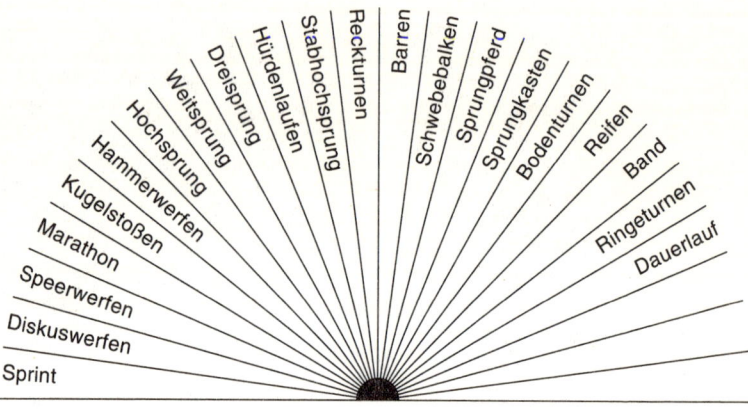

Abb. 89.4: Kampfsportarten

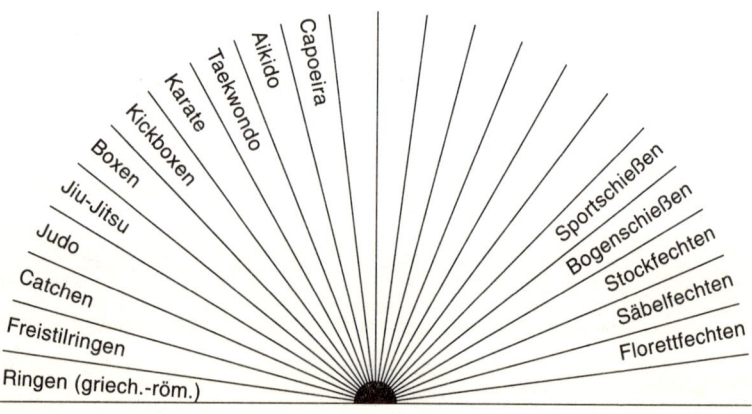

Abb. 89.5: Ballspiele

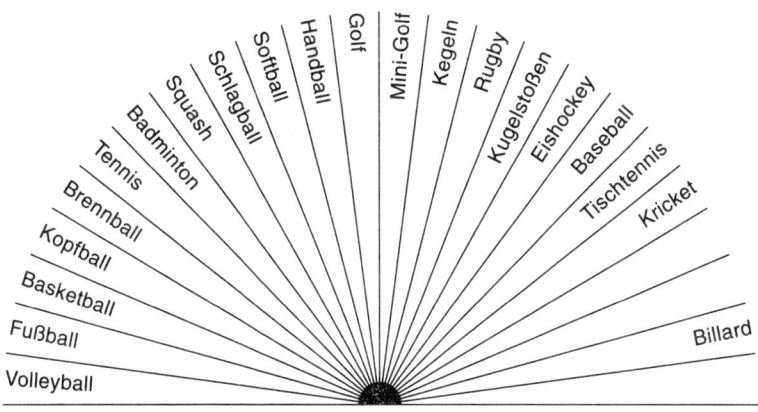

Abb. 89.6: Andere Sportarten

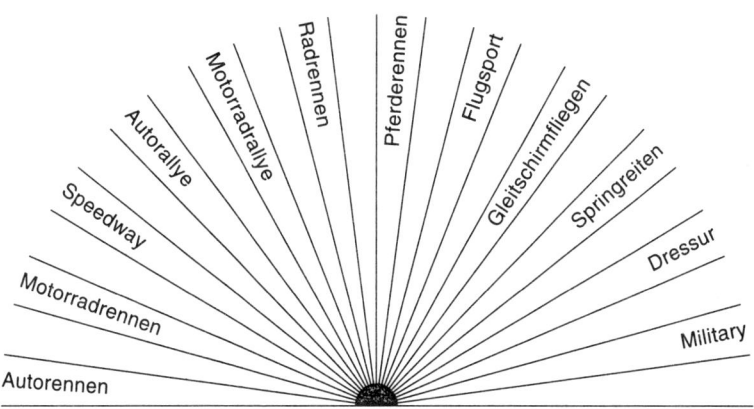

Abb. 89.7: Kreative Hobbys

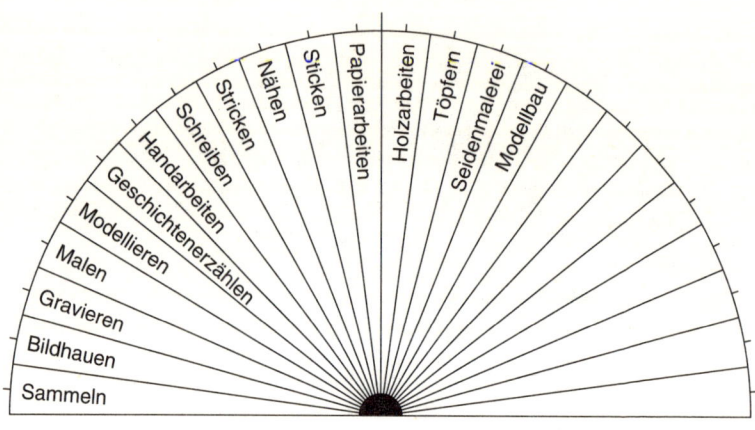

Abb. 89.8: Musik

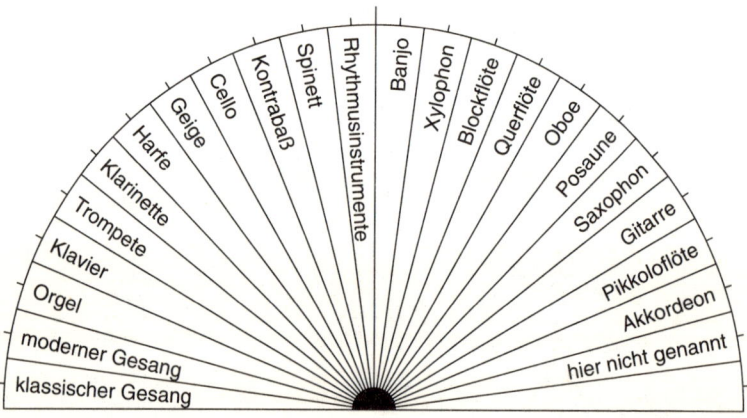

Abb. 89.9: Andere Freizeitaktivitäten

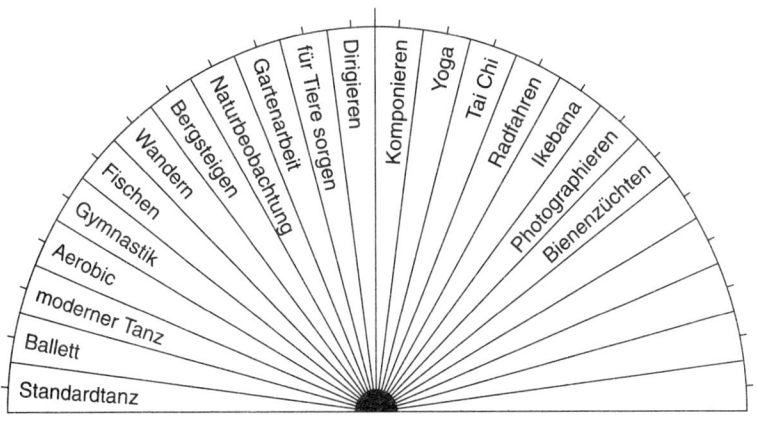

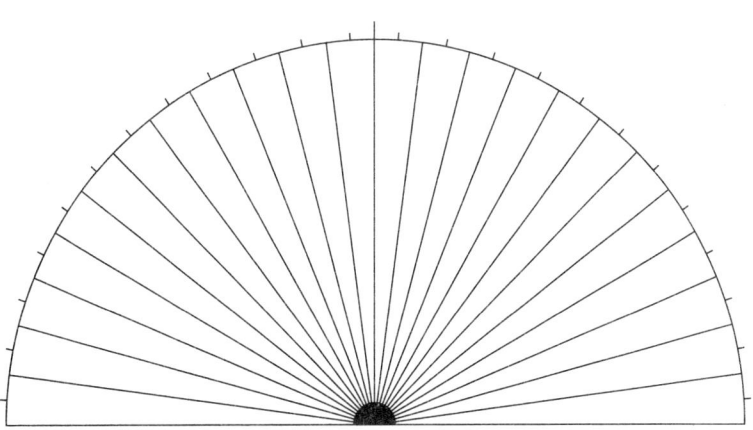

18.
Charakterzüge, Bereiche, die besondere Aufmerksamkeit verlangen

Jeder Mensch ist anders. Wir alle sind einzigartig, denn wir haben alle unterschiedliche Charaktere. Ohne irgend jemanden deshalb verurteilen zu wollen, kann man sagen, daß manche Charakterzüge positiv, andere negativ sind oder sogar die Voraussetzung für bestimmte Aufgaben oder Beschäftigungen bilden. Bestimmte Charaktereigenschaften können uns eher behindern oder unterstützen. Sie beeinflussen die Art unseres Handelns und die Beziehungen, die wir zu uns selbst und zu anderen Menschen haben.

Die Selbsterkenntnis verschafft uns die Gelegenheit, uns radikal zu verändern oder uns zu verbessern. Abbildung 92, »Bereiche, die besonderer Aufmerksamkeit bedürfen«, könnte sich in diesem Zusammenhang als nützlich erweisen.

Abb. 90:
Charakter und
Menschentyp

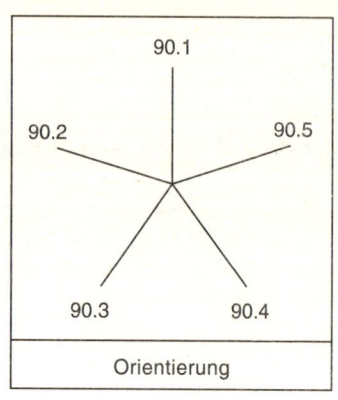

Orientierung

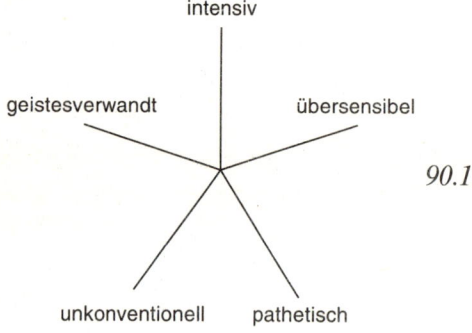

90.1

90.2

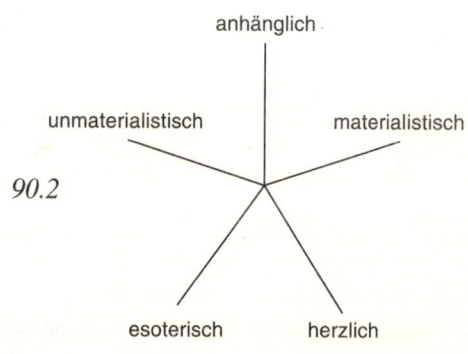

übersinnliche Fähigkeiten

religiöse Gefühle   zweideutig/schizophren

90.3

individualistisch   einsiedlerisch

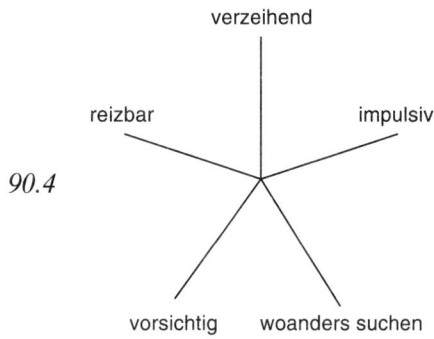

verzeihend

reizbar   impulsiv

90.4

vorsichtig   woanders suchen

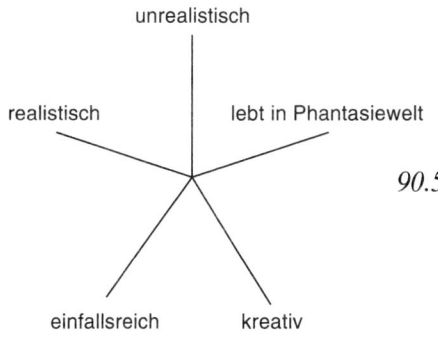

unrealistisch

realistisch   lebt in Phantasiewelt

90.5

einfallsreich   kreativ

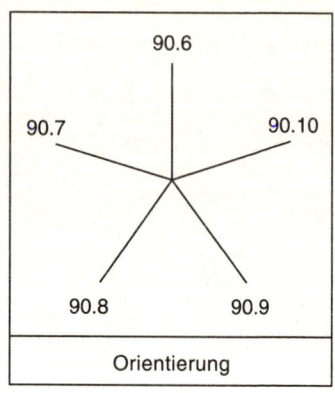

Orientierung

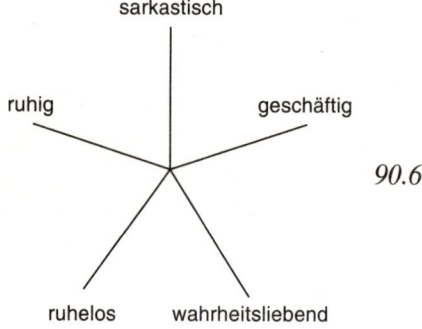

90.6

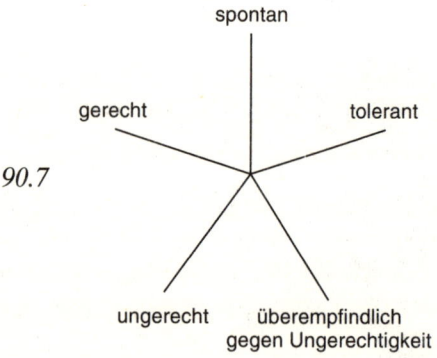

90.7

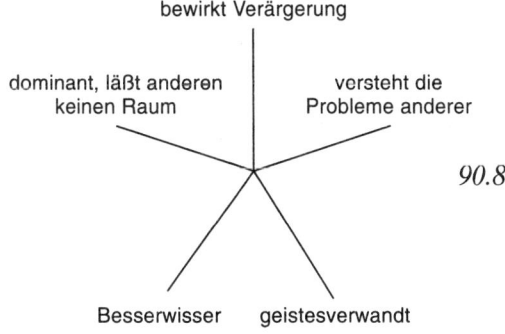

bewirkt Verärgerung

dominant, läßt anderen
keinen Raum

versteht die
Probleme anderer

90.8

Besserwisser   geistesverwandt

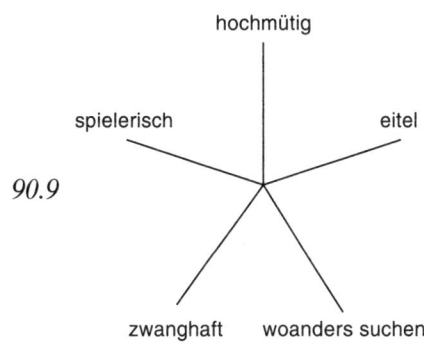

hochmütig

spielerisch   eitel

90.9

zwanghaft   woanders suchen

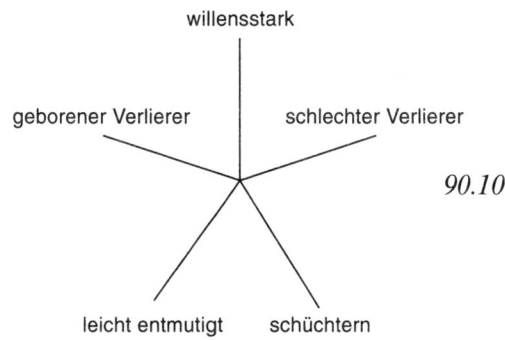

willensstark

geborener Verlierer   schlechter Verlierer

90.10

leicht entmutigt   schüchtern

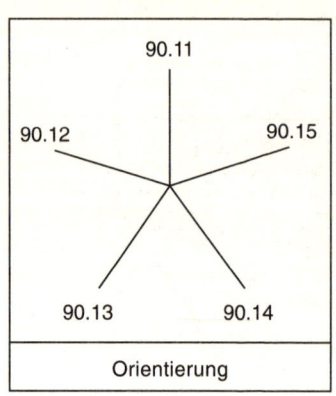

Orientierung

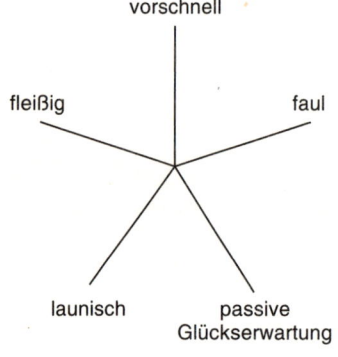

90.11

vorschnell

fleißig   faul

launisch   passive
                Glückserwartung

90.12

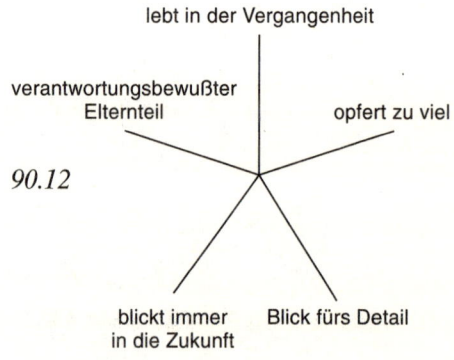

lebt in der Vergangenheit

verantwortungsbewußter
Elternteil   opfert zu viel

blickt immer   Blick fürs Detail
in die Zukunft

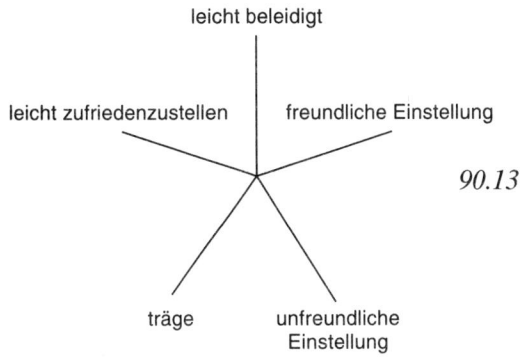

leicht beleidigt

leicht zufriedenzustellen | freundliche Einstellung

90.13

träge | unfreundliche Einstellung

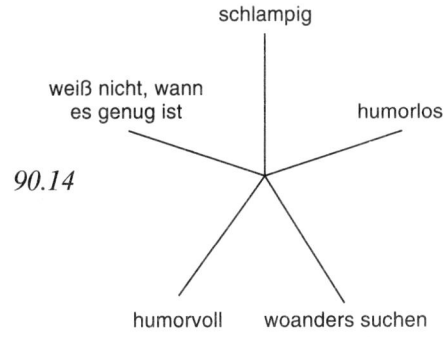

schlampig

weiß nicht, wann es genug ist | humorlos

90.14

humorvoll | woanders suchen

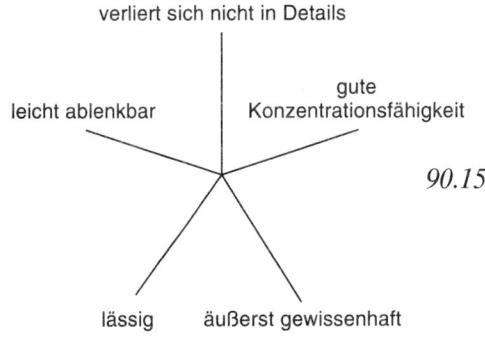

verliert sich nicht in Details

leicht ablenkbar | gute Konzentrationsfähigkeit

90.15

lässig | äußerst gewissenhaft

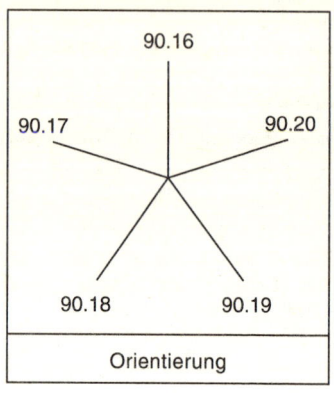

Orientierung

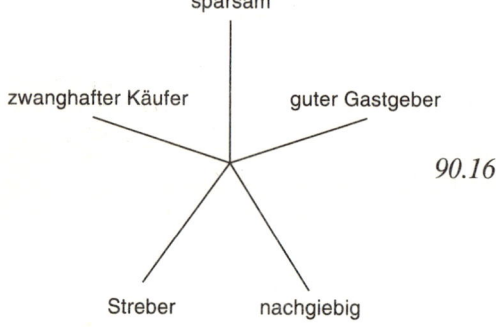

90.16

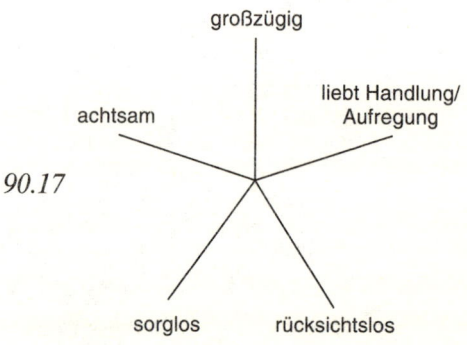

90.17

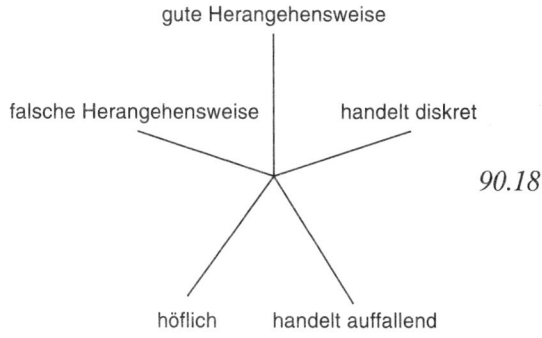

gute Herangehensweise

falsche Herangehensweise   handelt diskret

90.18

höflich   handelt auffallend

intellektuelle
Herangehensweise

ungeschlacht   gefühlsmäßige
Herangehensweise

90.19

mag gute Manieren   woanders suchen

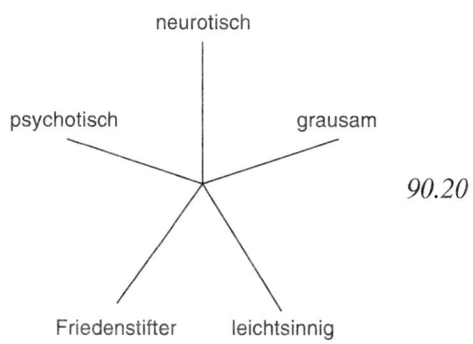

neurotisch

psychotisch   grausam

90.20

Friedenstifter   leichtsinnig

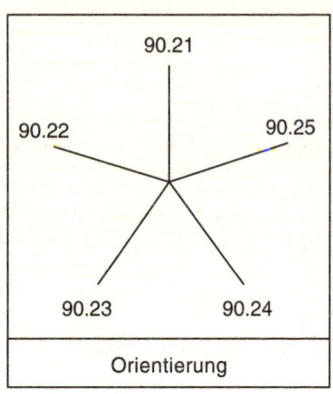

Orientierung

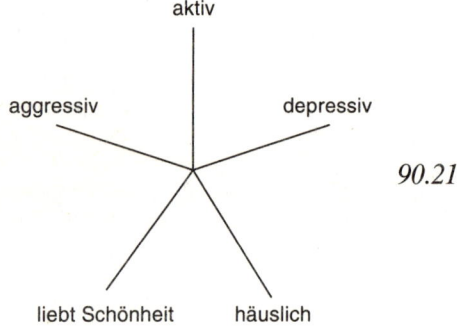

90.21

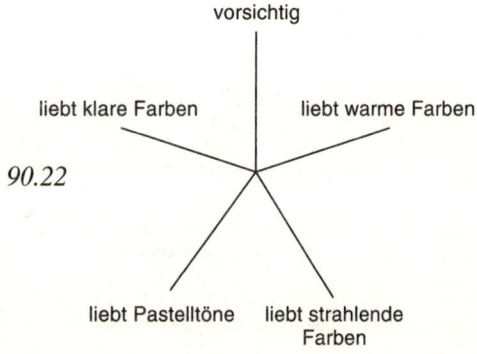

90.22

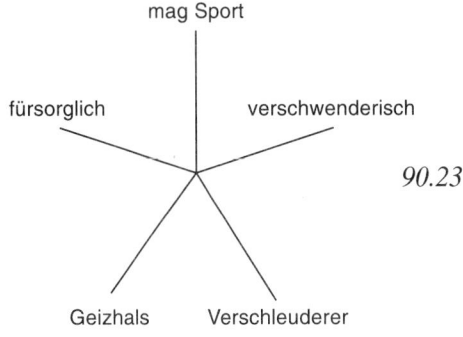

mag Sport

fürsorglich   verschwenderisch

90.23

Geizhals   Verschleuderer

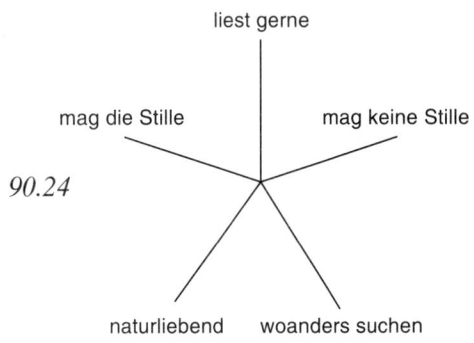

liest gerne

mag die Stille   mag keine Stille

90.24

naturliebend   woanders suchen

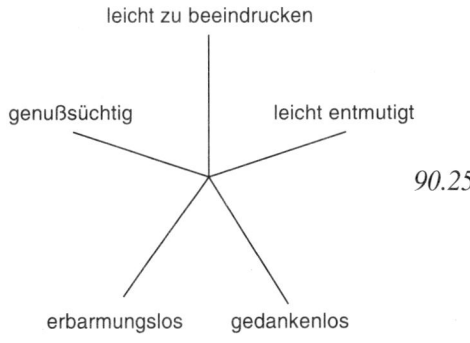

leicht zu beeindrucken

genußsüchtig   leicht entmutigt

90.25

erbarmungslos   gedankenlos

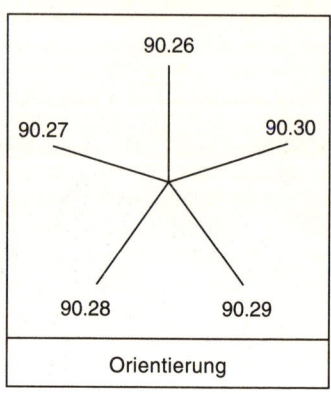

Orientierung

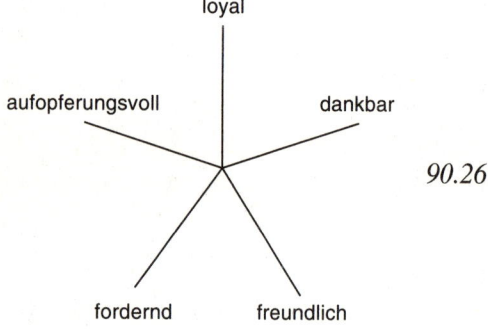

90.26

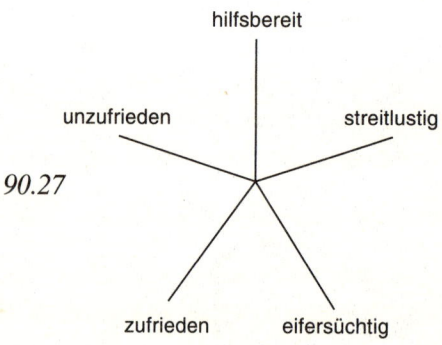

90.27

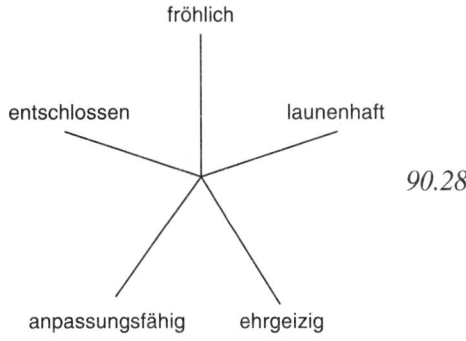

fröhlich

entschlossen   launenhaft

90.28

anpassungsfähig   ehrgeizig

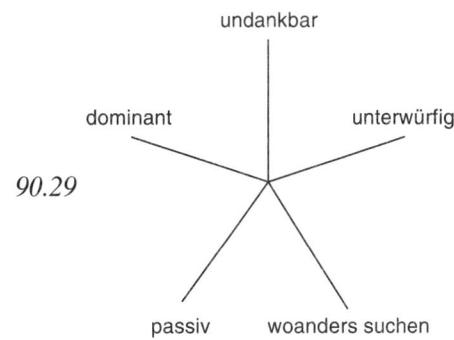

undankbar

dominant   unterwürfig

90.29

passiv   woanders suchen

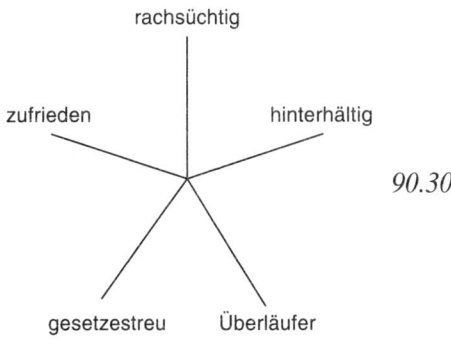

rachsüchtig

zufrieden   hinterhältig

90.30

gesetzestreu   Überläufer

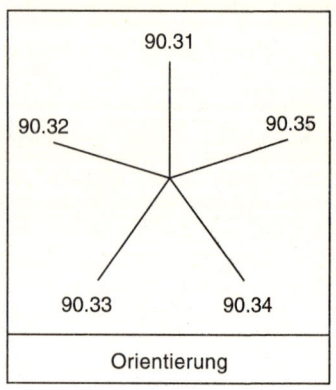

Orientierung

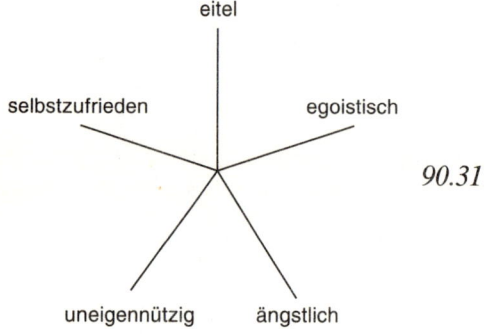

90.31

90.32

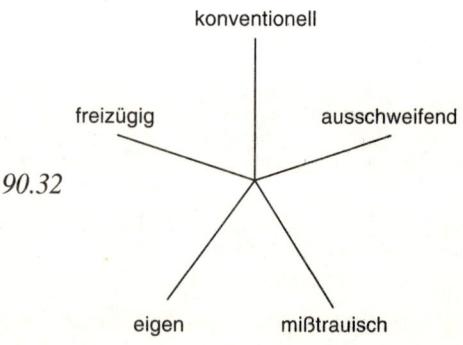

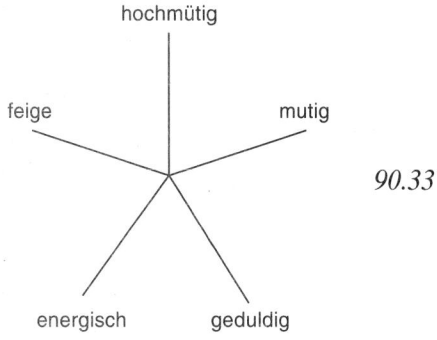

90.33

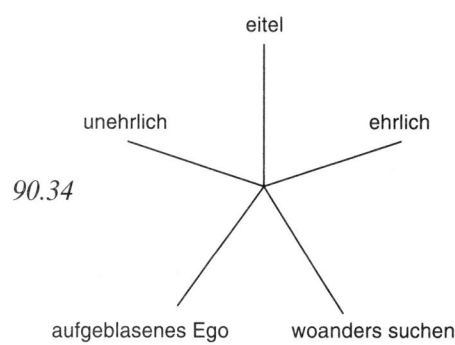

90.34

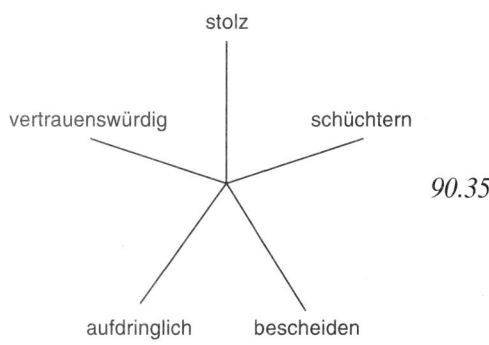

90.35

Abb. 91:
Begabungen

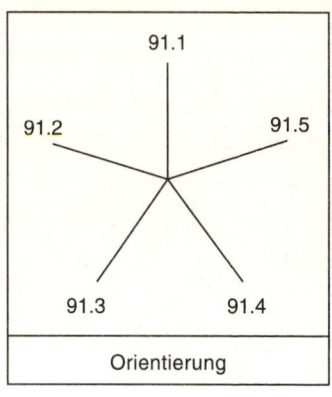

Orientierung

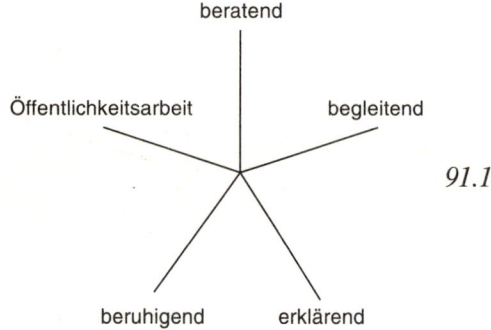

91.1

beratend

Öffentlichkeitsarbeit

begleitend

beruhigend

erklärend

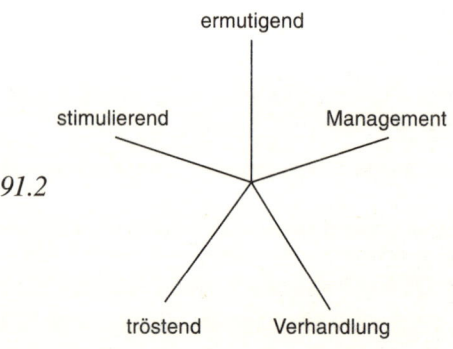

91.2

ermutigend

stimulierend

Management

tröstend

Verhandlung

216

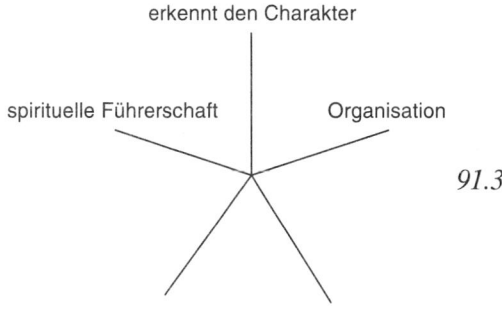

erkennt den Charakter

spirituelle Führerschaft | Organisation

91.3

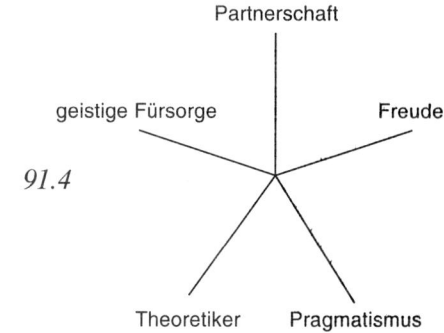

Partnerschaft

geistige Fürsorge | **Freude**

91.4

Theoretiker | **Pragmatismus**

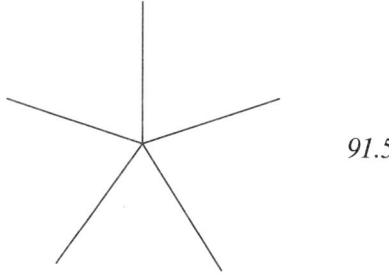

91.5

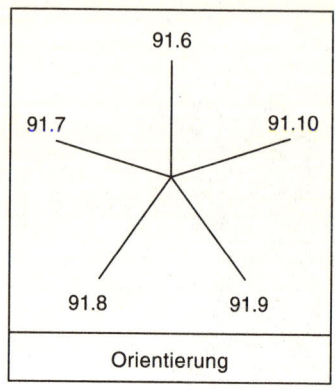

Orientierung

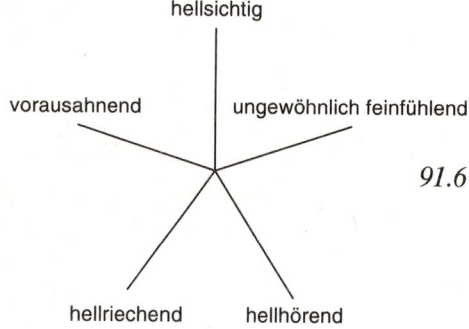

91.6

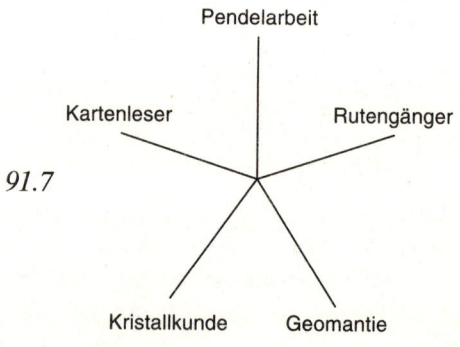

91.7

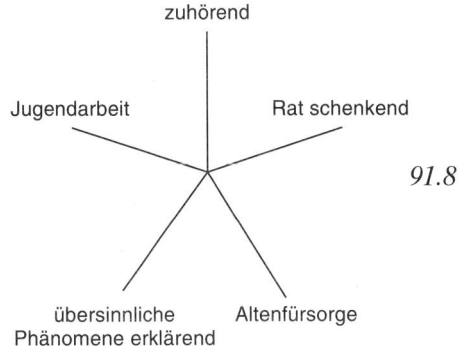

zuhörend

Jugendarbeit   Rat schenkend

91.8

übersinnliche   Altenfürsorge
Phänomene erklärend

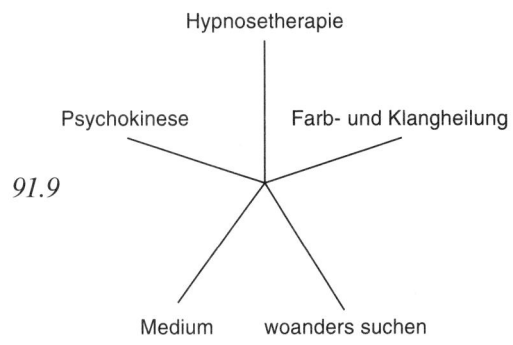

Hypnosetherapie

Psychokinese   Farb- und Klangheilung

91.9

Medium   woanders suchen

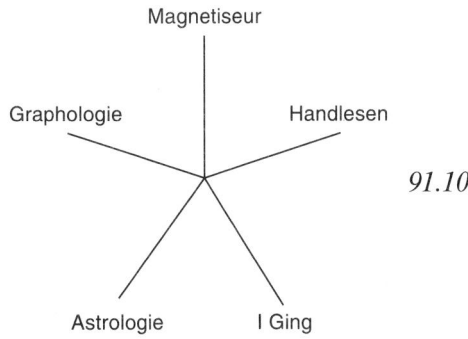

Magnetiseur

Graphologie   Handlesen

91.10

Astrologie   I Ging

Abb. 92: Bereiche, die besonderer Aufmerksamkeit bedürfen

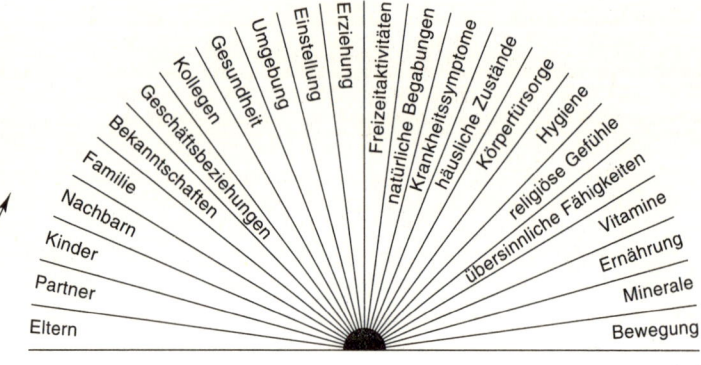

92.1

92.2: Maß der Beachtung

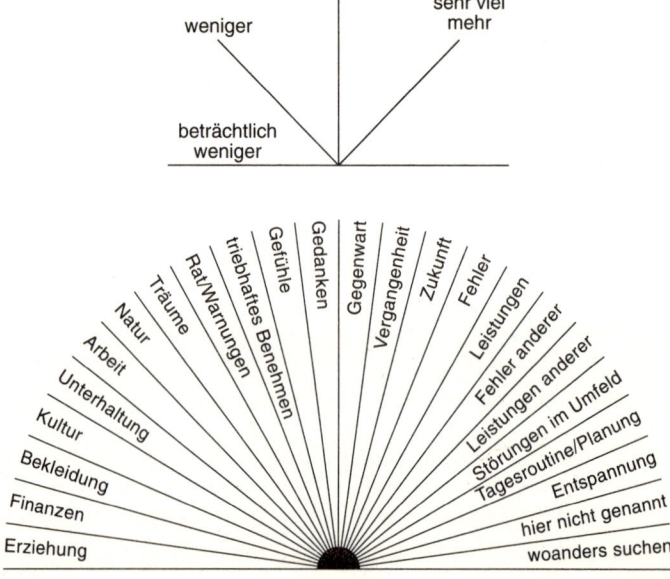

92.3

19.
Nachrichten

Manchmal vermögen uns Nachrichten aus unserer Selbstzu-friedenheit aufzurütteln. Dank des Radios, Fernsehers und der Zeitung ist die Welt näher an unser Zuhause gerückt. Das Pendel kann dazu eingesetzt werden, herauszufinden, wie lange eine bestimmte Situation anhalten oder wie sie sich entwickeln wird. Zusammen mit dem Pendel ermöglicht Ihnen Abbildung 93, wichtige Ereignisse zu erkennen. Abbildung 94 deckt den Bereich der Aktivität ab.

Abbildung 95 macht den Zeitraum meßbar, der zwischen dem »Jetzt« und dem Augenblick, in dem etwas geschieht, verstreicht, und hilft die Dauer des Ereignisses zu bestimmen.

Nutzen Sie das Pendel erst, um Tag, Woche, Monat, Jahr oder Jahrhundert in Abbildung 95.1 herauszufinden, und gehen Sie dann zum entsprechenden Diagramm (Abbildung 95).

Für Länder blättern Sie bitte zurück zu Kapitel 16.

Abb. 93:
Wichtige Ereignisse

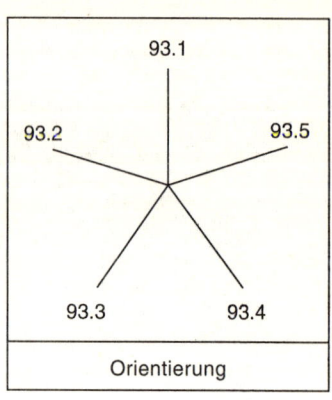

93.1
93.2   93.5

93.3   93.4

Orientierung

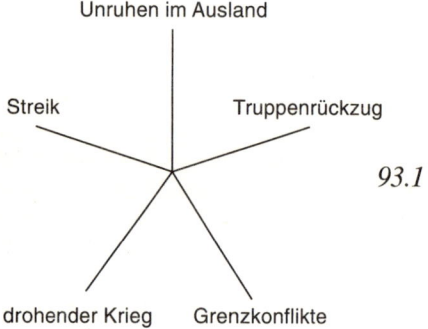

Unruhen im Ausland

Streik   Truppenrückzug

93.1

drohender Krieg   Grenzkonflikte

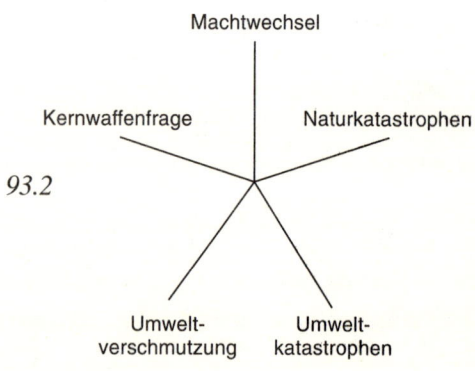

Machtwechsel

Kernwaffenfrage   Naturkatastrophen

93.2

Umwelt-   Umwelt-
verschmutzung   katastrophen

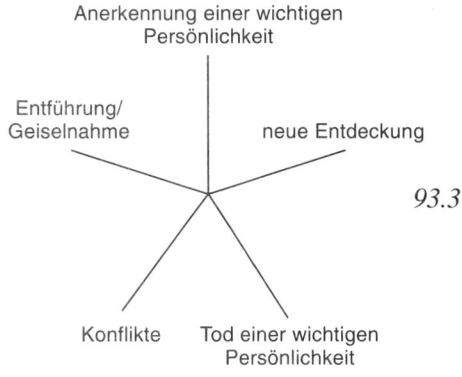

Anerkennung einer wichtigen
Persönlichkeit

Entführung/
Geiselnahme   neue Entdeckung

                              93.3

Konflikte   Tod einer wichtigen
             Persönlichkeit

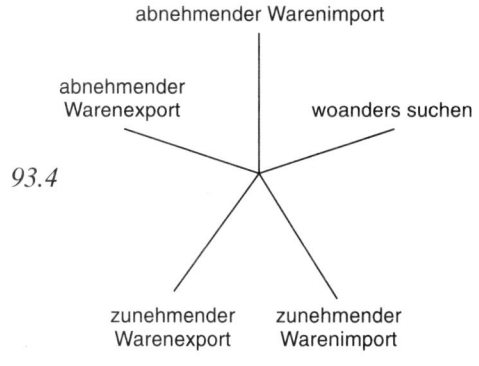

                    abnehmender Warenimport

          abnehmender
          Warenexport   woanders suchen

93.4

              zunehmender   zunehmender
              Warenexport   Warenimport

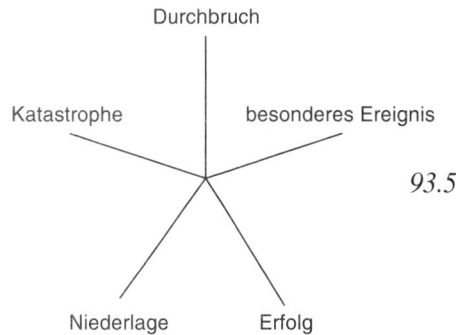

         Durchbruch

Katastrophe   besonderes Ereignis

                        93.5

    Niederlage   Erfolg

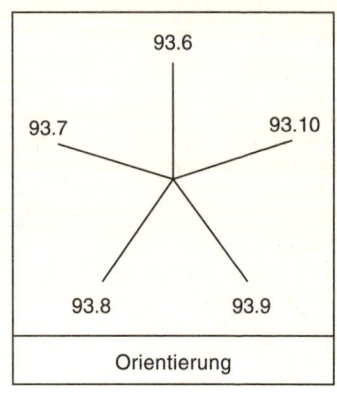

Orientierung

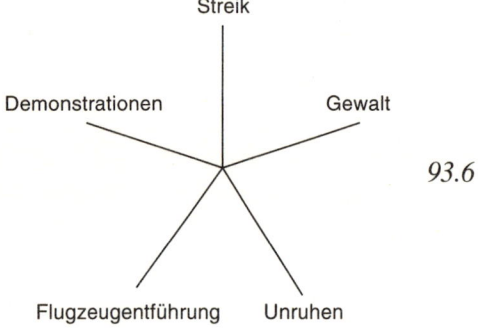

Streik

Demonstrationen   Gewalt

93.6

Flugzeugentführung   Unruhen

politischer Mord

Revolution   woanders suchen

93.7

Machtwechsel   Bedrohung
politischer Führer

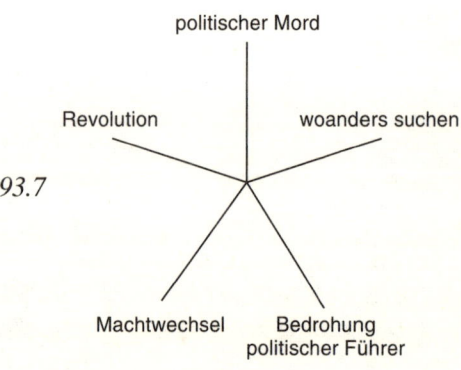

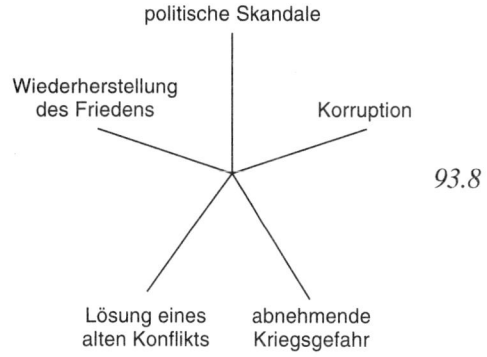

politische Skandale

Wiederherstellung
des Friedens   Korruption

                                        93.8

Lösung eines   abnehmende
alten Konflikts   Kriegsgefahr

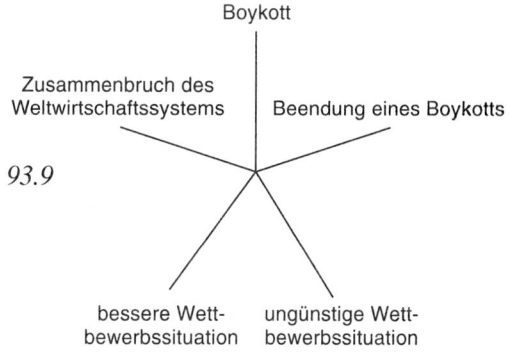

                                        Boykott

Zusammenbruch des
Weltwirtschaftssystems   Beendung eines Boykotts

93.9

                    bessere Wett-   ungünstige Wett-
                    bewerbssituation   bewerbssituation

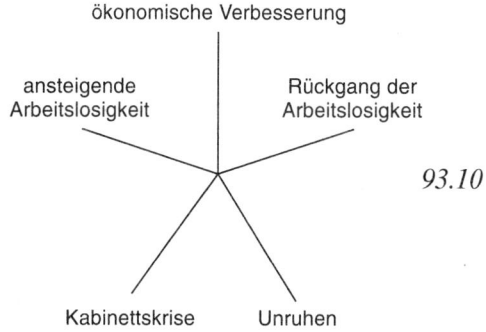

ökonomische Verbesserung

ansteigende   Rückgang der
Arbeitslosigkeit   Arbeitslosigkeit

                                93.10

Kabinettskrise   Unruhen

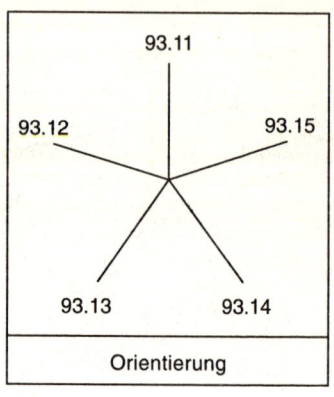

Orientierung

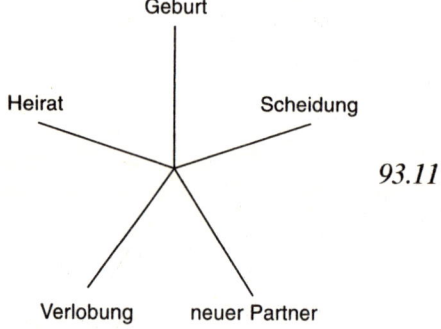

Geburt

Heirat   Scheidung

93.11

Verlobung   neuer Partner

Kündigung

Beförderung   Arbeitsplatzwechsel

93.12

Fortschritt   keine Anerkennung

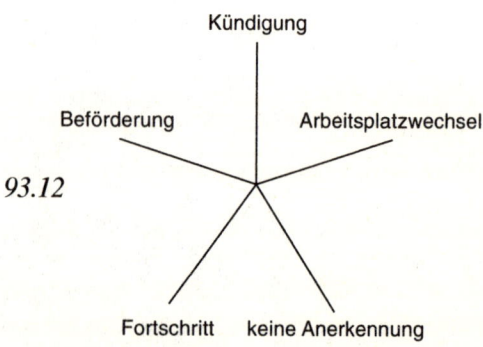

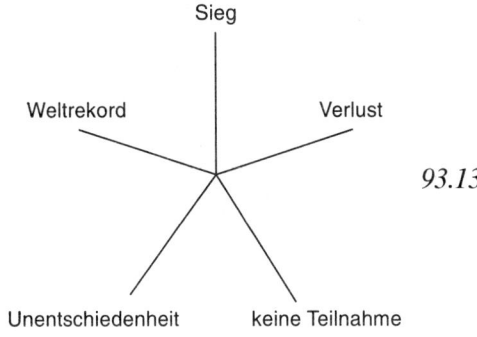

Sieg

Weltrekord   Verlust

93.13

Unentschiedenheit   keine Teilnahme

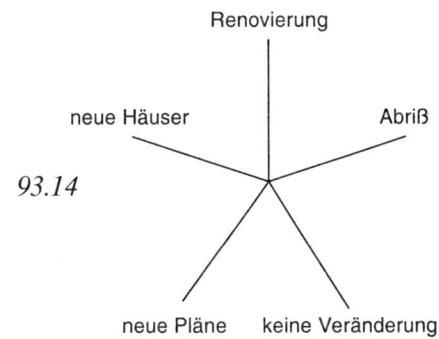

Renovierung

neue Häuser   Abriß

93.14

neue Pläne   keine Veränderung

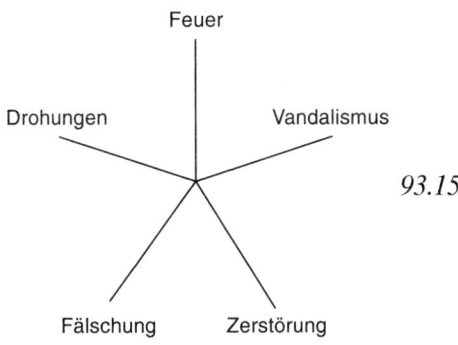

Feuer

Drohungen   Vandalismus

93.15

Fälschung   Zerstörung

227

Abb. 94: Lebensaspekte

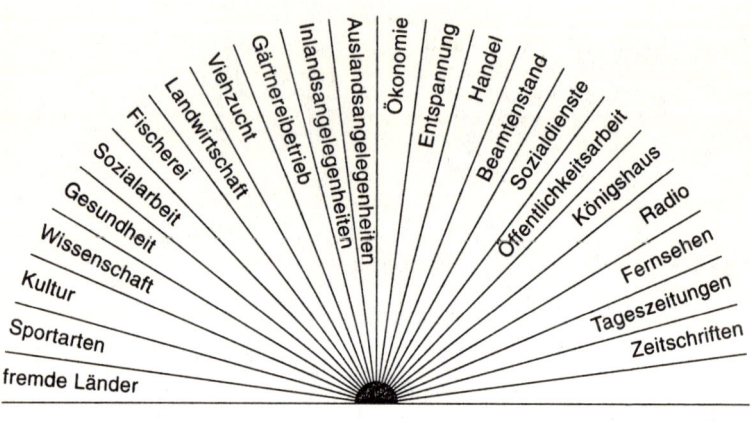

94.1

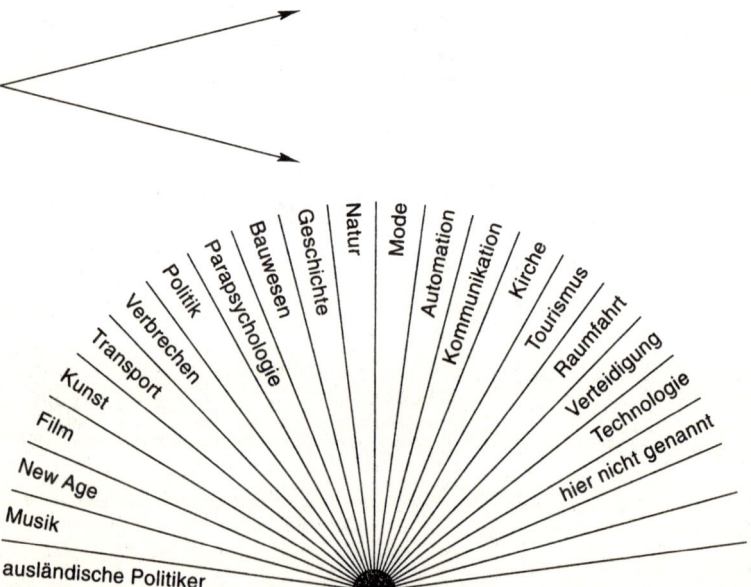

94.2

Abb. 95: Zeitpunkt und Zeitdauer

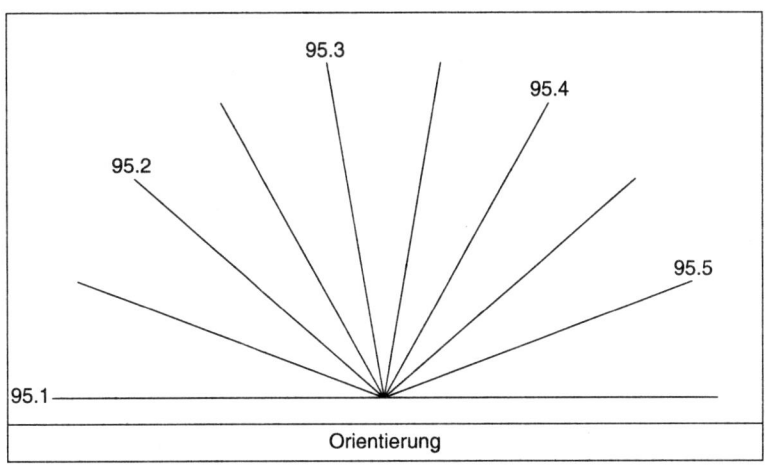

Orientierung

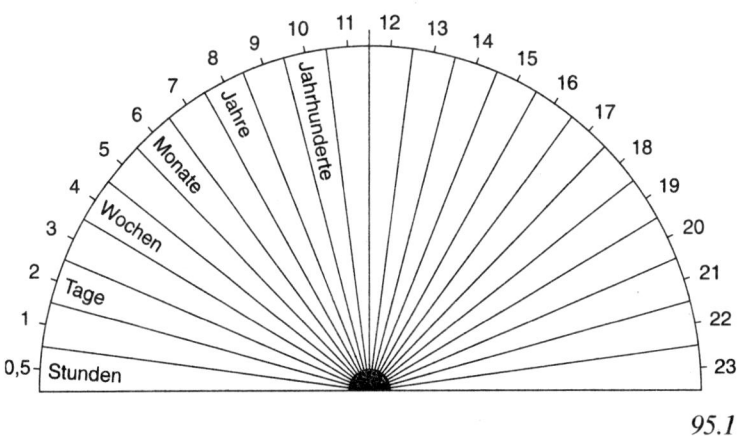

95.1

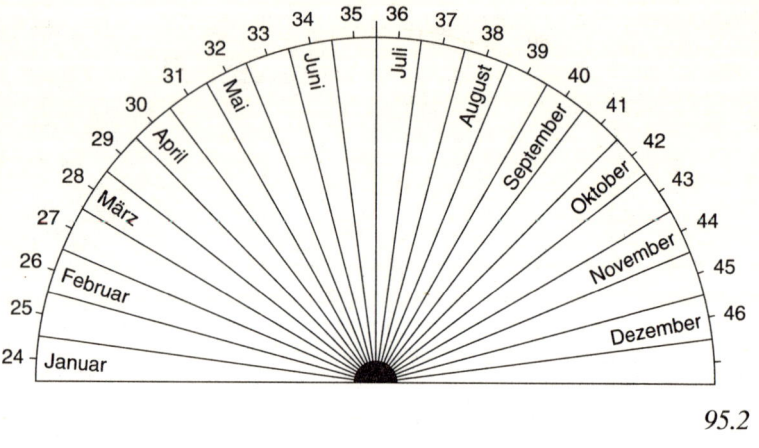

95.2

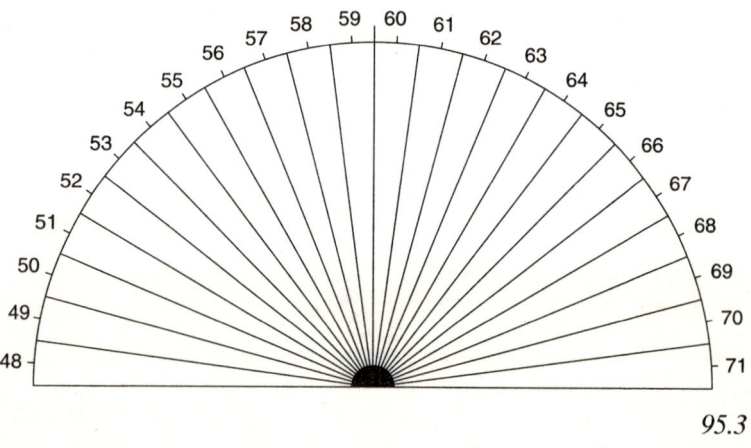

95.3

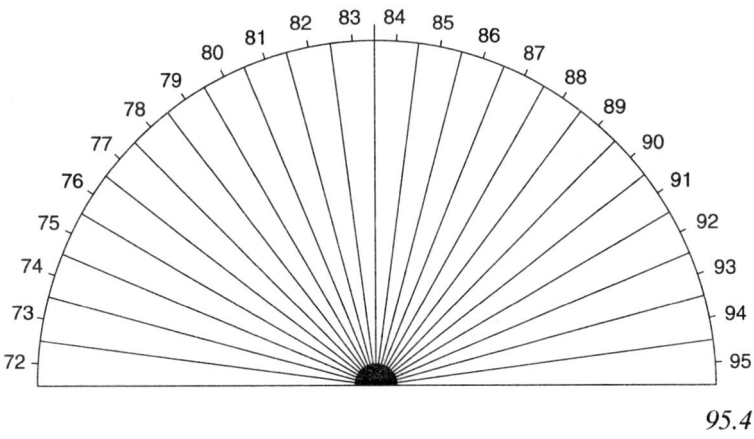

95.4

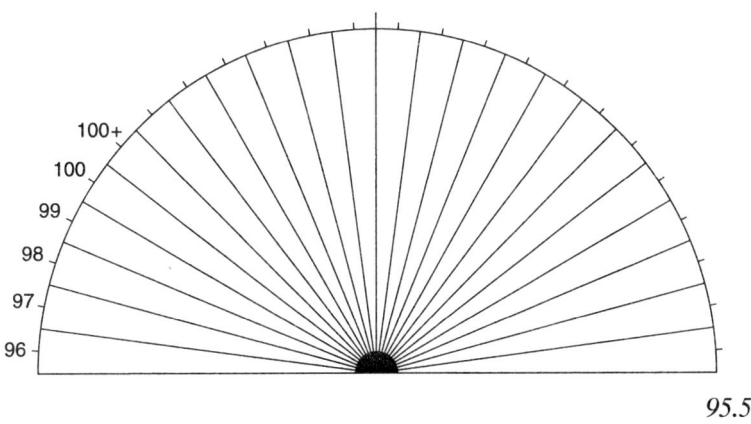

95.5

20.
Kleinere Entscheidungen, wichtige Resultate

D as Leben ist beständig im Wandel begriffen. Wir ändern uns, Umstände nehmen neue Gestalt an, und wir reagieren darauf mit Veränderungen. Dieses Kapitel will Sie darin unterstützen, kleinere Entscheidungen zu treffen und Anpassungen in Ihrem Alltagsleben vorzunehmen. Es ist besonders für Menschen von Nutzen, die das Gefühl haben, daß etwas nicht stimmt, aber den Grund dafür nicht finden können. Es unterstützt auch diejenigen von Ihnen, die Ihrem Leben eine neue Richtung geben wollen. Bitte bringen Sie Ihre Fragen besonders klar zum Ausdruck.

Abb. 96:
Kleine Entscheidungen
und wichtige
Angelegenheiten

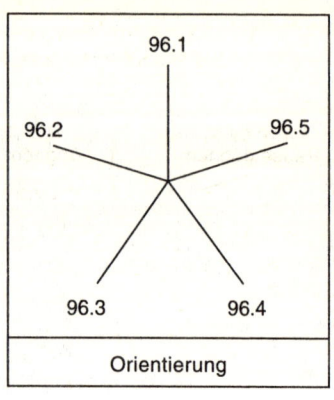

Orientierung

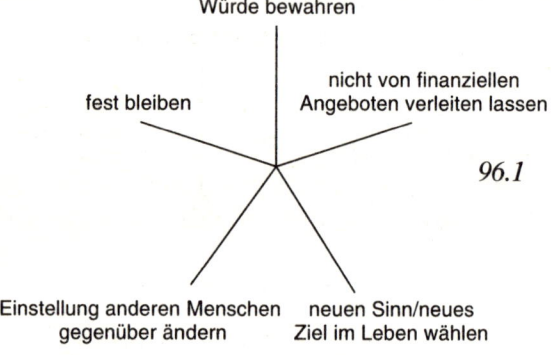

Würde bewahren

fest bleiben

nicht von finanziellen
Angeboten verleiten lassen

96.1

Einstellung anderen Menschen
gegenüber ändern

neuen Sinn/neues
Ziel im Leben wählen

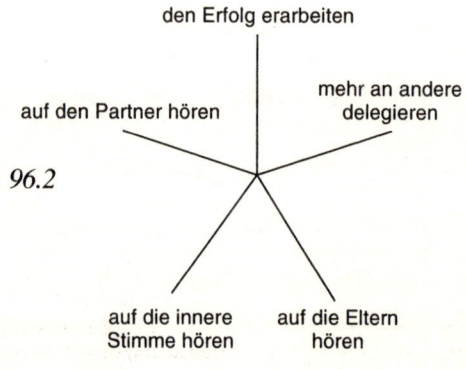

den Erfolg erarbeiten

mehr an andere
delegieren

auf den Partner hören

96.2

auf die innere
Stimme hören

auf die Eltern
hören

234

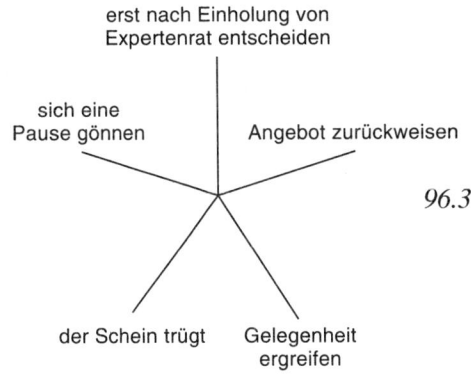

erst nach Einholung von
Expertenrat entscheiden

sich eine
Pause gönnen   Angebot zurückweisen

96.3

der Schein trügt   Gelegenheit
ergreifen

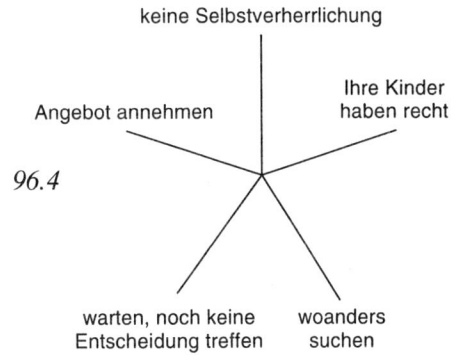

keine Selbstverherrlichung

Angebot annehmen   Ihre Kinder
                          haben recht

96.4

warten, noch keine   woanders
Entscheidung treffen suchen

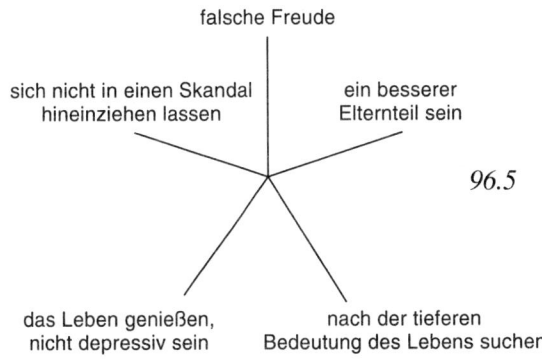

falsche Freude

sich nicht in einen Skandal   ein besserer
hineinziehen lassen   Elternteil sein

96.5

das Leben genießen,   nach der tieferen
nicht depressiv sein   Bedeutung des Lebens suchen

235

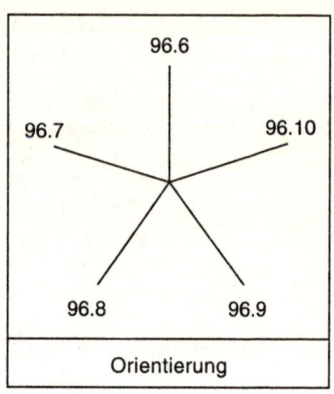

96.6
96.7   96.10
96.8   96.9

Orientierung

neue Arbeit suchen

aus dem Hobby
ist kein Beruf
zu machen

auf neuen Arbeitsplatz
vorbereiten

96.6

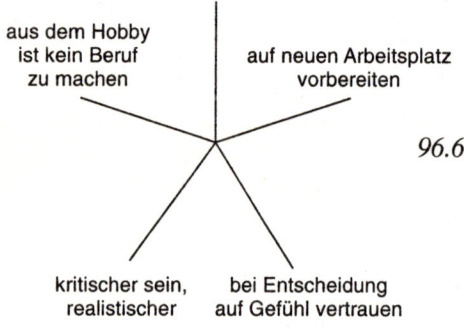

kritischer sein,
realistischer

bei Entscheidung
auf Gefühl vertrauen

keine Überanstrengung

noch kein Erfolg
in Sicht, weiter-
machen

sich anstrengen

96.7

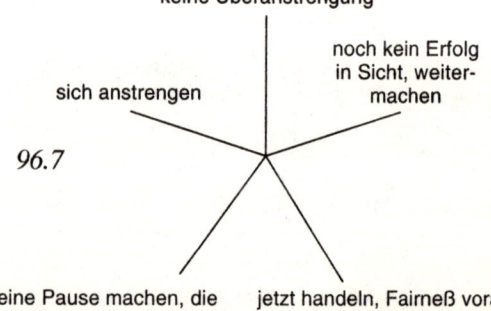

eine Pause machen, die
Zeit ist noch nicht reif

jetzt handeln, Fairneß vorausgesetzt, führen Pläne zum Erfolg

236

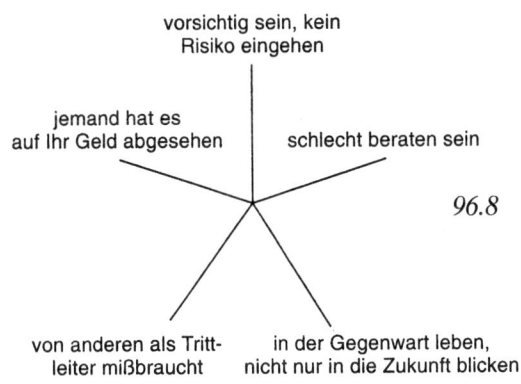

vorsichtig sein, kein
Risiko eingehen

jemand hat es
auf Ihr Geld abgesehen

schlecht beraten sein

96.8

von anderen als Tritt-
leiter mißbraucht

in der Gegenwart leben,
nicht nur in die Zukunft blicken

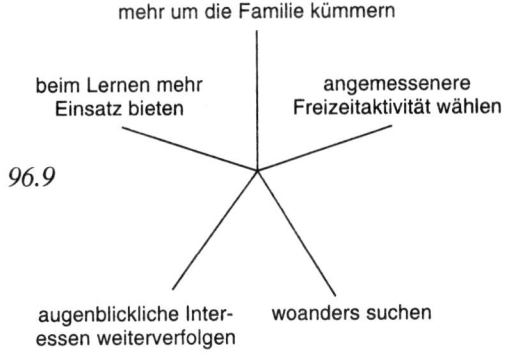

mehr um die Familie kümmern

beim Lernen mehr
Einsatz bieten

angemessenere
Freizeitaktivität wählen

96.9

augenblickliche Inter-
essen weiterverfolgen

woanders suchen

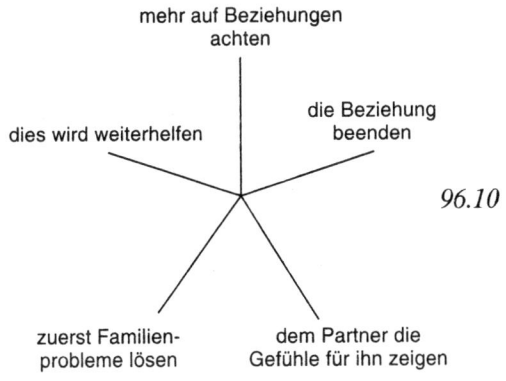

mehr auf Beziehungen
achten

dies wird weiterhelfen

die Beziehung
beenden

96.10

zuerst Familien-
probleme lösen

dem Partner die
Gefühle für ihn zeigen

Abb. 97:
Entscheidende
Ereignisse

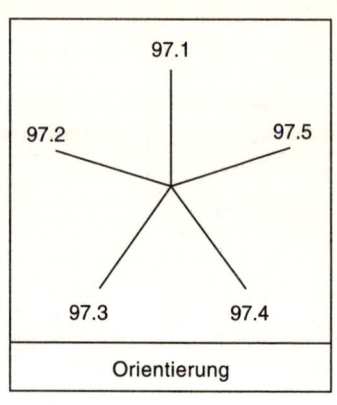

Orientierung

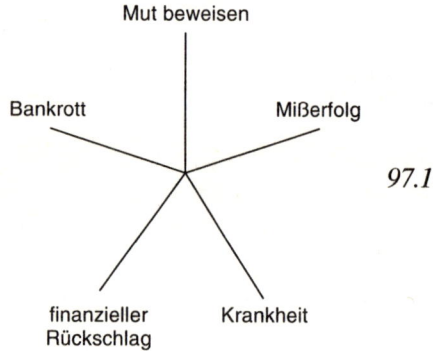

97.1

97.2

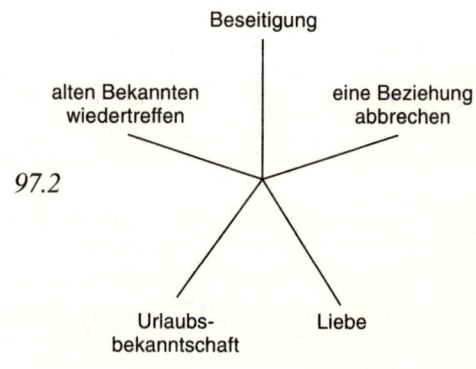

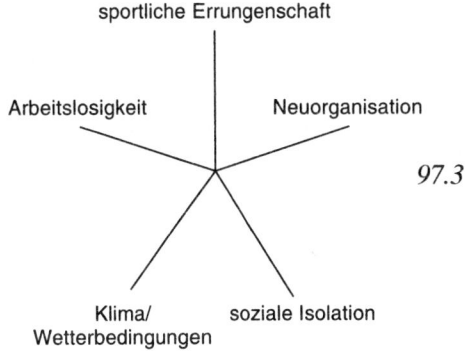

sportliche Errungenschaft

Arbeitslosigkeit | Neuorganisation

97.3

Klima/ | soziale Isolation
Wetterbedingungen

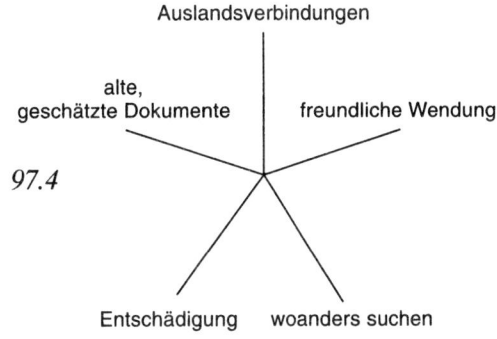

Auslandsverbindungen

alte,
geschätzte Dokumente | freundliche Wendung

97.4

Entschädigung | woanders suchen

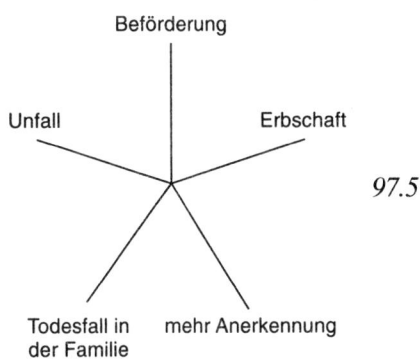

Beförderung

Unfall | Erbschaft

97.5

Todesfall in | mehr Anerkennung
der Familie

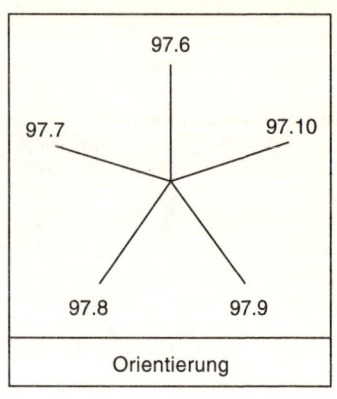

Orientierung

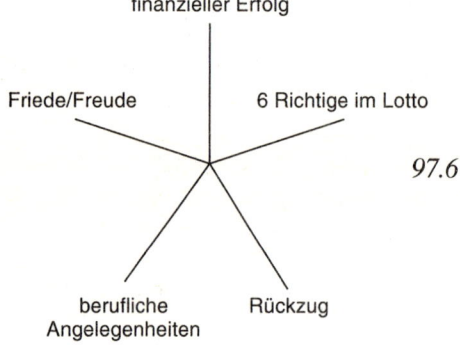

97.6

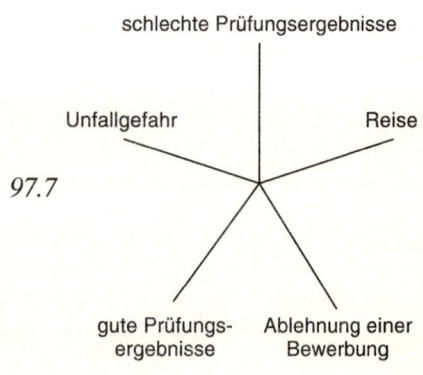

97.7

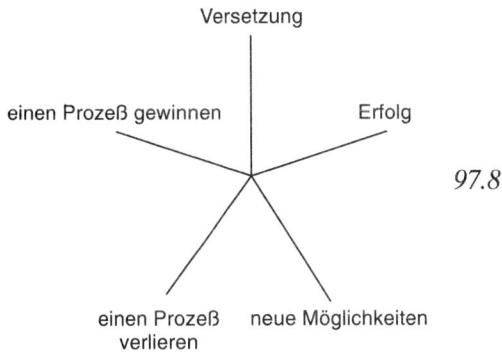

Versetzung

einen Prozeß gewinnen   Erfolg

97.8

einen Prozeß   neue Möglichkeiten
verlieren

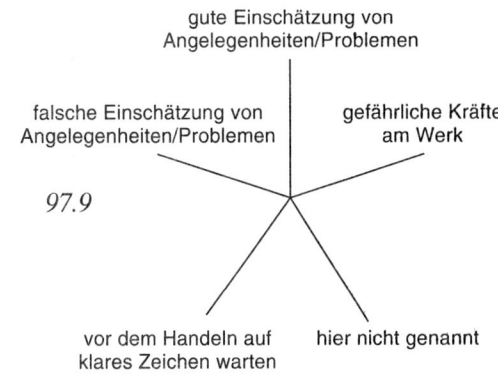

gute Einschätzung von
Angelegenheiten/Problemen

falsche Einschätzung von   gefährliche Kräfte
Angelegenheiten/Problemen   am Werk

97.9

vor dem Handeln auf   hier nicht genannt
klares Zeichen warten

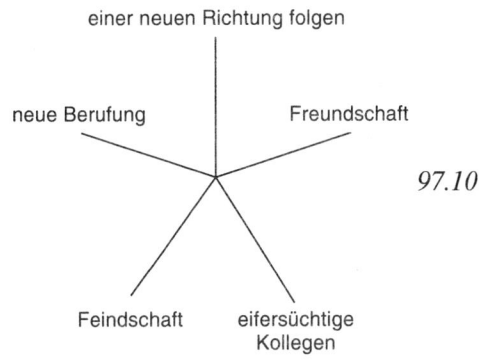

einer neuen Richtung folgen

neue Berufung   Freundschaft

97.10

Feindschaft   eifersüchtige
Kollegen

241

21.
Berufe und Geschäfte

Dieses Kapitel gliedert sich in drei Teile: Berufe, Charakterzüge in bezug auf den Beruf und Berufsleben im allgemeinen.

Abbildung 98 bietet eine Vielzahl von Berufen zur Auswahl. Sie kann benutzt werden, wenn Sie einen Beruf auswählen oder feststellen wollen, welcher Beruf sich am besten für Sie eignet.

Abbildung 99 führt eine Reihe von Charaktereigenschaften auf. Sie können sich bezüglich einzelner Berufe entweder positiv oder negativ auswirken. Charakterzüge sind von besonderer Bedeutung, wenn Sie sich um einen Arbeitsplatz bewerben, auf eine Beförderung hoffen, an eine andere Stelle versetzt werden und so fort.

Vielleicht interessiert es Sie auch festzustellen, ob Sie an Ihrem augenblicklichen Arbeitsplatz gut vorankommen.

Abbildung 100 berät Sie in Geschäftsangelegenheiten. Entscheidungen können große oder kleine Veränderungen hervorrufen, und diese wiederum mögen die Position einer Firma gut oder schlecht beeinflussen.

Obwohl es nicht ratsam ist, dem Pendel in allen Dingen blind zu vertrauen, kann es Sie manchmal doch dazu veranlassen, die Dinge aus einer anderen Blickrichtung zu sehen. Überprüfen Sie grundsätzlich, ob die Angaben des Pendels auch tatsächlich durchführbar sind oder ob vielleicht Ihre unbewußten Wünsche die Ergebnisse beeinflußt haben.

Abb. 98: Berufe

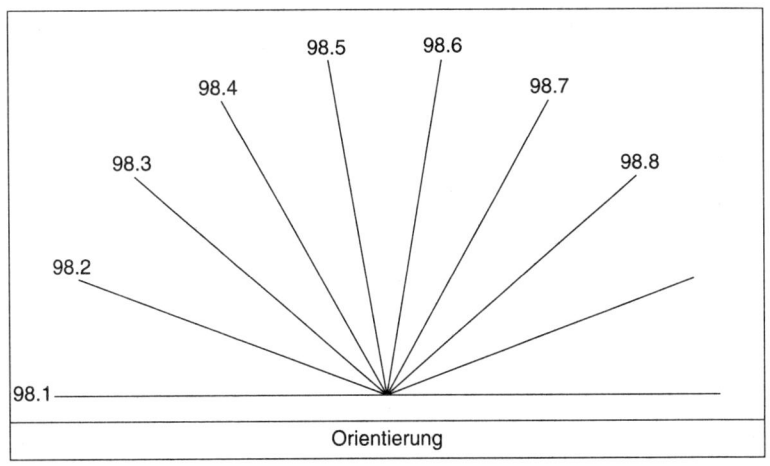

98.1 — 98.2 — 98.3 — 98.4 — 98.5 — 98.6 — 98.7 — 98.8

Orientierung

Abb. 98.1: Besitzer, Leiter, Angestellter

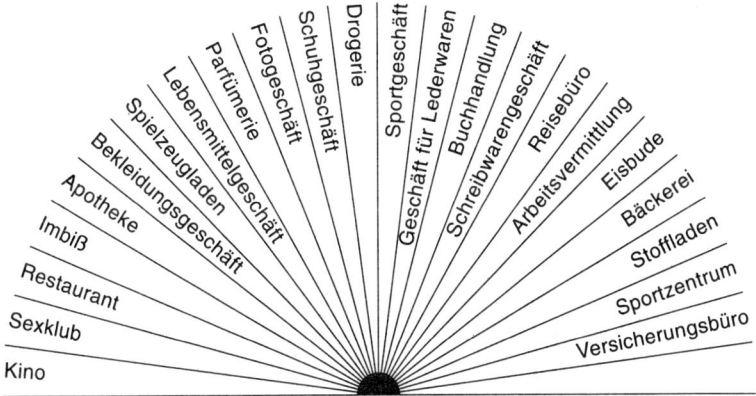

Kino
Sexklub
Restaurant
Imbiß
Apotheke
Bekleidungsgeschäft
Spielzeugladen
Lebensmittelgeschäft
Parfümerie
Fotogeschäft
Schuhgeschäft
Drogerie
Sportgeschäft
Geschäft für Lederwaren
Buchhandlung
Schreibwarengeschäft
Reisebüro
Arbeitsvermittlung
Eisbude
Bäckerei
Stoffladen
Sportzentrum
Versicherungsbüro

Abb. 98.2: Besitzer, Leiter, Angestellter

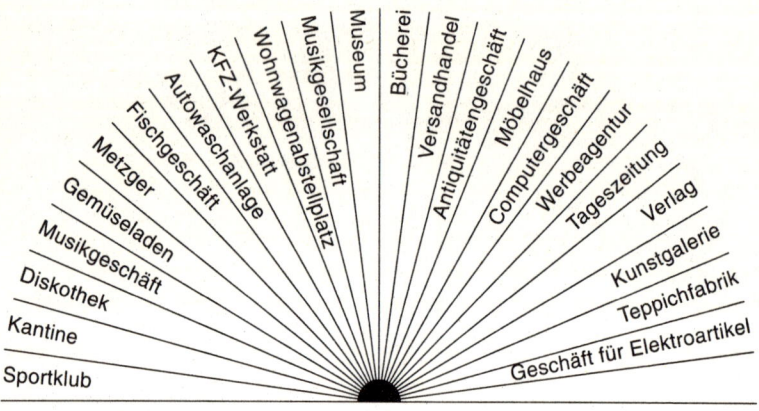

Abb. 98.3: Besitzer, Leiter, Angestellter

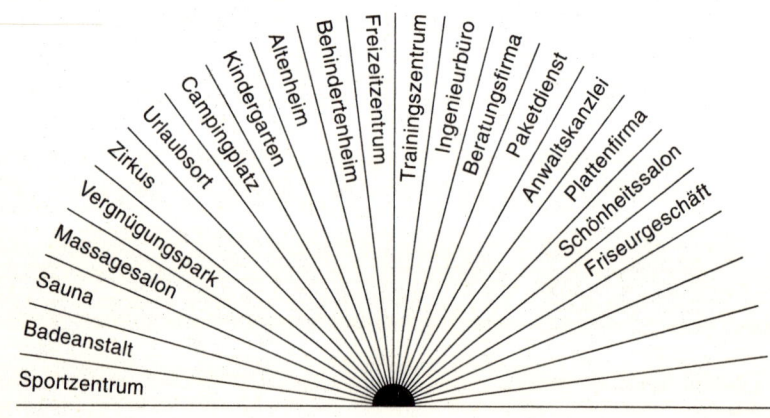

Abb. 98.4: Erziehung

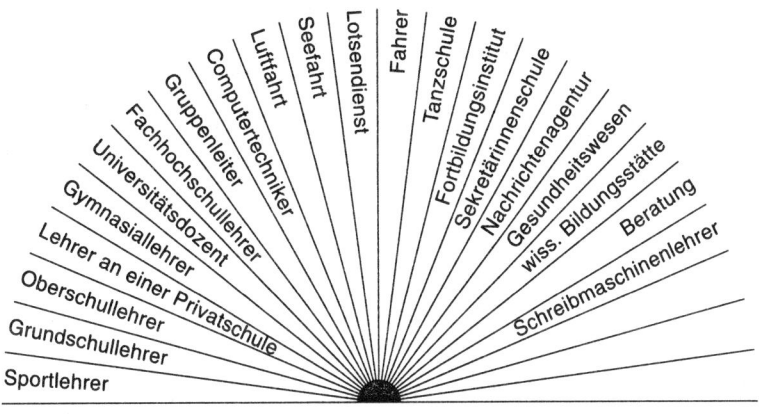

Abb. 98.5: Dienstleistung

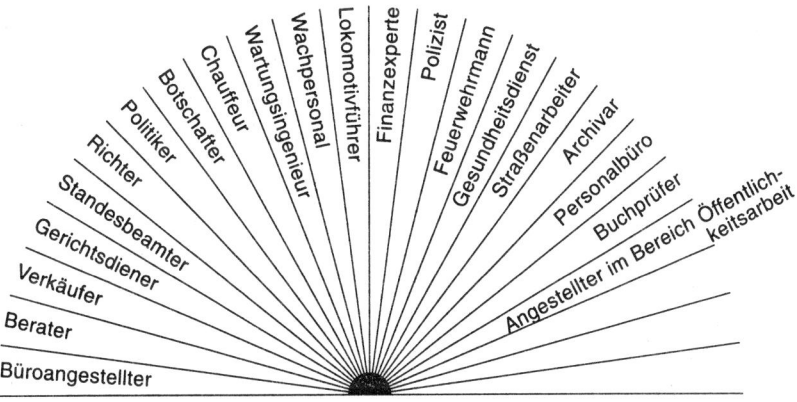

Abb. 98.6: Finanzieller Bereich

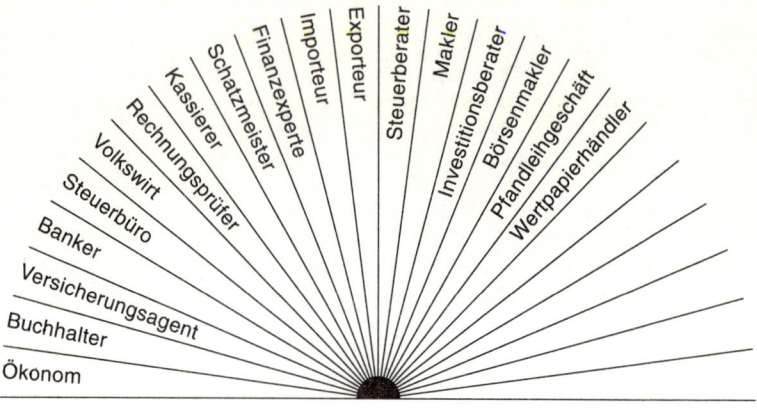

Abb. 98.7: Radio und Fernsehen

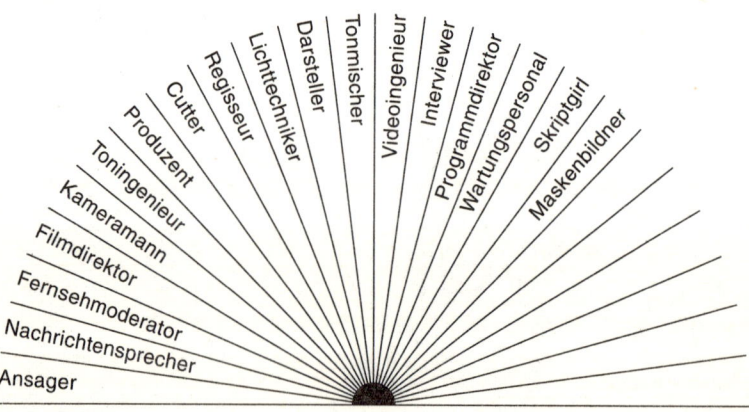

Abb. 98.8: Druckerei und verwandte Berufe

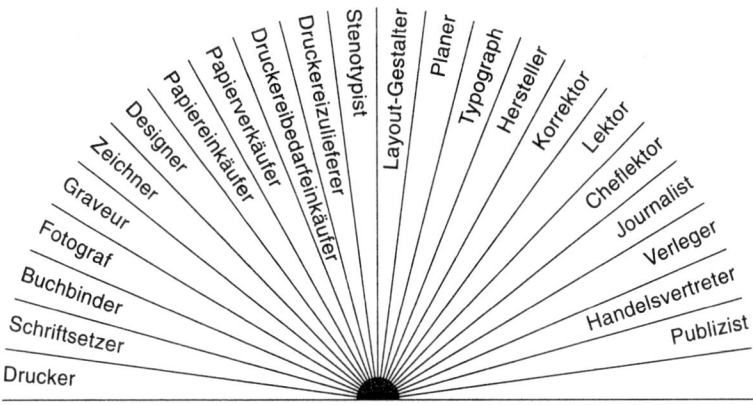

Drucker
Schriftsetzer
Buchbinder
Fotograf
Graveur
Zeichner
Designer
Papiereinkäufer
Papierverkäufer
Druckereibedarfeinkäufer
Druckereizulieferer
Stenotypist
Layout-Gestalter
Planer
Typograph
Hersteller
Korrektor
Lektor
Cheflektor
Journalist
Verleger
Handelsvertreter
Publizist

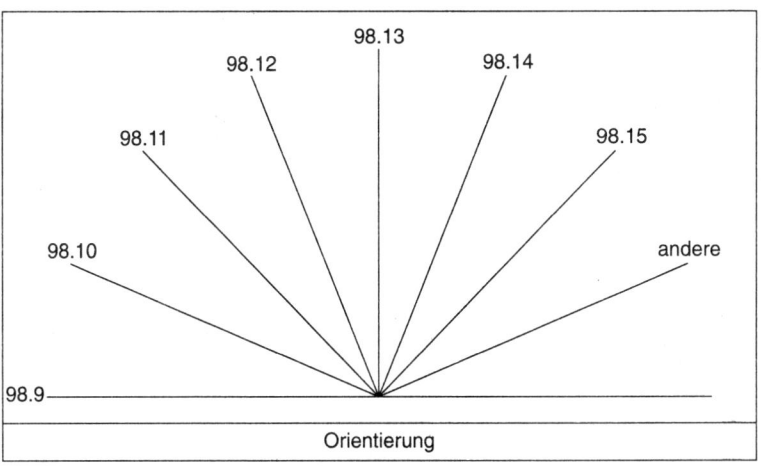

98.13
98.12
98.14
98.11
98.15
98.10
andere
98.9
Orientierung

Abb. 98.9: Kultur und Künste

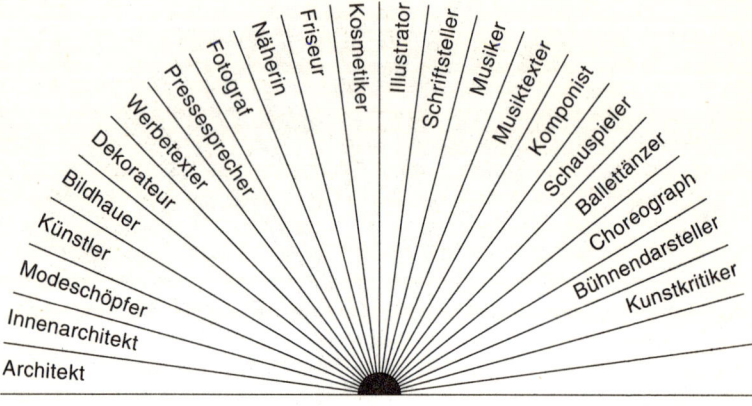

Abb. 98.10: Gesundheitswesen

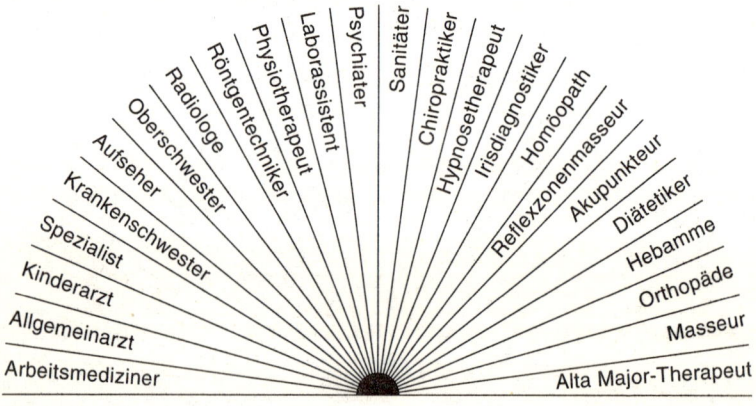

Abb. 98.11: Gesundheitswesen

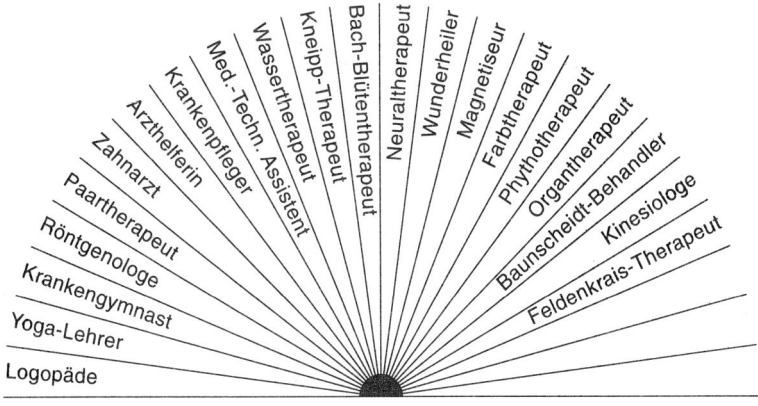

Abb. 98.12: Gesundheitswesen

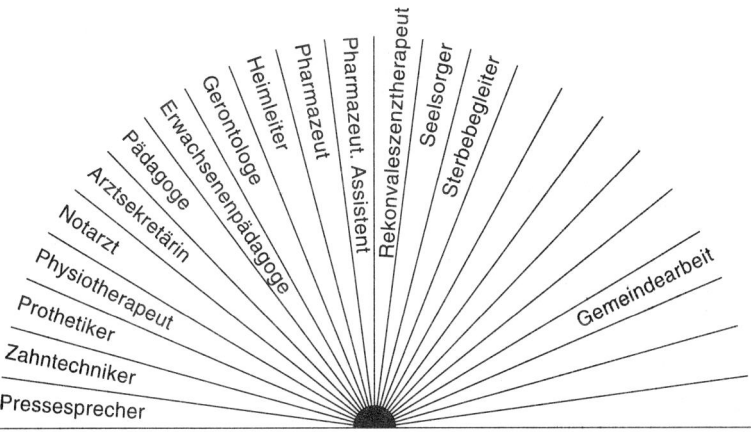

Abb. 98.13: Wissenschaft

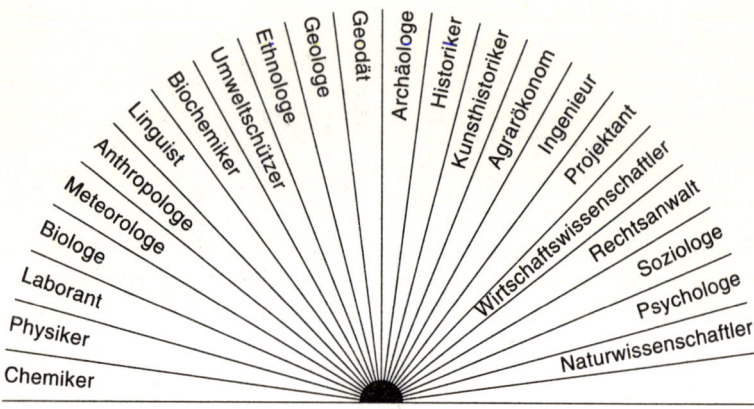

Abb. 98.14: Handwerk

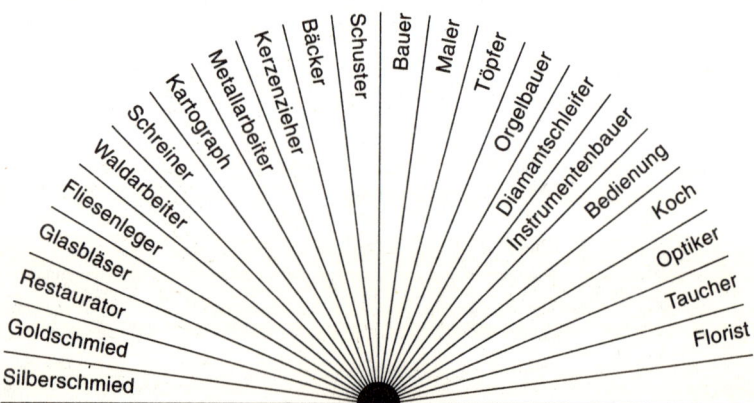

Abb. 98.15: Andere Berufe

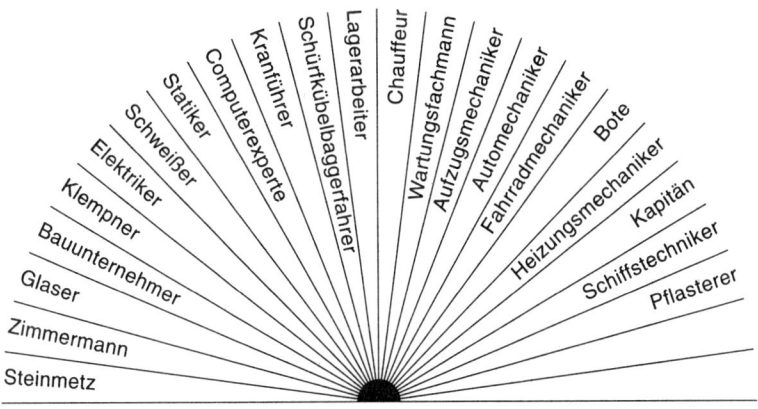

Abb. 98.16: Weitere Berufe

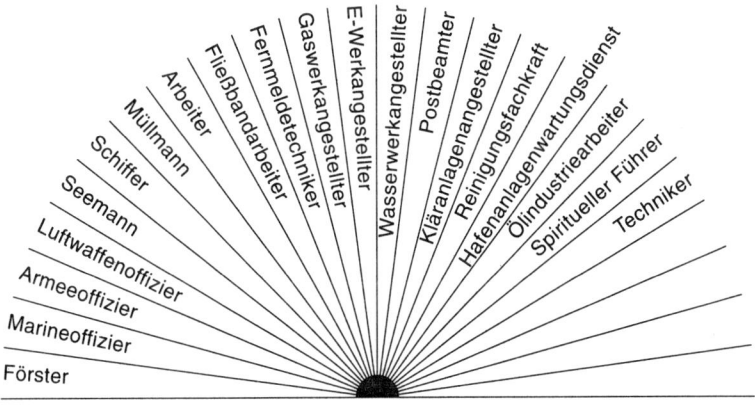

Abb. 99:
Wichtige
Charaktereigenschaften
im Berufs- und
Geschäftsleben

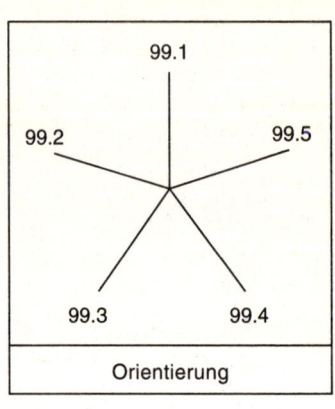

Orientierung

zielorientiert, doch ohne
Sinn für Details

verzettelt sich, verliert   zielorientiert, doch
Ziel aus den Augen   verliert sich in Details

99.1

holt überflüssig Rat ein,   fragt nicht um Rat,
trifft keine Entscheidungen   voreilige Entscheidungen

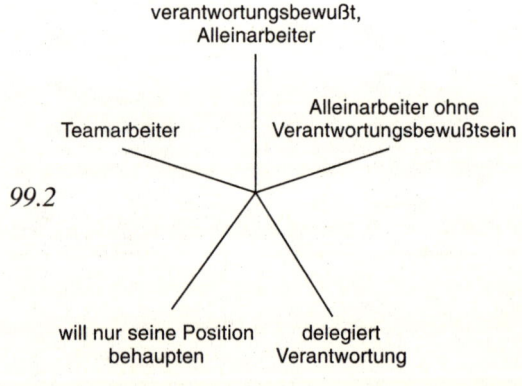

verantwortungsbewußt,
Alleinarbeiter

Alleinarbeiter ohne
Teamarbeiter   Verantwortungsbewußtsein

99.2

will nur seine Position   delegiert
behaupten   Verantwortung

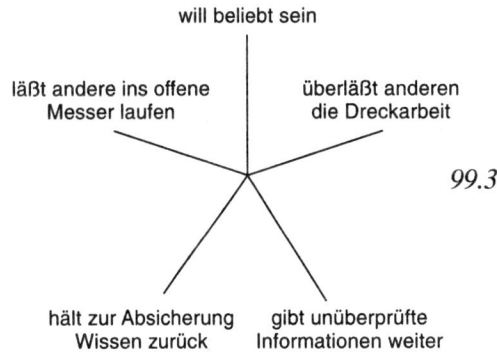

will beliebt sein

läßt andere ins offene
Messer laufen

überläßt anderen
die Dreckarbeit

99.3

hält zur Absicherung
Wissen zurück

gibt unüberprüfte
Informationen weiter

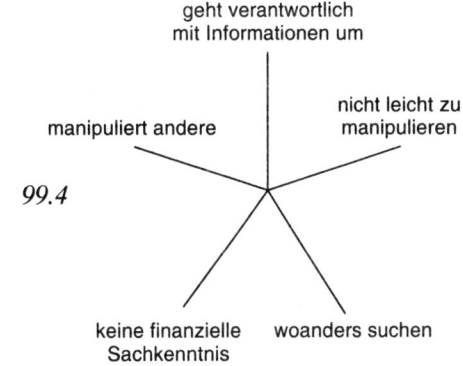

geht verantwortlich
mit Informationen um

manipuliert andere

nicht leicht zu
manipulieren

99.4

keine finanzielle
Sachkenntnis

woanders suchen

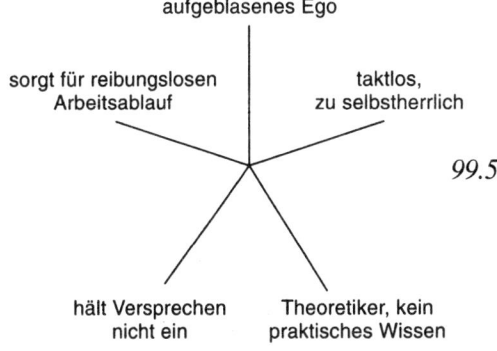

aufgeblasenes Ego

sorgt für reibungslosen
Arbeitsablauf

taktlos,
zu selbstherrlich

99.5

hält Versprechen
nicht ein

Theoretiker, kein
praktisches Wissen

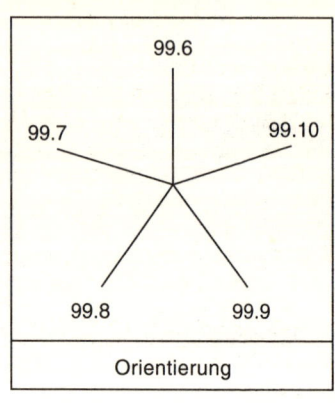

99.6

99.7   99.10

99.8   99.9

Orientierung

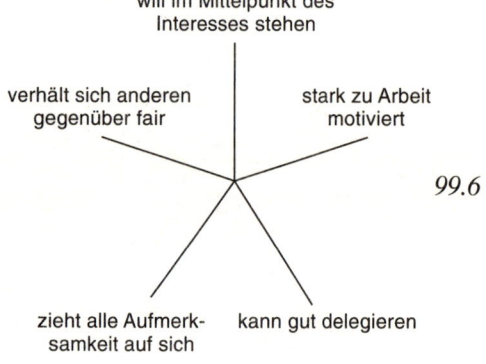

will im Mittelpunkt des
Interesses stehen

verhält sich anderen
gegenüber fair

stark zu Arbeit
motiviert

99.6

zieht alle Aufmerk-
samkeit auf sich

kann gut delegieren

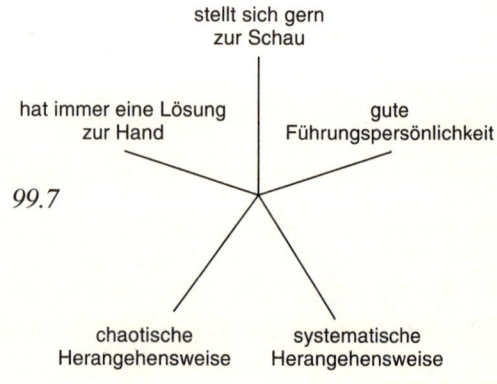

stellt sich gern
zur Schau

hat immer eine Lösung
zur Hand

gute
Führungspersönlichkeit

99.7

chaotische
Herangehensweise

systematische
Herangehensweise

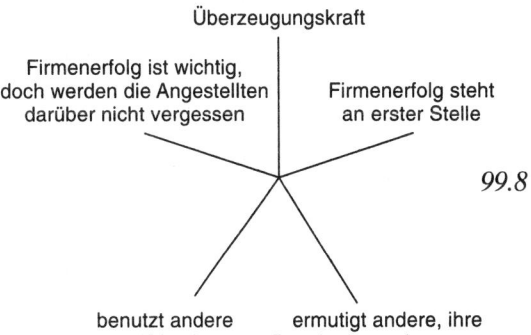

Überzeugungskraft

Firmenerfolg ist wichtig, doch werden die Angestellten darüber nicht vergessen

Firmenerfolg steht an erster Stelle

99.8

benutzt andere als Trittleiter

ermutigt andere, ihre Begabungen einzusetzen

setzt Überzeugungskraft unverantwortlich ein

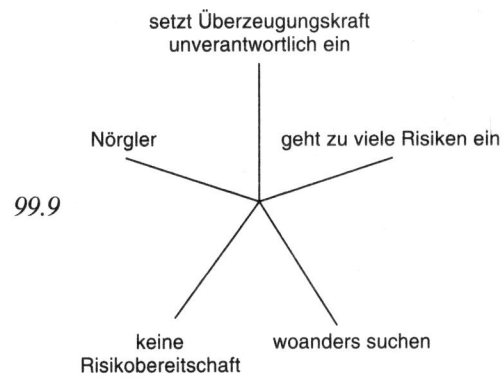

Nörgler

geht zu viele Risiken ein

99.9

keine Risikobereitschaft

woanders suchen

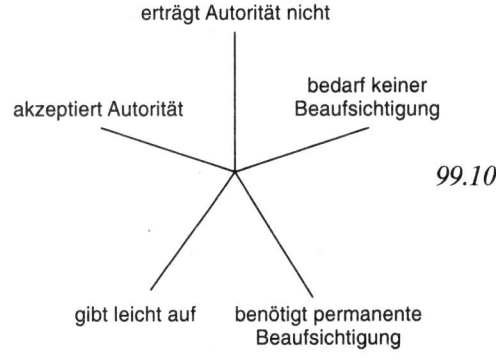

erträgt Autorität nicht

akzeptiert Autorität

bedarf keiner Beaufsichtigung

99.10

gibt leicht auf

benötigt permanente Beaufsichtigung

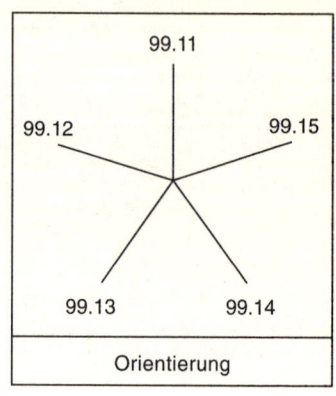

Orientierung

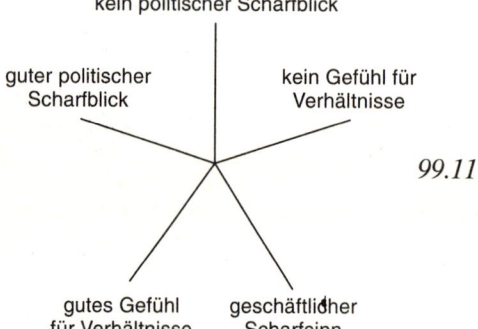

kein politischer Scharfblick

guter politischer
Scharfblick

kein Gefühl für
Verhältnisse

99.11

gutes Gefühl
für Verhältnisse

geschäftlicher
Scharfsinn

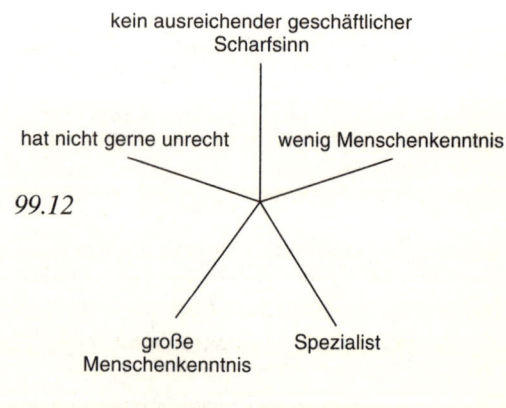

kein ausreichender geschäftlicher
Scharfsinn

hat nicht gerne unrecht

wenig Menschenkenntnis

99.12

große
Menschenkenntnis

Spezialist

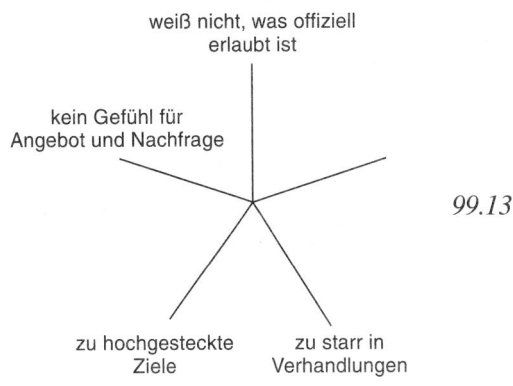

weiß nicht, was offiziell
erlaubt ist

kein Gefühl für
Angebot und Nachfrage

99.13

zu hochgesteckte
Ziele

zu starr in
Verhandlungen

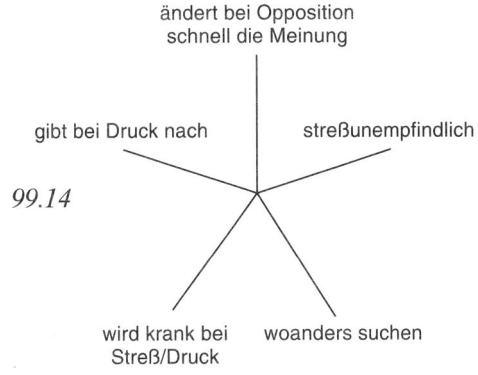

ändert bei Opposition
schnell die Meinung

gibt bei Druck nach

streßunempfindlich

99.14

wird krank bei
Streß/Druck

woanders suchen

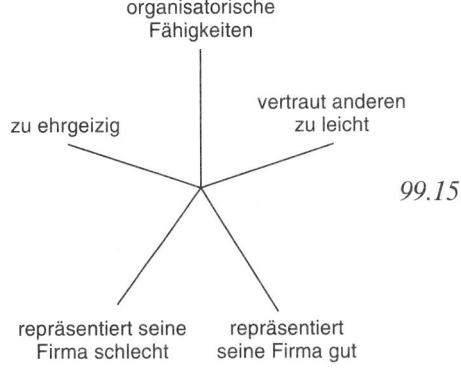

organisatorische
Fähigkeiten

zu ehrgeizig

vertraut anderen
zu leicht

99.15

repräsentiert seine
Firma schlecht

repräsentiert
seine Firma gut

Abb. 100:
Geschäftsratschläge

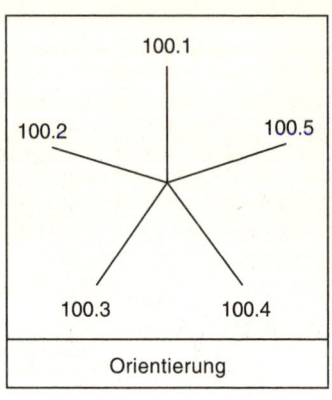

100.1

100.2   100.5

100.3   100.4

Orientierung

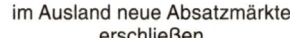

im Ausland neue Absatzmärkte
erschließen

Sortiment erweitern

auf Absätze im
Inlandsmarkt achten

100.1

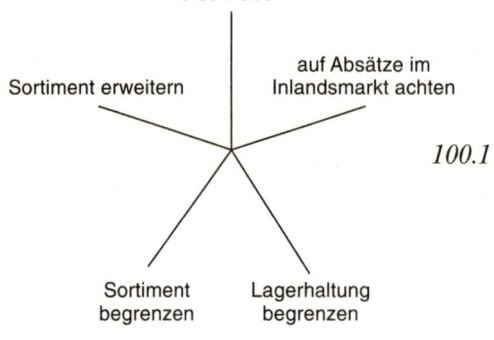

Sortiment
begrenzen

Lagerhaltung
begrenzen

mehr Investitionen

weniger investieren   mehr Personal einstellen

100.2

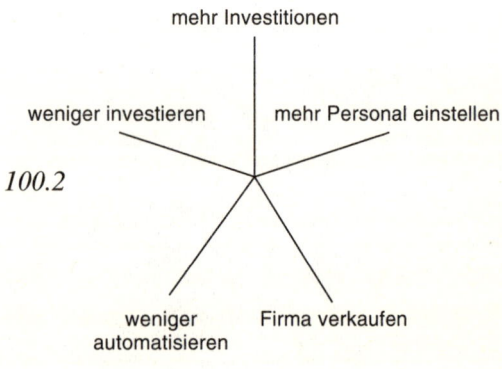

weniger
automatisieren

Firma verkaufen

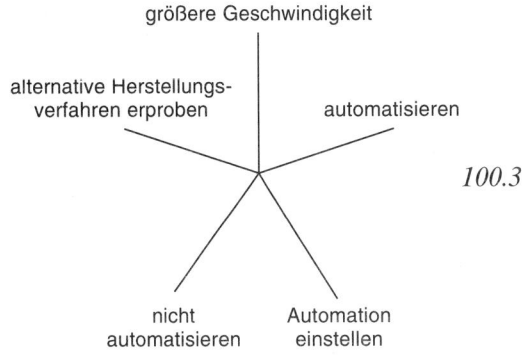

größere Geschwindigkeit

alternative Herstellungs-
verfahren erproben   automatisieren

                    100.3

        nicht   Automation
    automatisieren   einstellen

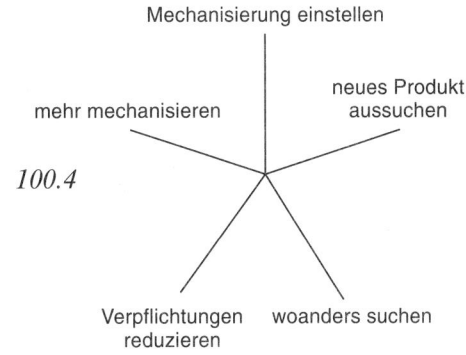

                Mechanisierung einstellen

                                    neues Produkt
            mehr mechanisieren   aussuchen

    100.4

                    Verpflichtungen   woanders suchen
                    reduzieren

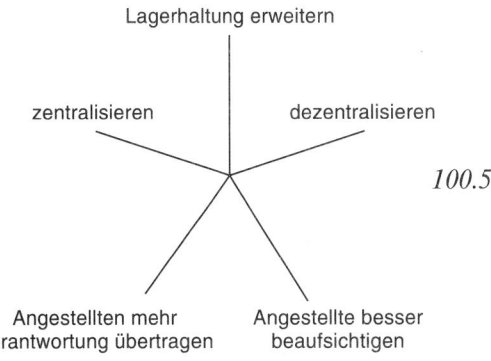

    Lagerhaltung erweitern

zentralisieren   dezentralisieren

                        100.5

    Angestellten mehr   Angestellte besser
Verantwortung übertragen   beaufsichtigen

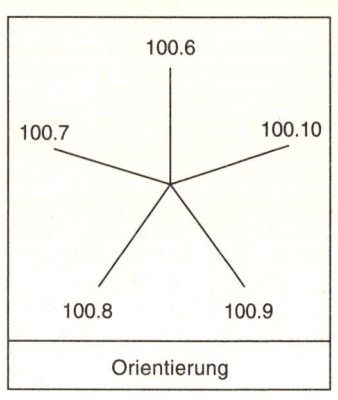

100.6

100.7   100.10

100.8   100.9

Orientierung

sofort handeln, Entscheidung: Nein!

Angestellte auf neue Unter-   nicht zu bald eingreifen,
nehmenspolitik vorbereiten   Pläne ausführen

100.6

Aufwiegler aus Arbeits-   nicht eingreifen,
umfeld entfernen   Lösung steht kurz bevor

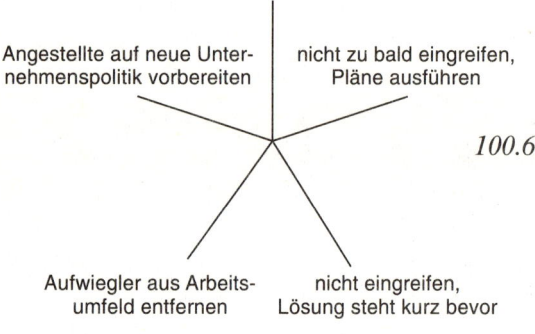

Übernahme verschieben

                                        Krankheitsrate
Übernahme sofort   vermindern, bessere
vorbereiten   Bedingungen schaffen

100.7

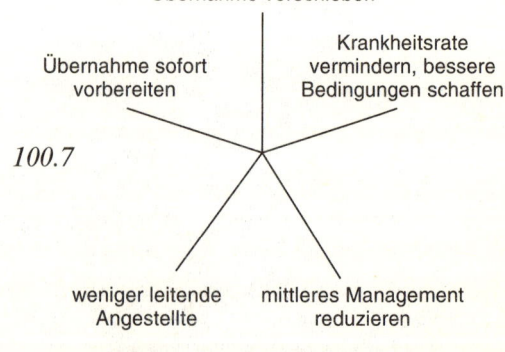

weniger leitende   mittleres Management
Angestellte   reduzieren

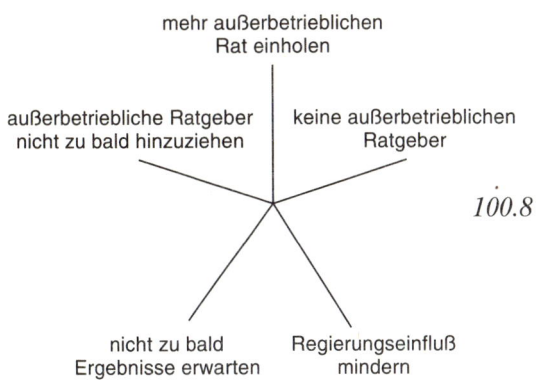

mehr außerbetrieblichen
Rat einholen

außerbetriebliche Ratgeber   keine außerbetrieblichen
nicht zu bald hinzuziehen   Ratgeber

100.8

nicht zu bald   Regierungseinfluß
Ergebnisse erwarten   mindern

falsche Geschäftspartner

Anschaffungspolitik
korrigieren   neue Marketingstrategie

100.9

weniger Konferenzen,   woanders suchen
produktiver arbeiten

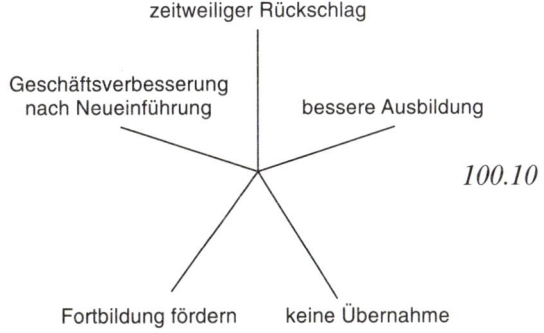

zeitweiliger Rückschlag

Geschäftsverbesserung
nach Neueinführung   bessere Ausbildung

100.10

Fortbildung fördern   keine Übernahme

261

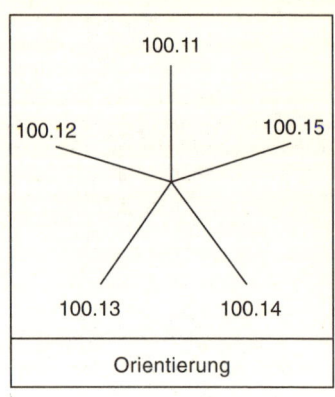

100.11
100.12   100.15

100.13   100.14

Orientierung

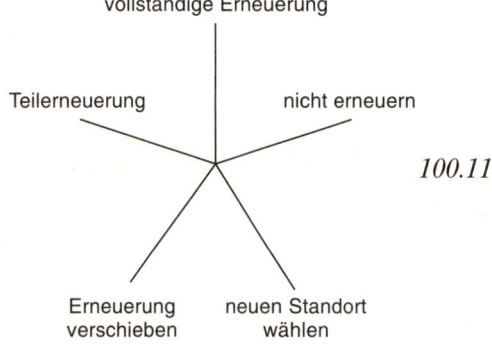

vollständige Erneuerung

Teilerneuerung   nicht erneuern

100.11

Erneuerung   neuen Standort
verschieben   wählen

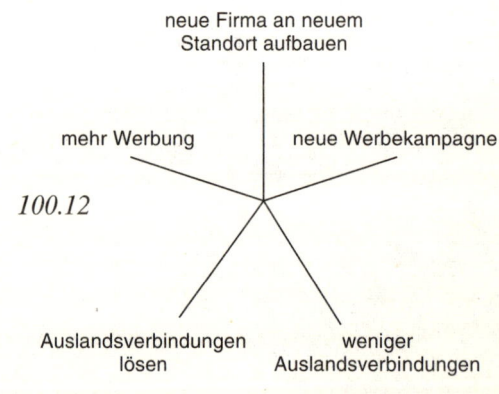

neue Firma an neuem
Standort aufbauen

mehr Werbung   neue Werbekampagne

100.12

Auslandsverbindungen   weniger
lösen   Auslandsverbindungen

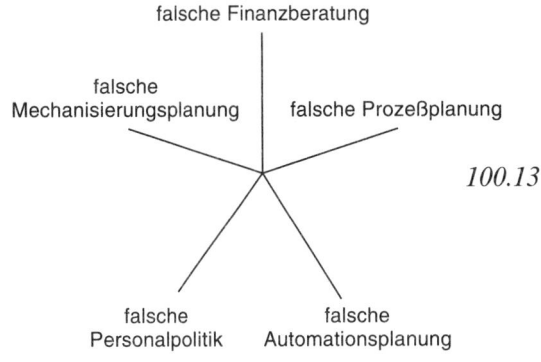

falsche Finanzberatung

falsche Mechanisierungsplanung

falsche Prozeßplanung

100.13

falsche Personalpolitik

falsche Automationsplanung

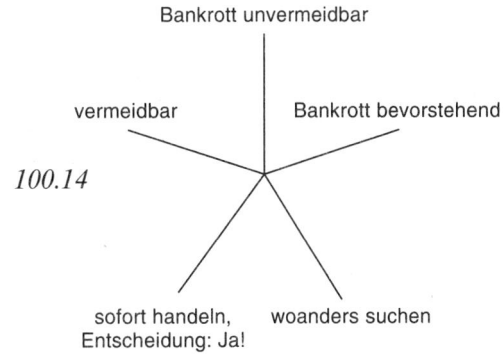

Bankrott unvermeidbar

vermeidbar

Bankrott bevorstehend

100.14

sofort handeln, Entscheidung: Ja!

woanders suchen

Auslandsverbindungen erweitern

Auslandsverbindungen aufbauen

Verantwortlichkeiten reduzieren

100.15

neue Angestellte suchen

neuen Partner suchen

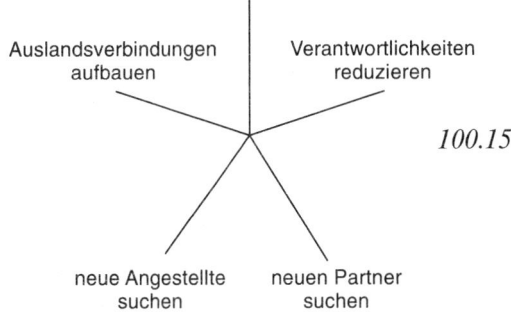

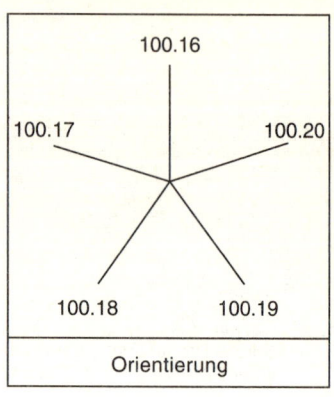

100.16

100.17 100.20

100.18 100.19

Orientierung

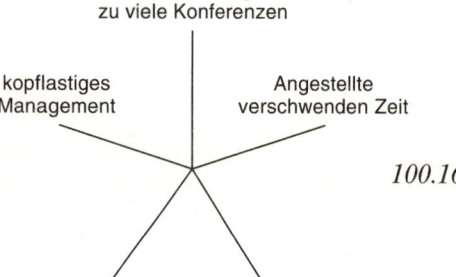

Zeitverschwendung durch
zu viele Konferenzen

kopflastiges
Management

Angestellte
verschwenden Zeit

100.16

Kommunikations-
versagen

Neuorganisation
notwendig

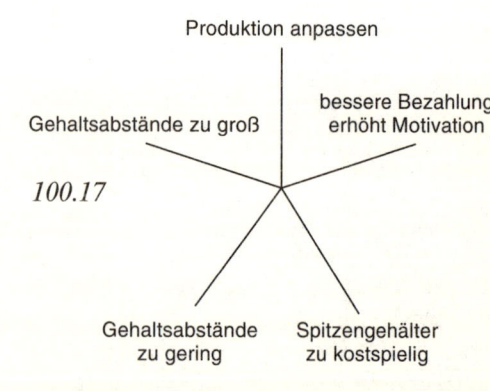

Produktion anpassen

bessere Bezahlung
erhöht Motivation

Gehaltsabstände zu groß

100.17

Gehaltsabstände
zu gering

Spitzengehälter
zu kostspielig

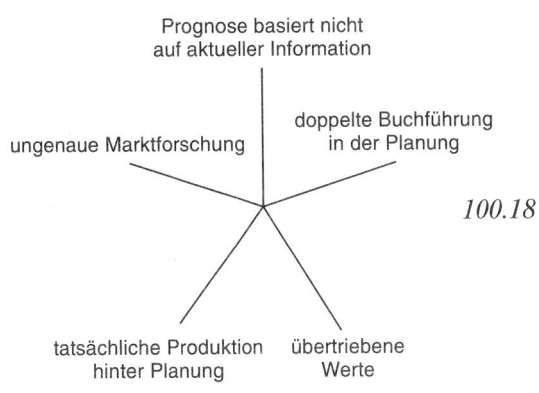

Prognose basiert nicht
auf aktueller Information

doppelte Buchführung
in der Planung

ungenaue Marktforschung

100.18

tatsächliche Produktion
hinter Planung

übertriebene
Werte

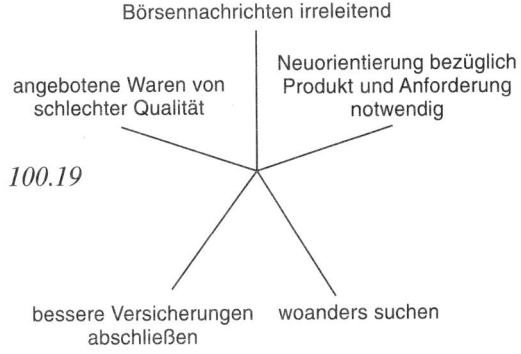

Börsennachrichten irreleitend

angebotene Waren von
schlechter Qualität

Neuorientierung bezüglich
Produkt und Anforderung
notwendig

100.19

bessere Versicherungen
abschließen

woanders suchen

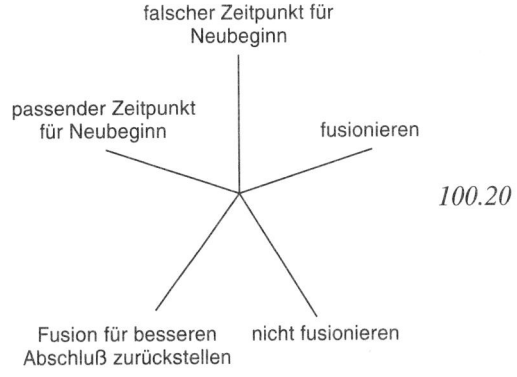

falscher Zeitpunkt für
Neubeginn

passender Zeitpunkt
für Neubeginn

fusionieren

100.20

Fusion für besseren
Abschluß zurückstellen

nicht fusionieren

22.
Verlorene Gegenstände und vermißte Personen

Dieses Kapitel dient Personen, die bestimmte Freunde, Bekannte oder Verwandte aus dem Blick verloren haben. Benutzen Sie das Pendel nur, um den Aufenthaltsort von Menschen herauszufinden, die Sie kennen. Versuchen Sie nicht, verschwundene Politiker oder Personen des öffentlichen Lebens aufzuspüren, nur um Ihre Sensationslust zu befriedigen. Eine derartige Zweckentfremdung des Pendels ist nicht zu empfehlen. Einzelpersonen, die sich an einem anderen Ort aufhalten, können mit Hilfe der Diagramme von Kapitel 16, »Urlaub«, lokalisiert werden.

Es ist möglich, das Pendel auch zum Auffinden verlorener Gegenstände heranzuziehen. Oft erinnert sich jedoch irgend jemand, wann oder wo der Gegenstand zuletzt gesehen wurde. Um sich die Suche zu erleichtern, greifen Sie am besten auf die folgenden Diagramme zurück. Sobald das Pendel einen bestimmten Bereich angezeigt hat, wird eine detaillierte Zeichnung von Nutzen sein. Sie befähigt Sie, den Ort genauer festzustellen.

Entlaufene Haustiere sind ein weiteres Problem. Sie können sich überall aufhalten und sind meist in Bewegung, was die Suche noch zusätzlich erschwert. Wieder ist es am besten, den genauen Aufenthaltsort mit einer detaillierten Karte zu bestimmen. Genauso nützlich ist jedoch auch ein Besuch im Tierheim oder in der nächsten Polizeidienststelle.

Abb. 101: Was einer verschwundenen Person
zugestoßen sein könnte

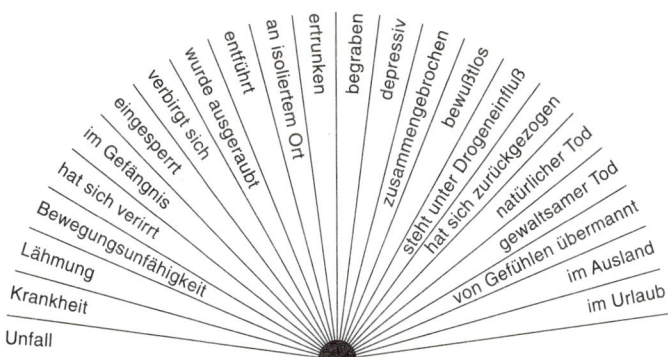

101.1

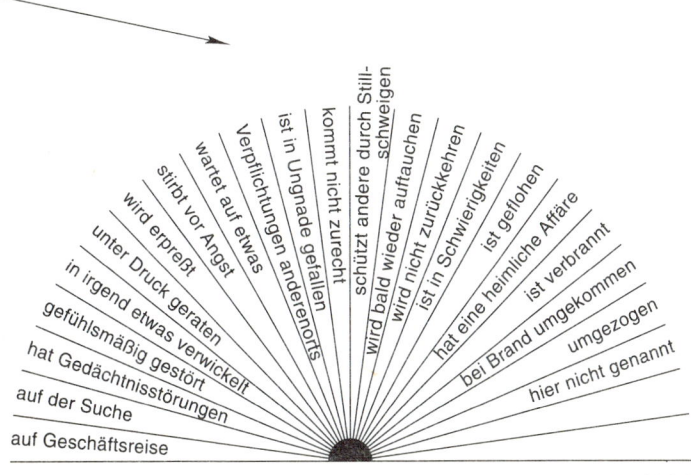

101.2

Abb. 102:
Ort

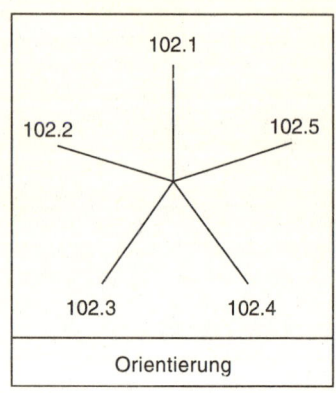

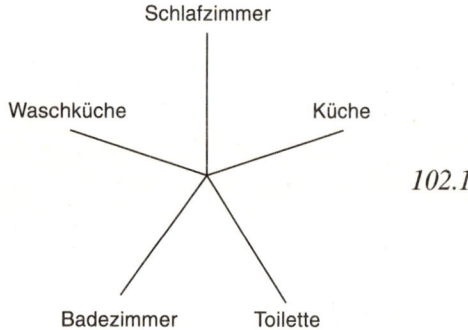

102.1

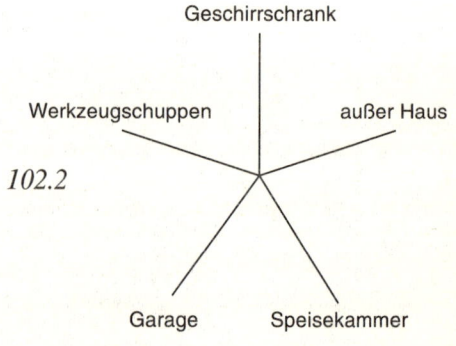

102.2

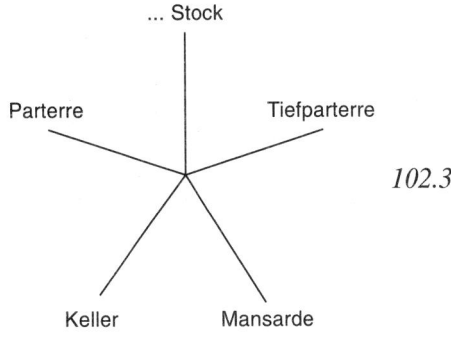

102.3

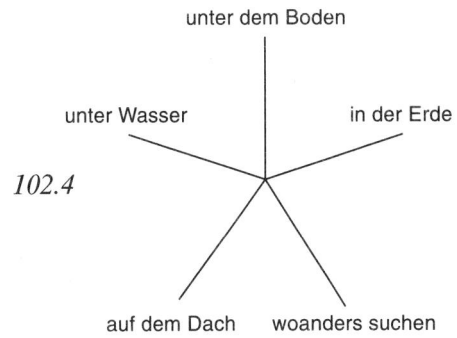

102.4

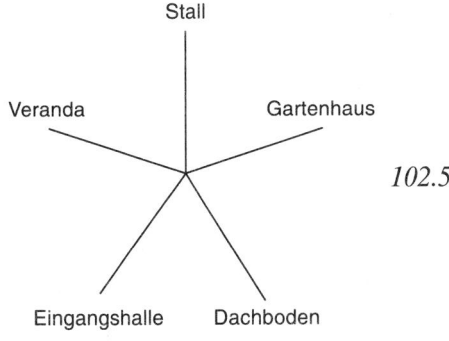

102.5

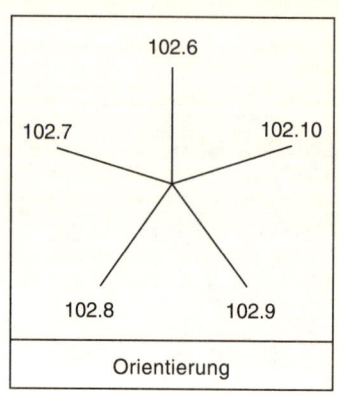

Orientierung

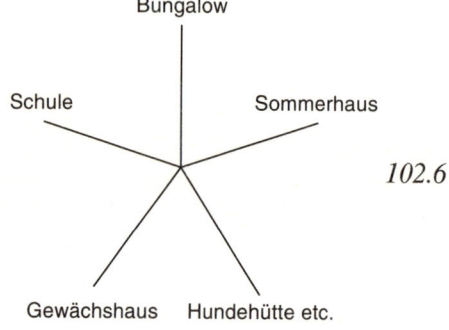

102.6

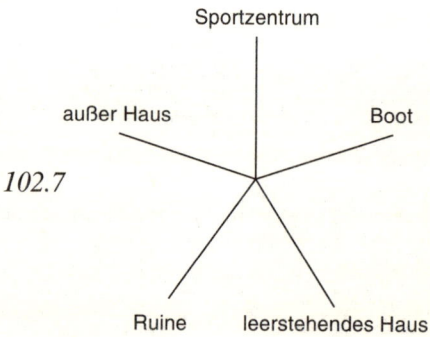

102.7

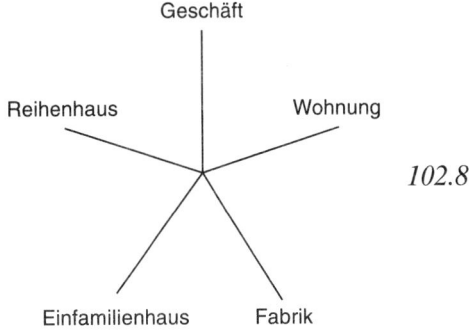

Geschäft

Reihenhaus   Wohnung

102.8

Einfamilienhaus   Fabrik

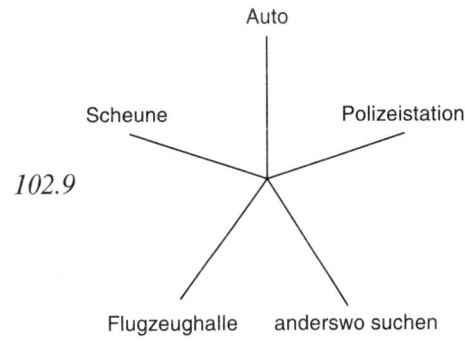

Auto

Scheune   Polizeistation

102.9

Flugzeughalle   anderswo suchen

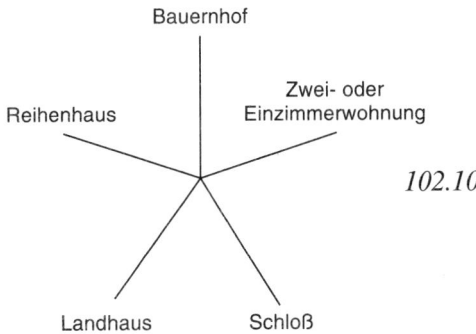

Bauernhof

Reihenhaus   Zwei- oder Einzimmerwohnung

102.10

Landhaus   Schloß

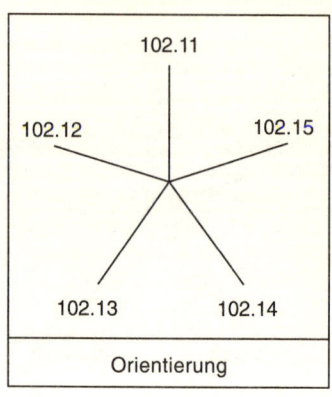

Orientierung

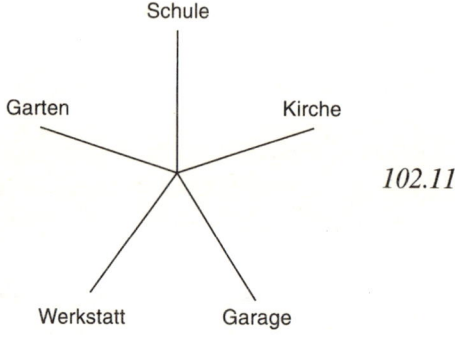

102.11

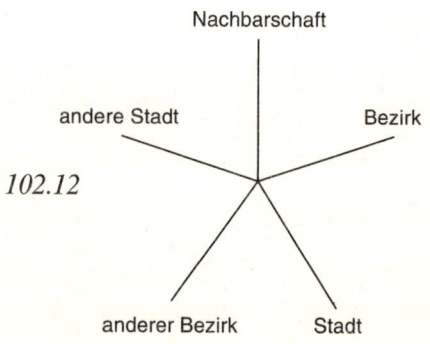

102.12

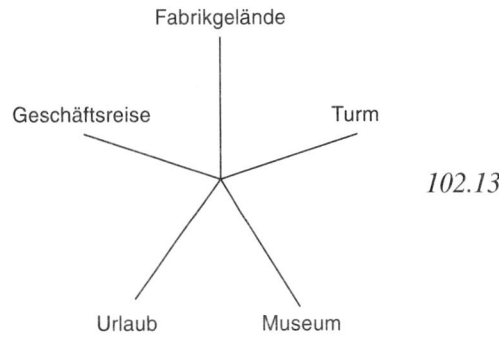

Fabrikgelände

Geschäftsreise   Turm

102.13

Urlaub   Museum

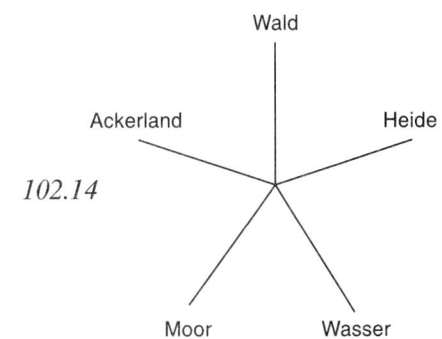

Wald

Ackerland   Heide

102.14

Moor   Wasser

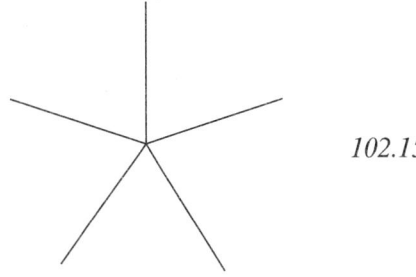

102.15

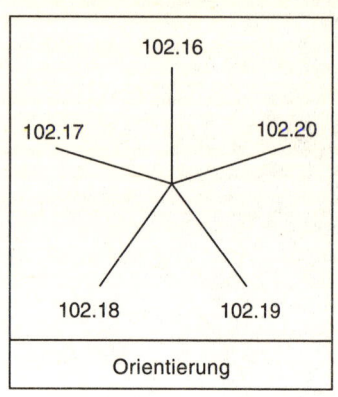

Orientierung

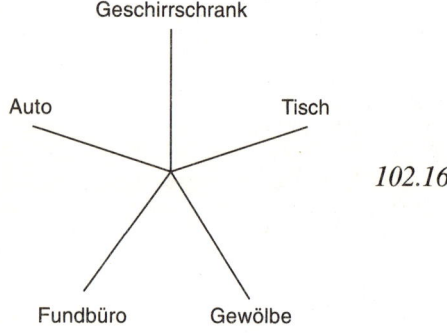

102.16

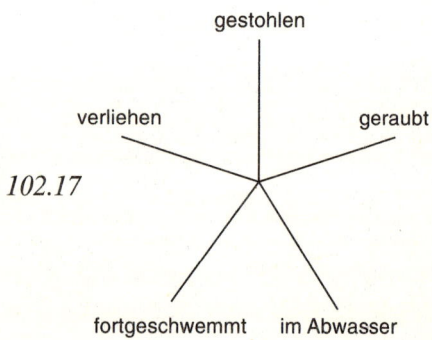

102.17

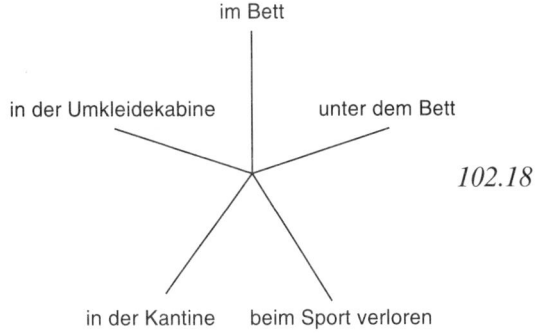

im Bett

in der Umkleidekabine   unter dem Bett

102.18

in der Kantine   beim Sport verloren

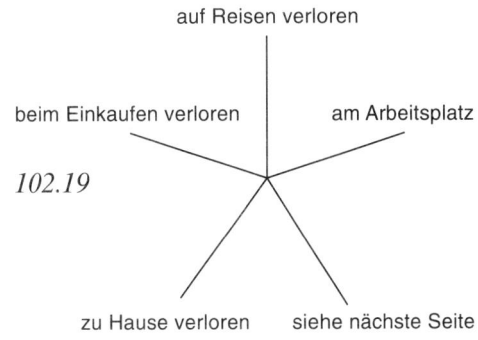

auf Reisen verloren

beim Einkaufen verloren   am Arbeitsplatz

102.19

zu Hause verloren   siehe nächste Seite

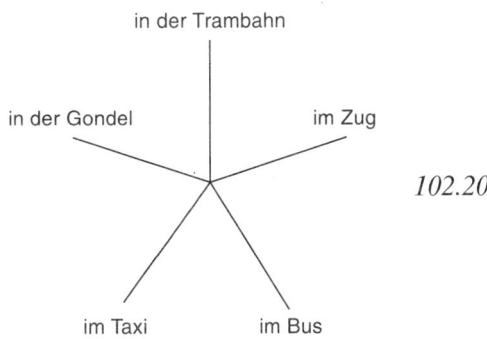

in der Trambahn

in der Gondel   im Zug

102.20

im Taxi   im Bus

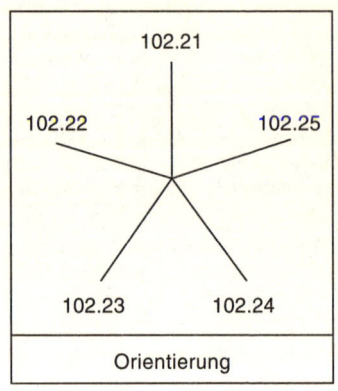

Orientierung

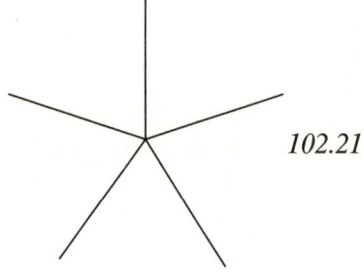

102.21

102.22

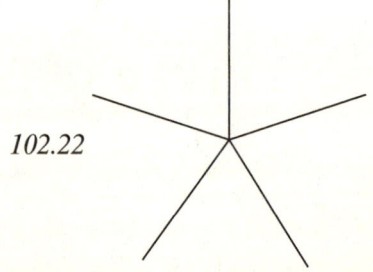

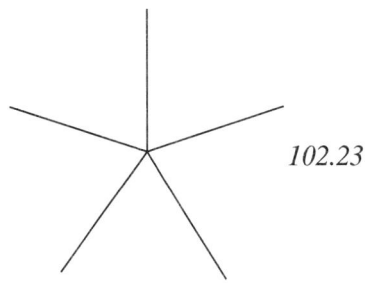

102.23

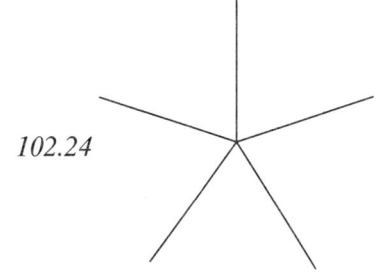

102.24

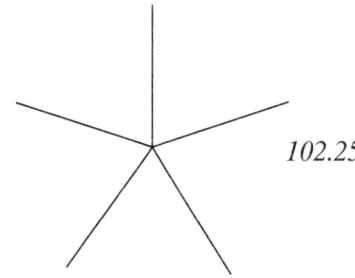

102.25

Abb. 103:
Entfernung zum verlorenen Gegenstand; Höhe oder Tiefe

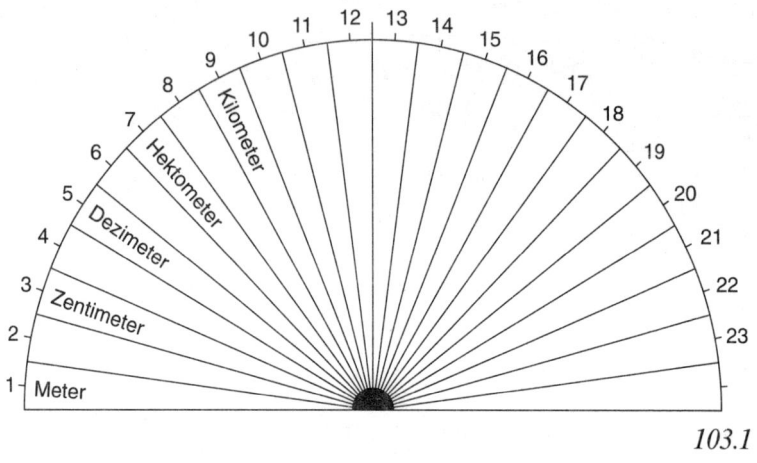

103.1

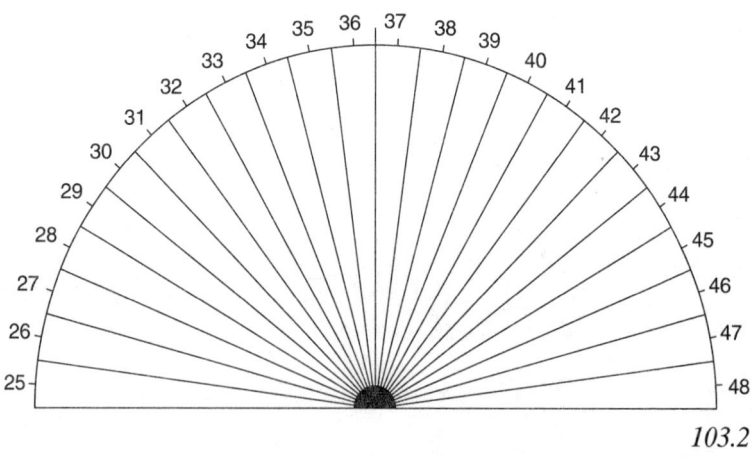

103.2

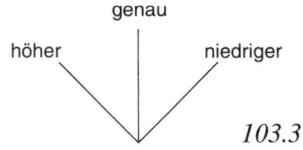

103.3

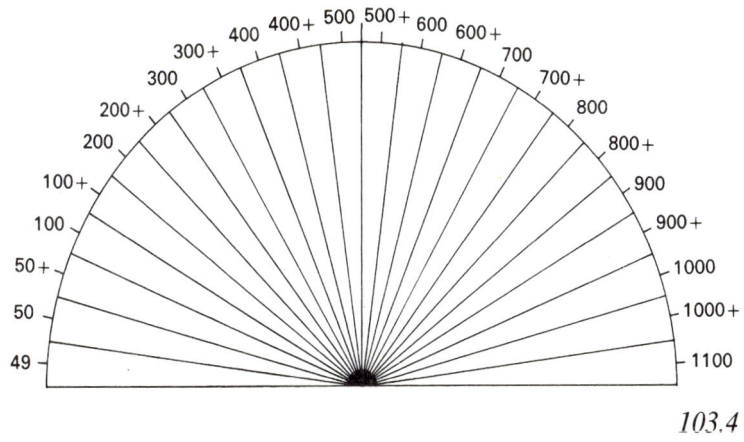

103.4

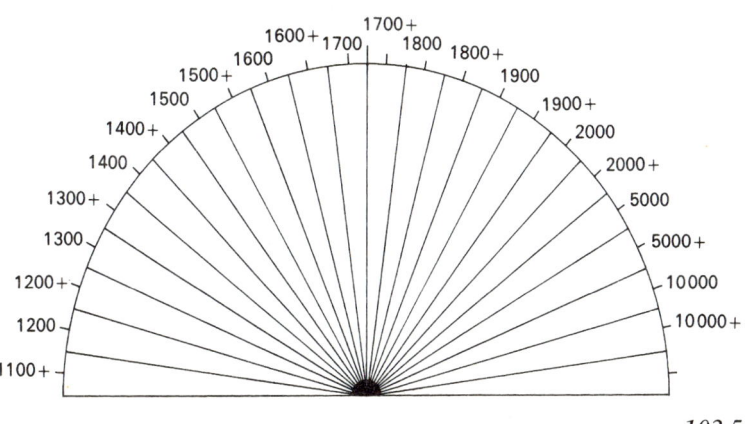

103.5

GOLDMANN

Esoterik in der Praxis

Petey Stevens, Entdecken Sie Ihre
übersinnlichen Fähigkeiten   12268

Bote Mikkers,
Das Pendel-Arbeitsbuch   12264

Faith Javane/Dusty Bunker,
Zahlenmystik   12248

Kala u. Ketz Pajeon,
Talisman-Magie   12224

Goldmann · Der Taschenbuch-Verlag

GOLDMANN

Esoterik bei Goldmann

Bruno Nardini, Das Handbuch der
Mysterien und Geheimlehren   12231

Diane von Weltzien,
Die Welt der Rituale   12210

Erhard F. Freitag,
Der Rat der Weisen   12243

W. v. Rohr/D. v. Weltzien, Das große
Lesebuch der Mystiker   12207

Goldmann · Der Taschenbuch-Verlag

GOLDMANN TASCHENBÜCHER

Das Goldmann Gesamtverzeichnis erhalten Sie im Buchhandel oder direkt beim Verlag.

Literatur · Unterhaltung · Thriller · Frauen heute
Lesetip · FrauenLeben · Filmbücher · Horror
Pop-Biographien · Lesebücher · Krimi · True Life
Piccolo Young Collection · Schicksale · Fantasy
Science-Fiction · Abenteuer · Spielebücher
Bestseller in Großschrift · Cartoon · Werkausgaben
Klassiker mit Erläuterungen

✳ ✳ ✳ ✳ ✳ ✳ ✳ ✳ ✳

Sachbücher und Ratgeber:
Gesellschaft / Politik / Zeitgeschichte
Natur, Wissenschaft und Umwelt
Kirche und Gesellschaft · Psychologie und Lebenshilfe
Recht / Beruf / Geld · Hobby / Freizeit
Gesundheit / Schönheit / Ernährung
Brigitte bei Goldmann · Sexualität und Partnerschaft
Ganzheitlich Heilen · Spiritualität · Esoterik

✳ ✳ ✳ ✳ ✳ ✳ ✳ ✳ ✳

Ein SIEDLER-BUCH bei Goldmann
Magisch Reisen
ErlebnisReisen
Handbücher und Nachschlagewerke

Goldmann Verlag · Neumarkter Str. 18 · 81664 München

Bitte senden Sie mir das neue kostenlose Gesamtverzeichnis

Name: _____

Straße: _____

PLZ / Ort: _____